张雪峰·峰阅教研团队◎编著

高中生多元升学规划

湖南文艺出版社
博集天卷

张雪峰·峰阅教研团队成员

升学顾问：武　亮

主　　编：徐澍一　董自凯

副 主 编：腾　威　段　岩

本书编写人员：李兆阳　闻韩毅　潘铭希　谢　云

内容编辑：郭懿方　卓云龙

推荐序

又逢一年报考季。

当下的高考已非传统意义上的一锤定音，教育观念的更新、国家政策的更迭，让我们面临越来越多升学路径的选择——提前批次、高校自主招生、各省特殊招生……选择多了，按理说是好事，但也让人头疼。这么多的升学路径，海量的信息该如何搜集？政策那么多，该去哪里查？招生宣传那么多，哪个真哪个假？

作为教育行业的从业者，我在直播连线家长的时候，深切又直观地感受到了家长们在面对多元升学时的茫然和无助。大家生怕错过任何一个机会，耽误了孩子；又怕选到不适合孩子的方向，所以只得四处观望。另外，现实中还充斥着诸如"提前批一定要报，报了就多一次录取机会"这种不负责任的言论，极容易诱导家长做出不理性的判断。

任何合理的升学规划，一定是建立在全面、充分地了解各种升学政策的基础之上。

为此，我们升学团队的老师们撰写了这本书。我们团队在书中对多元升学政策做了详细解读和精准概括，希望能够真正帮助到广大家长和学生，启发他们做出最理性的选择。

本书的最大亮点在于其全面性和实用性。全书共分为22章，涵盖的升学路径涉及提前批次、国内外升学等，覆盖高中低各个分数段，全国适用政策，以及地区特殊政策等。

各个升学路径有什么样的政策？报考条件有哪些？报名流程是什么？有哪些院校可以报名？就业前景怎么样？我们的老师针对家长关心的重点问题，在本书中给出了深入的解读，并提出了中肯的建议。

这样的内容设置方式，方便家长和学生更全面地了解各种升学政策的细节，从而做出更加明智的选择。

无论你是正在迷茫的中学生，还是为孩子升学而感到焦虑的家长，抑或是从事教育工作的专业人士，这本书都能够帮助你更加深入地理解升学政策。

当然，大家面对如此丰富的升学方式，也一定要擦亮眼睛，注意每种升学方式的局限性。比如强基计划中基础学科的学习难度、考核压力，以及中外合作办学的高收费、外语能力要求等。对待任何事物都不能只考虑其优势，而忽略其弊端。

最后，我想说，无论选择哪条路，都请保持一颗热爱学习、永不停步的心。因为，只有不断学习，我们才能在这个日新月异的世界中立足。希望这本书能成为你们升学路上的良师益友，帮助你们找到属于自己的光明未来。

张雪峰

2024 年 3 月 4 日于苏州

前言

在当下，高考被普遍认为是学生生涯的重要关口，对于一千多万名考生而言，高考不仅仅是一场考试，更是一次命运的选择。然而，随着时代的变迁和教育观念的更新，我们逐渐认识到，与高考相关的升学途径远不止我们所熟知的那几种，多元升学规划已经成为越来越多家庭关注的焦点。

多元化升学路径的存在确实为我们带来了丰富的选择，例如强基计划、综合评价招生、港澳升学、三大招飞，以及毕业即就业的军警生、官校生、定向生等，但也让我们面临着海量升学信息的冲击。繁杂多变的政策、模糊不清的信息查询渠道，以及铺天盖地难辨真伪的宣传，都成为普通家庭在规划升学过程中的难点和痛点。我们深感这些问题给家长和学生带来的困扰，因此编写了这本书，希望通过更加清晰、透明的政策解读和专业指导，让广大学生及家长认识到提前主动规划的必要性，打破在政策认知上的局限性，为学生和家长提供一份全面且实用的多元升学规划指南。

本书不仅深入剖析了现有各省份的高考升学政策，还对全国范围内的政策进行了对比与分析，为读者展现了一幅完整且细致的高考志愿填报的政策画卷。我们追求信息的全面性、准确性和易理解性，助力读者真正掌握多元升学路径的每一个环节。与市面上的其他参考书相比，本书不只是简单地摘录、陈述政策，还提供了深入的政策解读及务实的规划建议。我们期望通过以深入浅出的方式，引导读者真正走进政策的内核，理解其深层含义，并学以致用，灵活应用于实际升学规划之中。由于艺术类升学受众群体比较少，加上2024年取消了高水平艺术团招生，因此本书对艺术类升学途径不做介绍。

我们的团队是由一批经验丰富、视野广阔的升学规划专家组成的。作为升学规划行业的领军者，我们始终保持与高校招生就业处、企业管理层人力资源的紧密联系，时刻关注并获取最新的相关信息，并且充分利用自身的专业知识和丰富经验，致力于为读者提供最具针对性和价值的升学规划建议。在本书的编写过程中，我们始终以信息的准确性和可靠性为坚守，提供的信息均来源于官方渠道和优质网络平台，经过严格大数据筛选，以确保信息的真实可信。同时，我们也非常重视信息的易读性。在解读政策时，我们尽可能使用通俗易懂的语言，帮助读者轻松理解政策内涵，并能在实际操作中灵活运用。

全书详尽介绍了多种升学路径，其排版顺序是经过深思熟虑的，主要考虑因素包括各种升学路径的覆盖范围、目标受众人群，以及在升学领域的受关注度等。每一种升学路径，我们都力求做到全方位、多角度地解读，具体包括政策简介、报考流程、覆盖省份、报考要求、常见问答、规划建议等几个重要方面。我们期望通过这样的全面解读，帮助读者更好地理解和把握各种升学路径，从而为他们的升学规划提供实质性的参考和帮助。

无论你是对未来感到迷茫的中学生，或是为孩子升学而焦虑的家长，还是教育领域的从业者，你都能从这本书中汲取有价值的信息。我们的愿景和使命，就是通过这本书帮助你在繁复的升学路径中找到最合适的那条。

高考升学规划是每一个家庭都会面临的。它的重要性，不言而喻。我们渴望通过这本书，为大家揭开高考多元升学路径的神秘面纱，让你在理解的基础上，做出明智的决策，从而为你的孩子，或是你的学生，或是你自己，铺设一条通向未来的坦途。

我们深信，凭借专业性和对升学领域的深入了解，这本书将成为大家在高考志愿填报过程中的得力帮手。我们期待大家在阅读的过程中，能够感受到我们的用心和专业；我们更期待，这本书能够在大家的升学之路上，起到指引和助力的作用。

目录

第一章 强基计划
圆你名校梦

导语·002

什么是强基计划？·003

不同省份能报哪些强基计划？·004

强基计划的报考条件·005

高考选科有要求吗？·008

可以报考哪些学校？·009

可以报考哪些专业？·010

强基计划的报考流程和节点·010

常见问题·011

总结·020

第二章 综合评价
综合考查降分数

导语·024

什么是综合评价？·025

适合哪些学生报考？·026

哪些省市的院校会有综合评价招生政策？·030

综合评价的报考流程·032

综合评价的优势·033

综合评价的局限·036

常见问题·038

总结·040

第三章　三大公费生
汇聚力量促发展

导语·044

公费师范生·046

公费农科生·050

公费医学生·052

总结·054

第四章　三大招飞
蓝天梦想启航

导语·056

空军招飞·057

海军招飞·064

民航招飞·070

飞行员待遇·081

三大招飞怎么选择？·084

总结·085

第五章　军校生
钢铁意志保国家

导语·088

什么是军校生？·089

军校生的报考条件·089

军校生的考试流程·090

考上军校就有军籍吗？·091

可以报考哪些学校？·092

体检与政审·094

指挥类专业与非指挥类专业的区别·097

总结·098

第六章　警校生
栉风沐雨百姓倚

导语·102

什么是警校生？·103

可以报考哪些学校？·103

考试情况介绍·105

各警种的区别·106

常见问题·110

总结·112

第七章　五大官校
"毕业即就业"

导语·114

外交学院·115

北京电子科技学院·119

中国消防救援学院·123

上海海关学院·127

国际关系学院·130

第八章　三大专项
农村学生的福音

导语·136

三大专项计划·137

三大专项的报考条件·137

专项计划的实施区域·139

哪些高校有专项计划招生资格？·151

三大专项的对比·152

常见问题·154

总结·155

第九章　联合培养
探索不同的教育方式

导语·158

本科阶段联合培养的主要类型·159

哪些省份可以报联合培养？·160

联合培养的优势与局限·161

总结·163

第十章　中外合作办学
用财力弥补实力

导语·166

什么是中外合作办学？·167

中外合作办学有哪几种模式？·167

中外合作办学学校和中外合作办学专业的区别·170

中外合作办学的优势与局限·170

中外合办专业的学生和统招的学生在培养上的区别·172

海南陵水黎安国际教育创新试验区
　　——鲜为人知的宝藏园区·173

常见问题·177

总结·178

第十一章　国际本科
另辟蹊径把学留

导语·182

什么是国际本科？·183

国际本科的优势与局限·183

国际本科的申请条件·185

总结·186

第十二章　港澳生
升学"双保险"

导语·188

港澳升学的优势·189

港澳高校在内地的招生方式及建议·192

港澳院校报考流程·203

港澳高校排名·206

常见问题·212

总结·213

第十三章　保送生
不用高考直接录取

导语·218

外语类·219

竞赛类·232

公安英烈子女·242

优秀退役运动员·245

保送录取程序·248

总结·250

第十四章　少年班
天才少年选拔计划

导语·254

什么是少年班？·255

有哪些学校开设少年班？·255

常见问题·262

规划建议·265

总结·266

第十五章　"三位一体"
浙江省专属政策

导语·270

什么是"三位一体"？·271

"三位一体"的报名流程·271

哪些学校有"三位一体"？·272

参加"三位一体"需要满足什么条件？·273

浙江学生报考"三位一体"的优势·274

哪些学生适合报考"三位一体"？·275

常见问题·276

总结·277

第十六章　上海春考
上海市专属政策

导语·280

什么是上海春考？·281

上海春考的报名流程·281

哪些学校有春考？·283

参加上海春考需要满足什么条件？·286

上海春考的优势·287

哪些学生适合报考上海春考？·288

常见问题·289

总结·292

第十七章　"双培计划""外培计划"
北京市专属政策

导语·294

什么是"双培计划"和"外培计划"？·295

哪些学校有"双培计划"和"外培计划"？·296

"双培计划"和"外培计划"的优势与局限·297

常见问题·300

总结·302

第十八章　民族班与民族预科班
两种班，一家人

导语·306

什么是民族班？·307

什么是民族预科班？·307

招生来源·308

民族班和民族预科班的区别·309

边防军人子女预科班·313

总结·315

第十九章　定向培养军士
专科也能从军行

导语·318

什么是定向培养军士？·319

定向培养军士的报考流程·319

定向培养军士和直招军士的区别·320

定向培养军士可以选择哪些学校？·320

总结·321

第二十章　"高本贯通"
低分保本新思路

导语·324

什么是"高本贯通"？·325

"高本贯通"的报名条件·325

"高本贯通"和专升本的异同·326

常见问题·328

总结·328

第二十一章　高职单招
低分也有好选择

导语·330

什么是高职单招？·331

高职单招的报考条件·331

高职单招的报考流程·332

总结·333

第二十二章　体育生
四肢发达，头脑不简单

导语·336

体育生升学途径·337

院校推荐·357

体育专业·359

常见问题·369

总结·372

附　录

附录1：2022—2025学年面向中小学生的全国性竞赛活动名单·375

附录2：省属公费师范院校目录·378

附录3：中外合作办学大学项目汇总（含内地与港澳台地区合作办学机构和内地与港澳台地区合作办学项目）·383

附录4：2024年QS世界大学排名前300的院校名单·394

附录5：2024年招收香港中学文凭考试学生内地高校名单·402

附录6：符合高校保送录取优秀运动员的竞赛项目及赛事名录（2024版）·404

第一章 强基计划

圆你名校梦

导语

　　高精尖技术领域取得的所有突破性成果，离不开基础学科的支持。尽管我国的科技综合实力已位居世界前列，但在基础学科上的研究是相对滞后的，这与基础学科的投资回收期过长不无关系。为了选拔和培养优秀的基础学科人才，依托包括北京大学、清华大学在内的国内顶尖的39所"双一流"高校，我国推出了"强基计划"这一重要招生政策。这项计划旨在发现并鼓励一批拥有基础学科特长和兴趣的优秀学子，通过全面的培养，使其成为未来科研、教育等领域的领军人物和创新骨干。

　　强基计划以数学、物理、化学、生物、历史、哲学等基础学科为重点，每年在全国范围内选拔一定数量的优秀学子进行培养。这项计划依托一流的师资力量、丰富的教育资源和创新的考核方式，为入选学子提供全方位的培养和支持。由于强基计划的录取方式是不再单一参考高考成绩，因此有些家长和考生把强基计划当作升学捷径，在没有经过慎重评估自身特长和学科特点的情况下盲目报考，导致考生入学之后跟不上教师的教学进度，以至于厌学、退学。这与强基计划的初衷相违背，也是不可取的。由此，正确认识强基计划就显得非常有必要了。

什么是强基计划?

2020年1月,教育部发布《关于在部分高校开展基础学科招生改革试点工作的意见》,决定自2020年起,在部分高校开展基础学科招生改革试点,也称强基计划。强基计划实施三年来,共录取新生1.8万余人[1],试点高校在人才培养模式上创新,通过强基计划选拔了一批对基础学科研究有志向、有兴趣、有天赋的优秀学生。

简而言之,强基计划就是在"双一流"高校对基础学科进行招生,考生成为强基生后,只要在转段阶段[2]通过学校考核就可以获得硕士推免资格或是直博资格。以南京大学为例,其2020年强基计划招生计划为210人,30名同学表现出色,通过考核后,跳过硕士阶段,直接进入博士阶段的学习;进入硕士阶段的有85人,共计115人成功转段[3]。不同学校情况各异,需要关注目标院校最新的培养政策。

---

[1] 数据来源于教育部召开的"教育这十年"1+1系列第十二场新闻发布会。——作者注(以下若无特殊说明,均为作者注)
[2] 指强基生结束本科阶段的学习,转入硕士研究生或直博继续深造。
[3] 来源于南京大学官网。

不同省份能报哪些强基计划?

每个学校的强基计划招生情况在各省份不一样，比如在宁夏回族自治区，2023 年北京大学没有对其招生，但是清华大学有。具体情况可查看学校最新的强基计划招生简章。

以《山东大学 2023 年强基计划招生简章》为例，下表中的分值表示综合成绩，综合成绩 = 高考成绩（换算成百分制）×85%+ 校考成绩 ×15%。[1] 大家可以看到，山东大学在每个省份的录取分数也是不一样的，空格表示该专业在该省份不招生。[2]

省份	数学与应用数学	物理学	化学	生物科学	生物医学科学	汉语言文学 - 古文字学	历史学	哲学
北京	80.74					82.62		80.53
天津	83.83					85.26		
河北	83.76	81.59	80.92		83.63	83.71	82.37	81.57
山西	79.40	76.75	77.01	78.74			75.66	
内蒙古				76.72				
辽宁	84.64						80.32	
吉林	79.39		70.07	76.14			75.72	
黑龙江	77.51	72.03		76.12				
江苏	84.08	82.11	81.50			78.83		
浙江	84.91			85.19				85.73
安徽	83.36		79.83		79.94	81.77	80.83	
福建	82.89		78.61					

---

[1] 校考成绩 = 笔试成绩 ×50%+ 面试成绩 ×50%，满分 100 分。相关信息来源于《山东大学 2023 年强基计划招生简章》。

[2] 来源于《山东大学关于公布 2023 年强基计划录取分数线的通知》。

续表

省份	数学与应用数学	物理学	化学	生物科学	生物医学科学	汉语言文学-古文字学	历史学	哲学
江西	79.75	77.67	75.48					
山东	83.55	81.92	81.30	83.79	83.68	83.45	84.35	81.29
河南	83.17	82.14	79.54	80.65	80.64	81.17	80.97	79.78
湖北	83.21			84.76				
湖南	82.40		79.33				80.00	
广东	84.71						81.26	78.93
广西							81.79	
重庆	78.79						78.94	
四川	83.84	80.61			80.71			75.33
贵州			72.15					80.41
云南				79.42				
陕西				80.84				
甘肃				75.16				74.20

强基计划的报考条件

强基计划的入围方式为以下两项满足其一。

分数要求

以山东大学 2023 年的强基计划为例,部分省份入围分数线见下表:

省份	专业	入围分数线
河北	哲学	613
	汉语言文学－古文字学	629
	历史学	621
	数学与应用数学	634
	物理学	622
	化学	616
	生物医学科学	621
江苏	汉语言文学－古文字学	586
	数学与应用数学	648
	物理学	636
	化学	623
山东	哲学	617
	汉语言文学－古文字学	623
	历史学	623
	数学与应用数学	641
	物理学	627
	化学	619
	生物科学	622
	生物医学科学	626
河南	哲学	604
	汉语言文学－古文字学	597
	历史学	605
	数学与应用数学	633
	物理学	616
	化学	600
	生物科学	598
	生物医学科学	605

"对于已确认的第一类考生,其高考成绩须达到所在省份第一批本科录取控制分数线(简称'一本线',合并本科批次省份参照部分特殊类型招生最低录取控制线执行,下同)上50分,对于高考成绩满分不是750分的省份,按比例折算。我校依据'高考成绩优先、遵循考生志愿'的原则,按分省分专业招生计划数的5倍,确定各省入围校考人选及其唯一入围专业(如有末位同分考生,均可入围)。"[1]

每个学校每年的强基计划招生要求不尽相同,但是万变不离其宗,一般来说是按照高考分数×85%+面试分数/笔试分数×15%折算成综合成绩,择优录取。学校依据考生的高考成绩,按分省招生计划数的一定倍数确定各省入围校考的考生名单,这个倍数由学校自己定。

奖项要求

高中期间获得全国中学生五大学科奥林匹克竞赛全国决赛二等奖及以上奖励,且高考成绩达到当年所在省份划定的第一批本科录取最低控制分数线,考生可直接获得入围该校考核的资格。这里的竞赛五大学科,指的是数学、物理、化学、生物和信息学。

当然,有些学校要求较高,哪怕是考生获得了奖项,还是要进行审核,比如《北京大学2023年强基计划招生简章》规定:"对于获得数学、物理、化学、生物、信息学全国中学生学科奥林匹克竞赛全国决赛二等奖(含)以上成绩且按破格申请报考强基计划的考生,我校将对其学科特长及综合表现进行审核。4月26日,考生可登录北京大学强基计划综合素质材料提交平台(网址:https://www.ccuut.edu.cn/xxcj)查询破格资格审核结果。审核

---

[1] 来源于《山东大学2023年强基计划招生简章》。

'优秀'或'通过'者可获得破格入围资格；审核'不通过'者仍按照高考成绩确定入围资格，或可登录北京大学强基计划报名平台（网址：https://bm.chsi.com.cn/jcxkzs/sch/10001）选择取消我校强基计划报名。"

所以具体情况，还是要看各校每年的强基计划招生简章。

高考选科有要求吗？

有！一所学校内，同一个专业在不同省份有不同要求，同一所学校对于老高考/新高考省份的选科要求也不一样，具体情况需要查看学校的强基计划招生简章。山东大学是强基计划中较为典型的综合院校，我们以此为例。[1]

招生专业	非高考改革省份招生科类	高考改革省份选考科目要求		
		3+3 模式	3+1+2 模式	
			首选	再选
数学与应用数学	理工类	物理	物理	不限
物理学		物理	物理	不限
化学		物理 + 化学	物理	化学
生物科学		物理 / 化学 / 生物	物理	化学 / 生物
生物医学科学		物理 + 化学	物理	化学
汉语言文学（古文字学方向）	文史类	不限	历史	不限
历史学		历史 / 地理	历史	不限
哲学		不限	历史	不限

---

[1] 来源于《山东大学 2023 年强基计划招生简章》。

可以报考哪些学校？

强基计划一般会规定考生不能兼报其他高校的强基计划，所以大家只能选择以下这些大学（以省份区分）中的一所进行填报。

北京（8所）	北京大学、清华大学、北京师范大学、中国人民大学、北京航空航天大学、北京理工大学、中国农业大学、中央民族大学
安徽（1所）	中国科学技术大学
四川（2所）	四川大学、电子科技大学
福建（1所）	厦门大学
甘肃（1所）	兰州大学
广东（2所）	中山大学、华南理工大学
黑龙江（1所）	哈尔滨工业大学
湖北（2所）	华中科技大学、武汉大学
湖南（3所）	国防科技大学、中南大学、湖南大学
吉林（1所）	吉林大学
江苏（2所）	南京大学、东南大学
辽宁（2所）	大连理工大学、东北大学
山东（2所）	山东大学、中国海洋大学
陕西（3所）	西安交通大学、西北工业大学、西北农林科技大学
上海（4所）	上海交通大学、复旦大学、同济大学、华东师范大学
天津（2所）	天津大学、南开大学
浙江（1所）	浙江大学
重庆（1所）	重庆大学

可以报考哪些专业？

强基计划突出基础学科的支撑引领作用，聚焦高端芯片与软件、智能科技、新材料、先进制造和国家安全等关键领域，以及国家人才紧缺的人文社会科学领域，重点在数学、物理、化学、生物、工程力学、基础医学、育种、历史、哲学、古文字学等相关专业招生。

高校会结合自身办学特色，合理安排招生专业，并建立学科专业的动态调整机制，根据新形势要求和招生情况，适时调整强基计划的招生专业。

简而言之，每个学校每年的强基计划招生专业不尽相同，具体看各院校官网政策。

强基计划的报考流程和节点

第一步：招生简章公布，网上报名开始（3月底至4月）；

第二步：考生统一参加高考（6月）；

第三步：各省（区、市）提供高考成绩，高校确认后确定考核名单并组织考核（高考后至7月4日前）；

第四步：高校折算综合成绩，择优录取（7月5日前）。

学生在报考前需要注意以下两点：

第一点，强基计划除了初试的高考成绩，还有面试成绩和笔试成绩，之后按照一定比例折算成综合成绩。

第二点，2023年，遵从传统模式的学校会将校考安排在高考出分后，而中国科学技术大学、浙江大学、同济大学、西安交通大学、厦门大学的强基计划都采用了"复交南模式"[1]，这是新模式，即将校考提前至高考出分前，根据初试成绩划定复试入围分数线，入围比例不等。而在2023年之前，只有复旦大学、南京大学、上海交通大学采取这个模式。由此可以看出，越来越多的学校采用了新模式招生。

强基计划

传统模式　报名　审核　高考　高考出分　校考　锁档　录取

新模式　报名　审核　高考　初试（校考）　复试（校考）　锁档　高考出分　录取

常见问题

1. 在本科阶段可以转专业吗？

大多数院校的强基计划一般规定学生在本科阶段不可以转专业。如果成绩不合格，比如挂科稍多，院校会有动态退出机制使学生退出强基计划，退出后该生一般进入该专业普通班级学习。一些学校允许学生在本硕衔接阶段转入不同学院以及专业，比如2020年华南理工大学数学类强基班学生在硕士阶段可以选择转向计算机科学与工程学院、软件学院或自动化科学

---

[1]　一种高校招生模式，因涉及复旦大学、上海交通大学、南京大学而得名。

与工程学院。比如，北京师范大学、上海交通大学、厦门大学等高校规定，强基生本科阶段转专业范围原则上限于该校强基计划招生专业之内。具体情况依据该年新出的招生简章而定，一般可在3月底至4月初到学校官网查询。

以下是截至2023年10月各院校是否可以在本科升研究生阶段由理科转工科的情况。

学校	可否衔接工科方向 （一般由理科方向转工科方向）
清华大学	是
北京大学	支持辅修工科
北京师范大学	支持辅修工科
中国人民大学	否
北京航空航天大学	是
北京理工大学	否
中国农业大学	否
中央民族大学	否
上海交通大学	支持辅修工科
复旦大学	否
同济大学	是
华东师范大学	否
南京大学	否
东南大学	是
天津大学	是
浙江大学	是
中国科学技术大学	是
厦门大学	是
山东大学	是
中国海洋大学	否
武汉大学	是
华中科技大学	否
中南大学	是

续表

学校	可否衔接工科方向（一般由理科方向转工科方向）
国防科技大学	是
湖南大学	否
中山大学	是
华南理工大学	是
四川大学	是
电子科技大学	是
重庆大学	是
西安交通大学	是
西北工业大学	是
西北农林科技大学	否
大连理工大学	是
东北大学	是
吉林大学	否
哈尔滨工业大学	是
兰州大学	否

具体的转专业政策，以西安交通大学为例，学生如果想从理科转向自动化方向，需要满足以下条件：

· 就读于数学强基计划人工智能模块；

· 截至大三学年结束，未退出强基计划；

· 修完人工智能模块前三年要求的课程，且成绩合格；

· 未受记过或记过以上处分；

· 思想品德、学业成绩、综合素质、创新能力、身体状况、心理素质等各方面经考核符合学院要求。

2. 鸡头、凤尾该怎么选？普通高考优质"211"的好专业和强基计划"985"的冷门专业怎么选？

仁者见仁，智者见智，两种选择各有优劣。强基计划"985"高校冷门专业的优势是可以硕士推免以及直博，这对于追求学历、家庭没有太大经济压力的学生来说是一个不错的选择；普通高考优质"211"高校好专业则是自身对专业感兴趣并追求就业的学生最好的选项。所以没有绝对正确的选择，而是要根据自身的情况，做出适合自己的选择。

举个例子，一个孩子现在有两个选择：其一，较一般的"985"高校的强基专业（比如某个一般"985"高校的生物专业）；其二，顶级"211"高校的好专业（比如武汉理工大学的电子信息类专业）。这时候他该如何选择？可以从兴趣与经济的角度进行权衡。

· 从兴趣角度，看孩子将来想从事的职业。如果孩子将来想从事与生物或电子信息相关的职业，那么选择对应的专业就可以。

· 从经济角度，如果孩子没有明确的喜好，将来指望较快步入社会挣钱，期待稳定，那么可以选择顶级"211"高校的好专业。如果家里可以提供较大的经济支持，孩子的目标是研究员或大学老师等要求博士学历的工作，那么也可以选择强基专业。

3. 强基计划和自主招生有什么区别？

强基计划可以简单理解为强化基础学科计划，高校开设的专业大多是基础学科，类似数学、物理、历史等基础性理论学科。与以往自主招生相比，强基计划取消论文、专利等作为入围高校考核条件的做法，由"降分录取"改为"基于统一高考的多维度考核评价"，按综合成绩重新排序，择优录取。

强基计划和自主招生主要有四点不同之处：

第一，招生专业不同。自主招生未限定高校招生的专业范围；强基计划旨在突出基础学科的支撑引领作用，重点在数学、物理、化学、生物，以及历史、哲学、古文字学等专业招生。

如果考生对基础学科感兴趣，可以尝试选择强基计划。

第二，入围校考的依据不同。自主招生的校考入围依据主要是考生的申请材料；强基计划的校考入围依据是考生的综合成绩，极少数在相关学科领域具有突出才能和表现的考生，有关高校可制定破格入围校考的条件和办法，并提前向社会公布。

之前的自主招生考核考生的论文、专利，但是对于强基计划而言，考生只要在某一学科有突出才能或表现即可。

第三，录取方式不同。自主招生采取降分录取的方式，录取分数最低可降至一本线；强基计划则是将考生的高考成绩（比重不低于85%）、高校综合考核结果和综合素质评价等折算成综合成绩，按从高到低的顺序录取，体现出对学生更加全面的考查。

强基计划对高考发挥有些失误的考生较为友好，因为还有面试、笔试环节可以缩小差距。

第四，培养模式不同。相关高校对自主招生录取的学生在培养方式上未做特殊安排；对强基计划录取的学生则实行小班化、导师制，并探索本—硕—博衔接的培养模式，畅通学生成长发展通道，实现招生培养良性互动。

如果同学们对个性化的培养模式感兴趣，强基计划是一个很好的选择。

4. 强基计划招收的学生和统招的学生在培养上有什么区别吗？

强基计划的培养方案不尽相同，一般来说，高校对通过强基计划录取的学生会单独制订培养方案，采取导师制、小班化等培养模式，建立激励机制，增强学生的荣誉感和使命感，畅通成长发展通道。对学业成绩优秀的学生，高校可在免试推荐研究生、直博、公派留学、奖学金等方面予以优先安排。高校探索建立本—硕—博衔接的培养模式，推进科教协同育人，探索建立结合重大科研任务的人才培养机制。通过强基计划录取的学生入校后原则上不得转到相关学科之外的专业就读。[1]

简而言之，参加强基计划需要注意的是不挂科，只要在转段阶段通过学校考核就可以选择直接获得硕士推免资格或是直博资格，不用参加全国统一的研究生考试。当然，每个学校在转段阶段的考核标准不一，一般来说是以学生的在校成绩为依据。

5. 会不会受歧视？毕业证有无区别或者特殊备注？

家长经常会有这样的忧虑，通过强基计划入学的学生的毕业证会不会和普通统招学生的毕业证不一样？会不会在就业的时候受到歧视？其实大可不必担心！通过强基计划入学的学生的毕业证与普通统招的没有区别，学生毕业找工作时也不会受到任何歧视。

6. 强基计划能不能先报名，等高考分数出来再决定去不去？

这需要看学校情况。采取传统模式的强基计划学校，如山东大学、华南理工大学会在高考分数出来后进行面试，在这种模式下，考生就可以根据自己的分数情况选择是否去参加强基计划的面试；采取新模式的学校，如复旦大学、上海交通大学、南京大学、中国科学技术大学、浙江大学、西安交通大学、同济大学、厦门大学，它们在高考分数出来前就已经进行面试了，参加这种模式的强基计划，只要高考分数够就会锁档，即考生无法退出。

还有一些学校，虽然也采取了传统模式，但是在确定面试环节时也存在特殊情况。比如2023年，武汉大学的招生简章中有以下说明："考生须在2023年6月10日至20日登录武汉大学强基计划报名平台确认是否参加

---

[1] 来源于教育部官网《教育部将在部分高校开展基础学科招生改革试点》新闻。

我校强基计划考核测试并签订承诺书，未在规定时间内完成考试确认或签订承诺书者，视为自动放弃入围学校考核测试资格。对入围并确认参加我校强基计划考核测试却无故放弃的考生，我校将通报生源所在省份招生考试机构并如实计入诚信档案。"意思就是在这个时间段，如果你签了承诺书，那么必须去该校参加考核测试，不然就会影响诚信档案；如果你没签承诺书，可以不去，即视为放弃，没有任何影响。而山东大学则没有这项规定，所以一切还是要以高校当年的招生简章为准。

7. 强基班的末位淘汰制和动态进出制是怎么回事？

一直挂科或者平时成绩跟不上的学生会被要求退出强基班，而一些在相关专业表现优异的学生有机会在大学期间进入强基班。

我们引用《华南理工大学2023年强基计划招生简章》的原文："学校对强基计划学生实施阶段性考核和动态进出机制，考核不合格的学生，原则上回本专业普通班就读。强基计划各专业在每次考核后遴选增补优秀学生，补充名额不得超过转出的学生总数。强基计划学生原则上不得转专业，特殊情况下须转专业的，转专业范围限于本校强基计划专业，按学校全日制本科生转专业管理办法执行。退出强基计划的学生原则上不得再转专业，不再具有申请免试攻读研究生资格。"

所以，学生进入强基班后，在学业上也不能懈怠。

8. 竞赛奖项的专业是否可以与所报强基专业不同？

可以。

举个例子，一个学生获得了化学奥林匹克竞赛一等奖，但是想要报考数学强基专业，这可以吗？答案是可以的。当然，每年的政策会有所改变，具体还是要以每年3至4月各高校官网发布的强基计划招生简章为准。

9. 强基计划录取分数与普通类本科批次投档线会差很多吗？

我们将2023年强基计划在江苏省的录取分数线与普通类本科批次的投档线进行比较。[1] 一般来说，强基计划录取分数线会比普通招生的分数线低不少，大概在10分，多的甚至能低20分！比如南开大学的物理学专业，强基计划的招生分数线就比普通招生的分数线低了20分。

院校名称	录取专业	强基计划入围线	普通批次投档线
清华大学	物理类	672	690
	历史类	648	673
北京大学	物理类	677	691
中国人民大学	历史类	638	650
北京航空航天大学（含加权）	信息与计算科学	681.6	659
	工程力学	688.2	
	飞行器动力工程	704.2	
北京理工大学（含加权）	应用物理学	671	657
	化学	652.4	
中国农业大学	物理类	629	637
中央民族大学	历史类 - 哲学	596	610
南开大学	历史学	614	633
	数学与应用数学	651	653
	物理学	633	
	生物科学	622	
天津大学	未公布		
大连理工大学	生物工程	597	637
	应用物理学	646.4	
东北大学	自动化	626	634

---

[1] 根据目前已经公示的学校信息整理而来。

续表

院校名称	录取专业	强基计划入围线	普通批次投档线
哈尔滨工业大学	工程力学-航天类	645	659
	复合材料与工程航天类	649	
	数学类	658	
	应用物理学	647	
复旦大学	未公布		
同济大学	未公布		
上海交通大学	未公布		
华东师范大学	未公布		
南京大学	未公布		
东南大学	历史类-哲学	607	629
	物理类-哲学	613	647
	数学类	652	
	物理学类	654	
	化学	644	
浙江大学	未公布		
中国科学技术大学	未公布		
厦门大学	未公布		
山东大学	汉语言文学-古文字学	586	605
	数学与应用数学	648	622
	物理学	636	
	化学	623	
中国海洋大学	生物科学	609	628
武汉大学	哲学	630	634
	汉语言文学-古文字学	628	
	历史学	626	
	数学与应用数学	652	650
	物理学	662	
	化学	643	
	生物科学	650	
	基础医学	635	
华中科技大学	基础医学	628.12	656
	生物科学	642.12	
湖南大学	未公布		

续表

院校名称	录取专业	强基计划入围线	普通批次投档线
中南大学	数学与应用数学	638	641
	应用物理学	623	
	应用化学	605	
	生物科学	631	
中山大学	生态学	594	647
华南理工大学	数学类	686	641
	化学类	610	
	生物技术	638	
四川大学	汉语言文学（古文字方向）	593	604
	历史学类	610	
	数学与应用数学	634	637
	物理学	627	
重庆大学	物理类	626	636
西安交通大学	未公布		
西北工业大学	物理类	647	648
兰州大学	汉语言文字（古文字学）	595	599
	历史学	586	
	数学与应用数学	565	631
	物理学	611	
	化学	596	
	生物科学	561	
	草业科学－草类植物生物育种	524	

总结

说了这么多，我们建议哪些同学报考强基计划呢？

首先，要成绩优异。自己想要报名的专业相对应的学科单科成绩最好至少130分（满分150分），且高考总分达到优质"211"高校的录取分数线，这样的你才有资格报考。

其次，必须在基础学科方面有天赋。本科阶段的强基班都是学习基础理论学科，如数学，都与逻辑理论有关，难度很大，天赋一般的同学学习起来会非常吃力。

最后，不要把强基计划当成升学捷径。强基计划虽然是本—硕—博衔接培养，学生较容易拿到推免资格，但是每个学期的期末考试成绩都很重要，上文也讲过存在动态退出机制，学习竞争压力不小。如果你以为进强基班之后很容易就能拿到推免资格，那就想得太简单了。

当然，如果你满足了以上种种条件，那么强基计划对于你来说确实是一种不错的升学方式。不仅是因为它简单的本—硕—博衔接培养机制，而且现在许多高校允许理转工。虽然到目前为止，第一批强基学生还没有毕业，不知道将来的就业情况如何，但是现在有些院校已经允许数学或物理学的强基学生在满足一定条件后于转段阶段理转工。这些学生在本科阶段就有专门的导师培养，又有国家重点关注并大力支持的政策，外加是头一批出来的学生，单从薪资待遇方面推测，其毕业后不会太差。

第二章 综合评价

综合考查降分数

导语

综合评价招生制度是我国高考招生制度的一项重要改革。该制度旨在选拔具有创新潜质和实践能力的优秀人才，同时促进高考评价体系的科学化和多样化。提前批次中的综合评价招生制度在实施过程中，通过多元化的考核方式，注重对考生综合素质和创新能力的考核，而非单一看高考成绩，使得优秀考生在高考录取之外还有其他机会进入心仪的高校。

什么是综合评价？

综合评价招生改革试点工作是贯彻落实《国务院关于深化考试招生制度改革的实施意见》（国发〔2014〕35号）精神，对"分类考试、综合评价、多元录取"的考试招生模式的积极探索。综合评价一般综合考量高考成绩、高校综合测评、高中学业水平考试（简称"学考"）成绩和综合素质评价等方面，择优录取考生。

综合评价中涉及的各部分成绩比重由学校决定，各有不同。例如，在江苏省综合评价招生录取中，高考成绩占比一般为50%—60%，校测成绩占比为30%—40%，学考成绩占比为5%—10%。

其中，采用"6∶3∶1模式"[1]录取的高校有南方科技大学、西交利物浦大学（对江苏为6∶4）、香港中文大学（深圳）、华南理工大学等；采用"7∶3模式"[2]录取的高校有北京外国语大学；采用"85∶15模式"[3]录取的高校有南京大学、东南大学、中山大学等。

在部分高校的综合成绩测算中，除以上成绩外，综合素质评价也占有一定比例，如南京中医药大学占比3%，南京信息工程大学和南京邮电大学占比5%。

---

[1] 综合评价成绩=高考成绩（折算成百分制）×60%+学校能力测试成绩×30%（机试25%+面试5%）+高中学业成绩×10%。
[2] 综合评价成绩=高考成绩×70%+学校能力测试成绩×（当地高考满分值/50）×30%。
[3] 综合评价成绩=高考成绩（折算成百分制）×85%+学校能力测试成绩（折算成百分制）×15%。

所以，学生不仅需要注重高考成绩的提升，对平时成绩、高中学考，以及其他可以表明自身能力的证书和奖项也需要进行相应的准备。

适合哪些学生报考？

综合近年来高校综合评价招生政策来看，综合评价招生条件主要分为三大类。

综合成绩要求

综合评价招生并不采用"一考定终身"的考试模式，但仍然重视学习成绩。在综合评价招生的成绩构成中，高考成绩占比不低于50%，而其他成绩要求包括高中平时成绩和学考成绩。因此，学习成绩在综合评价招生中仍然起着决定性作用。

例如在2023年，山东大学要求学生高中阶段历次期末考试及高考模拟考试中至少4次总成绩不低于总成绩满分的75%。这个要求看似较高，实际上，山东省当年的特殊类型招生控制线为520分，能达到这个要求的同学大多符合这个标准。

因大部分高校的综合评价招生范围以本省为主，所以各省份的综合评价录取要求不同。比如，北京外国语大学要求"高三第一学期期末（或最近一次模考）成绩在年级同科类排名前10%以内，并且语文和外语成绩均在同科类排名的前10%以内（我校生源基地校和省级示范校可适当放宽排名限制）"，年级前 10% 的学生都是学霸级的人物了。

想报考综合评价的学生需提前积极关注各高校综合评价招生简章，为各种招生要求提前做准备，如准备相应的平时成绩、高考成绩、各种奖项奖章等。

学科特长突出

综合评价的第二大招生条件就是考生在理科竞赛、文科赛事、科创赛事、艺术体育等赛事中获得突出成就，简单来讲就是在竞赛中获得相应的奖项。

从各大高校历年综合评价招生简章来看，部分院校明确列出了认可的竞赛类别，包含理科类竞赛、科创类竞赛、文科赛事等。需注意的是，各院校认可的赛事存在差异，请以院校当年综合评价招生简章为准。

理科五大学科竞赛包括全国中学生数学奥林匹克竞赛、全国中学生物理奥林匹克竞赛、全国中学生化学奥林匹克竞赛、全国中学生生物学奥林匹克竞赛、全国中学生信息学奥林匹克竞赛。多数高校认可五大学科竞赛省级三等奖及以上等级奖项，部分院校还认可省级初赛奖项。

英语类竞赛包括"外研社杯"全国中学生外语素养大赛等。

语文类赛事包括叶圣陶杯全国中学生新作文大赛、"语文报杯·时代新人说"全国中学生征文大赛、全国中学生创新作文大赛、全国中学生科普科幻作文大赛等。

科创类赛事包括全国青少年科技创新大赛、全国青少年无人机大赛、全国青少年人工智能创新挑战赛、"地球小博士"全国地理科普知识大赛、世界机器人大会青少年机器人设计与信息素养大赛等。

艺术体育类赛事包括全国中小学生绘画书法作品比赛、全国青少年传统体育项目比赛、全国青少年音乐素养大赛等。

以上统计的竞赛为教育部公布的《2022—2025学年面向中小学生的全国性竞赛活动名单》里的赛事（详见附录1），大多综合评价院校广为认可，学有余力的考生可根据目标院校报考条件积极参与赛事活动，丰富阅历，拓宽知识面，为参加综合评价打下坚实基础。

以南方科技大学综合评价招生中所认可的赛事奖项及不同奖项所能带来的优录政策来举例。[1]

1. 招生区域和认可赛事奖项

招生区域包括北京、河北、山西、内蒙古、辽宁、吉林、上海、江苏、浙江、安徽、福建、江西、山东、河南、湖北、湖南、广东、广西、海南、重庆、四川、贵州、云南、陕西。

获得中学生数学、物理、化学学科奥林匹克竞赛全国决赛三等奖（含）以上和生物、信息学科奥林匹克竞赛全国决赛二等奖（含）以上的证书在校测时有优录政策。其他获奖证书和证明自己特点、特长的材料。

2. 综合评价优录政策

获得中学生数学、物理、化学奥林匹克竞赛全国决赛一等奖的考生，网上申请该校综合评价招生并参加能力测试，机试成绩按实际得分加10分计（百分制）。

获得中学生数学、物理、化学奥林匹克竞赛全国决赛二等奖，或信息学、生物学奥林匹克竞赛全国决赛一等奖的考生，网上申请该校综合评价招生并参加能力测试，机试成绩按实际得分加7分计（百分制）。

---

[1] 信息来源于《南方科技大学2022年综合评价招生简章》。

获得中学生数学、物理、化学奥林匹克竞赛全国决赛三等奖，或生物学、信息学奥林匹克竞赛全国决赛二等奖的考生，网上申请该校综合评价招生并参加能力测试，机试成绩按实际得分加 5 分计（百分制）。

在只设面试的省份，以上三类考生的面试成绩按实际得分分别加 10 分、7 分、5 分计（百分制）。

上述各项成绩加分后以满分 100 分为限（百分制）。

思想品德优秀

在部分院校的综合评价招生中需要省级优秀学生、省级三好学生、省级优秀学生干部等荣誉。

对于山东考生，社会实践活动及研究性学习是报考综合评价的必要条件。山东省综合评价招生院校将学生的社区服务、社会实践经历、考察探究活动、研究型学习情况和自主选修学分学习情况等作为资格审查的必要内容和进入面试的必要条件。

例如，《山东大学 2022 年山东省综合评价招生简章》规定，高中三年参加不少于 10 个工作日的社区服务和 1 周的社会实践，并完成不少于 6 学分的考察探究活动（研究性学习、研学旅行、野外考察等），有意向报考综合评价的山东考生务必提前准备。

各高校对思想品德的要求有差别，具体情况请以院校当年综合评价招生简章为准。

哪些省市的院校会有综合评价招生政策？

下表列出了2023年在各省（市、区）进行综合评价招生的高校名单。注意，每年进行综合评价招生的高校及其面向招生的省份会有变动，具体情况请以当地教育考试院公布的最新信息为准。

省（市、区）	院校名单
浙江	浙江大学、复旦大学、上海交通大学、中国科学院大学、北京外国语大学、南方科技大学、香港中文大学（深圳）、华南理工大学、西湖大学、深圳北理莫斯科大学、中国美术学院、浙江工业大学、浙江师范大学、宁波大学、杭州电子科技大学、浙江工商大学、浙江理工大学、温州医科大学、浙江海洋大学、浙江农林大学、浙江中医药大学、中国计量大学、浙江万里学院、浙江科技学院、浙江财经大学、嘉兴学院、浙大城市学院、浙大宁波理工学院、杭州师范大学、湖州师范学院、绍兴文理学院、台州学院、温州大学、浙江外国语学院、宁波工程学院、衢州学院、浙江水利水电学院、浙江警察学院、丽水学院、湖州学院、温州理工学院、嘉兴南湖学院、温州肯恩大学、宁波诺丁汉大学、浙江音乐学院、浙江越秀外国语学院、宁波财经学院、宁波大学科学技术学院、浙江财经大学东方学院、温州商学院、金华职业技术学院、宁波幼儿师范高等专科学校、上海纽约大学、上海科技大学、昆山杜克大学
江苏	南京大学、东南大学、浙江大学、中国科学院大学、华南理工大学、北京外国语大学、上海科技大学、南方科技大学、上海纽约大学、昆山杜克大学、香港中文大学（深圳）、深圳北理莫斯科大学、南京师范大学、南京信息工程大学、南京工业大学、南京邮电大学、南京医科大学、南京中医药大学、南京林业大学、江苏师范大学、南通大学、扬州大学、江苏大学、西交利物浦大学、香港科技大学（广州）
山东	山东大学、中国海洋大学、中国石油大学（华东）、哈尔滨工业大学（威海）、山东师范大学、山东科技大学、青岛大学、青岛科技大学、山东财经大学、中国科学院大学、华南理工大学、北京外国语大学、上海科技大学、南方科技大学、浙江大学、香港中文大学（深圳）、深圳北理莫斯科大学、上海纽约大学、昆山杜克大学

续表

省（市、区）	院校名单
上海	复旦大学、上海交通大学、同济大学、华东师范大学、上海财经大学、上海外国语大学、华东理工大学、东华大学、上海大学、上海中医药大学、浙江大学、昆山杜克大学、北京外国语大学、上海纽约大学、香港中文大学（深圳）
广东	北京外国语大学、浙江大学、中山大学、华南理工大学、南方科技大学、西交利物浦大学、北京师范大学－香港浸会大学联合国际学院、上海纽约大学、昆山杜克大学、香港中文大学（深圳）、深圳北理莫斯科大学
福建	香港中文大学（深圳）、北京外国语大学、南方科技大学、上海科技大学、上海纽约大学、昆山杜克大学、深圳北理莫斯科大学
北京	中国科学院大学、北京外国语大学、南方科技大学、上海科技大学、上海纽约大学、昆山杜克大学、深圳北理莫斯科大学
辽宁	东北大学、北京外国语大学、南方科技大学、上海科技大学、上海纽约大学、昆山杜克大学
湖南	中南大学、中国科学院大学、北京外国语大学、南方科技大学、上海科技大学、上海纽约大学、昆山杜克大学、深圳北理莫斯科大学
湖北	北京外国语大学、深圳北理莫斯科大学、上海科技大学、昆山杜克大学、南方科技大学、上海纽约大学
天津	北京外国语大学、上海科技大学、上海纽约大学、昆山杜克大学、深圳北理莫斯科大学
河南	北京外国语大学、上海科技大学、南方科技大学、上海纽约大学、昆山杜克大学、深圳北理莫斯科大学
河北	北京外国语大学、南方科技大学、上海纽约大学、昆山杜克大学、深圳北理莫斯科大学
陕西	中国科学院大学、北京外国语大学、南方科技大学、上海纽约大学、深圳北理莫斯科大学、上海科技大学
山西	北京外国语大学、南方科技大学、上海纽约大学、深圳北理莫斯科大学
江西	北京外国语大学、上海科技大学、南方科技大学、上海纽约大学、昆山杜克大学、深圳北理莫斯科大学
广西	北京外国语大学、南方科技大学、上海纽约大学、昆山杜克大学
重庆	北京外国语大学、南方科技大学、上海科技大学、上海纽约大学、深圳北理莫斯科大学、昆山杜克大学
云南	中南大学、北京外国语大学、南方科技大学、上海科技大学、上海纽约大学
黑龙江	北京外国语大学、上海纽约大学、昆山杜克大学、深圳北理莫斯科大学

续表

省（市、区）	院校名单
四川	中国科学院大学、北京外国语大学、南方科技大学、上海科技大学、上海纽约大学、昆山杜克大学、深圳北理莫斯科大学
吉林	北京外国语大学、南方科技大学、上海纽约大学、昆山杜克大学、深圳北理莫斯科大学
安徽	北京外国语大学、南方科技大学、上海纽约大学、昆山杜克大学、深圳北理莫斯科大学
内蒙古	北京外国语大学、南方科技大学、上海纽约大学、昆山杜克大学、深圳北理莫斯科大学
贵州	南方科技大学、上海科技大学、北京外国语大学、上海纽约大学
海南	南方科技大学、上海纽约大学、北京外国语大学
新疆	上海纽约大学、北京外国语大学
甘肃	上海科技大学、上海纽约大学、北京外国语大学
宁夏	上海纽约大学、北京外国语大学
青海	上海纽约大学、北京外国语大学
西藏	上海纽约大学、北京外国语大学

综合评价的报考流程

第一步：招生简章发布，网上报名开始。

各高校综合评价招生简章发布时间不一致，如上海纽约大学、昆山杜克大学是前一年9月，浙江省属"三位一体"院校是2月底发布，北京外国语大学、中国科学院大学是3月底发布，其他院校大多集中在每年的四五月发布。考生和家长可以提前关注各高校招生网，注意往年政策发布时间，以此来估计今年的发布时间。例如，《南方科技大学2023年综合评价招生简章》的发布时间为3月31日，各位家长和考生根据报考意向，在此时间前后关注其招生网站即可。

通常情况下，高校综合评价招生简章发布后考生开始报名。

第二步：高校初审。

报名截止后，高校开始审核考生的报名材料和其他相关信息，确定初审通过的名单大多会于5月中下旬在高校官网公布。

第三步：公示初审结果，确认校测资格。

5月底至6月初，高校公布初审入围名单。如果考生在规定时间内没有进行考试确认，将失去校测资格，所以报名参加的学生要及时确认。

第四步：高校组织校测。

高校校测（即复试）采用面试形式，重点考查内容为学生的科学精神、创新素质及综合素养。

综合评价的优势

随着综合评价招生制度在更多区域和高校得到实施，越来越多的优秀考生及其家长开始关注这一制度。该制度具有以下主要优势：

第一，选拔模式合理。

综合评价招生制度采取"统考＋综合评价"的模式，尽管高考成绩在综合评价录取的结果上仍占据较大比重，但获得评价资格的考生不再只依赖高考成绩。对于高三后半学期才了解综合评价的学生，即使没有时间进行全面准备，但如果在综合成绩、综合素质、学科特长、社会实践其中的一个或几个维度表现突出，也可以报名参加综合评价测评，增加录取机会。

第二，增加学生进入更高档次院校的机会。

随着综合评价实施院校及区域的扩大，不仅重点院校和中外合作院校参与其中，而且省属高校也有招生计划。在同一省份的综合评价招生中，高校层次分布较广，能够覆盖优等生和中等生。

第三，全面考虑学生素质。

综合评价制度充分考虑考生的个体差异、环境差异，对考生是否具备某一专业领域的综合素养进行全方位的判断，帮助考生找到自己最擅长的专业领域，提高高校招生的精准性。

第四，高考"双保险"，提升录取成功率。

如果考生在高考时发挥失常，那么凭借高中三年的综合成绩还有可能冲进目标院校，此时我们需要关注的是在招生时高考成绩占比较低、高中三年成绩占比较高的院校，如采用"6∶3∶1模式"的院校。

第五，增加学生阅历，提升能力。

综合评价的准备、笔试、面试等不仅可以增加考生的知识储备，使其提升个人素养和拓宽知识面，还有利于考生充分认识和了解报考目标。考生可以通过校园开放日、高校体验营、高校考核等机会与名校专家进行直接沟通交流，这些方式也是高校选拔学生的途径，对今后考生的规划及发展有极大作用。

第六，降分效果好。

由于综合评价的主流成绩折算方式为"6∶3∶1模式"，因此在多方成绩参考下，高考成绩不再是录取的唯一决定因素，客观上达到了降分录取的效果。大多数院校的录取分数线都低于正常投档线，甚至有些院校的降分幅度高达五六十分。

例如，2020年中山大学综合评价入围考生中，理科最低分是602分，省排19115名；文科最低分是593分，省排2687名。2020年中山大学普通本科批录取分数线，理科最低分是 629 分，省排 8346 名；文科最低分是 605 分，省排 1293 名。

也就是说，理科的综合评价录取分数比普通本科批低了 27 分，名次相差 10769 位；文科的综合评价录取分数比普通本科批低了 12 分，名次相差 1394 位。

第七，与其他特殊招生不冲突。

综合评价与其他特殊招生考试并不冲突，如强基计划、高校专项等，考生可以同时报考。

第八，部分院校提供资助。

部分中外合作的院校为了减轻考生的经济压力，会为其提供资助。例如，昆山杜克大学明确指出学校将根据申请人的自主综合评估成绩颁发符合标准的奖学金，最高可覆盖 4 年全额学费，按学年发放，并且该校的奖学金、助学金可累加，但最高资助金额为 4 年学费总额（68 万元）。[1]

第九，部分院校及专业只能通过综合评价报考。

有些学校虽然同时进行统考招生和综合评价招生，但是招生的专业并不相同，如北京外国语大学小语种的部分专业只在综合评价批次招生。只在综合评价招生的院校有南方科技大学、上海科技大学、上海纽约大学、昆山杜克大学等，所以考生想报考某些限定专业及学校的话，只能通过综合评价招生报考。

---

[1] 来源于《昆山杜克大学 2022 年本科招生简章（中国内地学生）》。

综合评价的局限

综合评价招生政策本身也有一些需要考生和家长注意的不足之处。

首先，综合评价招生主要面向本省考生，未能覆盖全国，这限制了考生的选择范围。除了上海纽约大学、北京外国语大学等几所大学面向全国招生，开设综合评价招生的主要省份是山东、江苏、浙江，这三省的综合评价招生模式较为成熟，且仅面向本省招生。

其次，虽然综合评价招生降低了对高考成绩的要求，但考生仍需具备一定的奖项、证书等条件，这无疑增加了考生的压力。

再次，虽然综合评价招生具有降分效果，但部分院校的竞争更甚于高考。综合评价每年报名人数众多，录取的人数却非常有限。例如，南京大学综合评价招生人数仅百人左右，但报名人数高达上万，竞争的激烈程度可见一斑。

最后，部分院校的招生模式存在诸多限制，如考生需进行"限报""锁档"等操作，不能转专业，无法继续填报普通批次专业等。

限报即限制专业填报，指的是考生在综合评价报考专业时会有所限制。因综合评价政策大多是各院校自己制定的，灵活性高，所以并没有统一的标准，院校之间会存在很多差异，以下表举例说明限报的情况。

招生地区	院校	限报条件
辽宁	东北大学	①根据高考成绩划分为A、B两类考生，B类考生不可报考理工甲类专业； ②生物工程类（含生物工程、生物制药）、生物医学工程（中外合作办学）、外国语言文学类仅限外语语种为英语的考生报考，材料科学与工程（中外合作办学）专业仅限外语语种为英语或法语的考生报考

续表

招生地区	院校	限报条件
湖南	中南大学	将专业分类,文史A类可以填报4个专业志愿和1个调剂志愿,文史B类可以填报3个专业志愿和1个调剂志愿;理工A类和理工B类可以填报5个专业志愿和1个调剂志愿,理工C类只能填报1个专业志愿,理工D类可以填报2个专业志愿和1个调剂志愿
云南	中南大学	将专业分类,文史A类可填报4个大类志愿和1个服从调剂标志;理工A类可填报5个大类志愿和1个服从调剂标志,理工B类可填报5个专业志愿和1个服从调剂标志,理工C类只能填报1个专业志愿,理工D类可填报2个专业志愿和1个服从调剂标志
山东	山东大学	将专业分组,考生只能报考其中一个组别的专业,最多可报6个专业志愿,并可选择是否服从专业调剂(同组内调剂)
山东	中国海洋大学	限选1个专业
山东	哈尔滨工业大学	限选1个专业
山东	青岛大学	每人最多填报6个专业志愿,以及1个专业调剂志愿
山东	青岛科技大学	在填报山东省普通高校招生高考志愿时,入围考生应在普通类提前批次填报综合评价招生试点高校志愿,只能选择1所高校填报

锁档指的是考生被录取就无法填报后续批次。在院校的综合评价招生简章中,对锁档一般有这两种表述方式:"被我校综合评价招生录取的考生,其他院校不再录取"和"录取名单一旦确定,我校将不再受理录取考生的退档申请"。

如果考生被锁档的院校录取了,就不能再被其他院校录取,更不可能填报其他志愿,也无法填报普通批次志愿;如果考生没有被锁档的院校录取,那就可以继续进行后续的志愿填报。

目前存在锁档情况的院校如下所述:

面向江苏省综合评价招生的部分A类院校(考生需在高考前进行志愿确认)包括南京大学、东南大学、浙江大学、中国科学院大学、北京外国语大学、上海科技大学、南方科技大学、上海纽约大学、昆山杜克大学、香港中文大学（深圳）、华南理工大学、深圳北理莫斯科大学。

面向浙江省"三位一体"综合评价招生的高水平院校包括中国科学院大学、浙江大学、上海交通大学、复旦大学。

总的来说，综合评价招生仍然只是少数人的福利。希望未来随着教育改革的推进，综合评价招生能够得到良性发展，让更多省份的更多考生受益。

常见问题

1. 是否有学科竞赛奖才能参加综合评价招生？

不是！

参加综合评价招生并不一定需要考生具备学科竞赛奖项。虽然拥有这些奖项可以为考生增加一定的优势，但综合评价招生更注重考生的综合素质，而非单纯的学业成绩，考生的个人特长、社会实践经历、研究能力等方面都会被考虑在内。因此，只要具备优秀的综合素质，即使没有学科竞赛奖项，考生也有机会获得综合评价招生院校的青睐。

2. 有竞赛奖项是否一定能被录取？

不是！

拥有竞赛奖项也并不意味着考生一定能够通过综合评价招生。综合评价招生不仅看重考生的学业成绩和获奖情况，还注重考生的个人特质、发展潜力、社会责任感等方面。因此，即使考生在学科竞赛中表现出色，但如果不能在其他方面展现出与专业匹配的特质，也可能会被综合评价招生院校拒之门外。

3. 是否只有尖优生才能参加综合评价招生？

不是！

综合评价招生并非只有成绩优秀的学生才能参加。虽然顶尖的学生参加综合评价招生可以增加自己的选择范围，但对于成绩在一本线上徘徊或距离目标名校一定分数的学生来说，综合评价招生也是一个很好的机会。只要考生在自荐材料、特长优势、个人陈述、言谈举止等方面表现出色，就有可能征服高校面试官，获得综合评价招生院校的录取机会。

4. 高三花一年时间准备来得及吗？

来不及！

综合评价招生材料需要尽早开始准备。高一阶段是准备的最佳时机，因为准备综合评价初审资料是一项非常复杂的工作，等到高三再准备会手忙脚乱，甚至影响孩子的复习。因此，考生和家长应该从高一就提前规划，并注意在保证学业成绩的同时，提高自身的综合素质，适当参加一些具有含金量的比赛。

5. 被录取后不能转专业？

不是！

不同于强基计划，综合评价招生的部分院校可以转专业！

综合评价招生的部分院校是支持学生按照学校规章正常转专业的，比如北京外国语大学。但是也有部分院校会限制学生只能在本专业就读，比如浙江大学。

6. 参加综合评价招生学生的毕业证、学位证与统招学生的是否有区别？

没有区别。

两者录取组织方式相同——都由当地招生考试部门统一组织考试、填报志愿、划线录取；

两者在校期间待遇相同——综合评价招生录取的考生与统招录取的考生是同年入学、同时毕业的，学生在校期间的学费、住宿费是相同的，享受的国家补助政策也是相同的；

毕业就业政策相同——综合评价招生的学生在毕业时享受的就业政策及就业后的工资、福利、职称评定，以及毕业证书、报到证等均与统招学生的完全一样。

总结

综合评价是一种选拔综合素质全面、品学兼优的优秀学生的招生方式，最终会按照高考成绩、校测成绩、学考成绩取一定比例录取。

对于综合评价招生，不同地区的政策和程序可能存在差异。比如在山东，高校会对报名学生按高考成绩从高到低排序，按照招生计划数1：5的比例确定入围学生名单，并对入围学生按综合素质评价从高到低排序，按照招生计划数1：1的比例确定最终入围名单。

对于准备参加综合评价招生的学生，建议从高一开始就打好学业成绩基础，重视期中、期末及学考成绩，熟悉新高考以及综合评价政策。同时，学生可以提前准备社会实践及材料证明，并关注目标高校举办的夏令营或者体验营等。学有余力的考生，也可以冲击自己擅长的竞赛，增加成功概率。

需要注意的是，综合评价招生并不是全国统一的招生方式，而是根据不同地区和高校的具体政策实行的，因此学生需要了解自己所在地区和目标高校的具体政策，并进行准备。

第三章

三大公费生

汇聚力量促发展

导语

在国家教育事业中,公费师范生、公费农科生和公费医学生是特殊且重要的人才培养模式。这些政策旨在为国家和地方培养专业化的教育、农业和医疗人才,为社会发展提供坚实的支撑。本章将介绍这些政策的发展背景、基本内容、优势,以及发展前景,希望引起大家对这些人才培养模式的关注和参与。

公费师范生政策是一项具有深远意义的人才培养计划。该政策的主要目的是为中小学教育培养大批专业化的教师,提高教育教学质量。通过公费师范生政策,国家为有志于从事教育事业的优秀青年提供了良好的学习机会,同时为地方教育资源不足的问题提供了有效的解决方案。

公费农科生政策则是为了培养农业科技人才,推动农业现代化发展。该政策旨在为农业领域提供专业化的技术人才,推动农业科技创新,提高农业生产效率。公费农科生在农业大学学习期间享受学费全免等优惠政策。该政策为农村地区输送了大量优秀的农业技术人才,为我国农业产业的发展做出了积极的贡献。

公费医学生政策则是为了缓解基层医疗压力,培养更多优秀的全科医生。该政策通过提供免费医学教育,吸引优秀青年投身基层医疗事业,提升基层医疗服务水平和质量。公费医学生政策不仅为基层医疗单位提供了大批全科医生,还推动了医学教育的普及化和公平化,为我国医疗卫生事业的发展做出了不可忽视的贡献。

总之，公费师范生、公费农科生和公费医学生政策是国家教育事业中具有战略意义的人才培养计划。这些政策的实施不仅有利于提高教育、农业和医疗领域的专业水平，还有利于推动社会事业的持续发展。面对未来，我们应该充分认识到这些政策的重要性，积极鼓励和支持优秀青年投身于国家和社会的发展中，共同构建一个更加美好的社会。

公费师范生

公费师范生是指由中央财政负责安排师范类学生在校期间的学费、住宿费，并发放生活补贴，但学生毕业以后一般需要回到生源省份从事至少6年的教育工作的师范专业学生。

公费师范生在培养期间报考全日制硕士研究生，报名前需要按照有关程序经定向就业市教育行政部门同意，并签订补充协议，承诺研究生毕业后按期回到定向就业市从事农村教育教学工作不少于6年，可保留公费师范生身份至研究生毕业。就读研究生期间，学生不享受公费教育经费补助；读完研究生后，学生还需要继续按期限履行合同。

招生院校

公费师范生主要分为国家公费师范生和省属公费师范生，两者的招生院校不同。

招收国家公费师范生的是教育部直属的6所师范类院校，即北京师范大学、华东师范大学、华中师范大学、东北师范大学、陕西师范大学和西南大学。

招收省属公费师范生的院校以本省师范院校为主，数量较多，详见附录2。

另类公费师范生——优师计划

在提前批中,和公费师范生类似的师范生政策是优师计划,都是分配带编工作,只是就业去向不同。优师计划的就业有所限制,在此放在一起进行解读。

优师计划主要是为了加强中西部欠发达地区的教师定向培养、推动巩固拓展教育脱贫攻坚成果与乡村振兴有效衔接,在2021年组织大学面向中西部省份实施提前批招生的一项计划。优师计划坚持定向招生、定向培养和定向就业的原则,面向实施的地区,择优招收本科定向就业师范生。

1. 招生院校

目前,优师计划分为两类。

第一类是国家优师计划:招生院校包括教育部直属的6所师范大学,即北京师范大学、华中师范大学、东北师范大学、华东师范大学、西南大学、陕西师范大学。这些院校主要培养定向县中学的高中教师。

第二类是地方优师计划:招生院校主要是中西部省级教育行政部门确定的本科层次师范院校,以山西省为例,如山西师范大学、太原师范学院、忻州师范学院。根据定向县的要求,招生院校培养不同类型及不同学段的中小学教师,包括普通教育和职业教育等的。

2. 报考条件

优师计划实行单列志愿、单独划线,在本科提前批次录取,而且报考国家优师计划需要考生高考成绩达到本省一本线,在新高考改革省份,成绩需要达到对应特殊类型招生控制分数线;地方优师计划的录取分数线原则上不低于招生学校普通类招生所在批次的录取控制分数线。

优师计划招收的定向就业师范生不办理入学户籍迁移。入学后，优师计划定向就业师范生不得转为非优师计划学生，可按程序在优师计划招生专业内申请转专业。

优师计划和公费师范生的异同

参加优师计划和公费师范生计划的学生都要签订协议书，国家对其实施"两免一补"[1]政策，学生毕业后都入教师编，本科毕业生从事教师工作要满6年，不同的就是任教区域和违约责任。

1. 任教区域

国家优师计划是指毕业生到规定县的中小学去任教，这些地方的条件比较艰苦，建议学生在填报时充分考虑。

公费师范生是指毕业生到规定省份的中小学任教，且公费师范生与任教学校之间是双向选择的。在这一点上，公费师范生与国家优师计划生相比拥有一定的自主权。同时，公费师范生在6年的协议期内，有些可以在学校之间流动，不用只待在一所学校，但在学校流动方面，实际操作起来难度较大，所以考生报名之前需慎重考虑。

例如，户籍为陕西西安的国家公费师范生，可以在陕西范围内所有提供公费师范生岗位的学校参加笔试和面试。同是公费师范生的情况下，学校会择优录取。

---

[1] 指免学杂费、免教科书费、补助寄宿生生活费，是我国政府制定的一项助学政策。

2. 违约责任

公费师范生毕业后必须按协议规定到指定区域的中小学任教，若违反规定，未在协议规定的区域从事教育工作，将被视为违约。

以山东省为例，对于违约的公费师范生，其必须在违约处理决定公布后的一个月内，一次性向当地教育行政主管部门退还所享受的公费教育费用，并缴纳该费用 50% 的违约金。若超过时限，该生需按每天 1‰ 的比例支付滞纳金。

我们来算一下需要赔偿的金额：在国家培养一个公费师范生 4 年的花费，普通类为 6 万元左右，艺术类为 9 万元左右。因此，普通类公费师范生应赔偿的总金额为 $6+6×50\%=9$ 万元左右；艺术类公费师范生应赔偿的总金额为 $9+9×50\%=13.5$ 万元左右。若学生拖延赔付，还需支付更多滞纳金。

如果优师计划生没有履约，除了要退还教育费用，该行为还会被记录到个人诚信档案中，以后考研、考公务员都会受到影响。

报考条件

国家公费师范生和省属公费师范生的报考要求不同，具体如下：

1. 国家公费师范生

- **高考分数**：分数要求较高，一般在 600 分以上。
- **户籍**：不限。
- **体检**：需符合高考体检的相关要求。
- **热爱教育行业**：有意愿报考国家公费师范生的同学，一定要热爱教育事业，学成归来需在生源户籍所在地从事教育工作 6 年以上。

- **单科成绩**：需遵循相关院校的单科成绩要求。

2. 省属公费师范生

- **高考分数**：分数需满足地方师范类高校分数要求。
- **户籍**：部分省份要求定向县区户籍。
- **体检**：需符合高考体检的相关要求。
- **热爱教育行业**：有意愿报考省属公费师范生的同学，要热爱教育事业，学成归来需在生源户籍所在地从事教育行业（具体年限需遵循省属公费师范生的定向培养要求）。

公费农科生

公费农科生是为乡镇和基层综合便民服务机构提供专门从事农技推广工作的急需紧缺专业人员，而定向培养的本科生，毕业后到定向培养区域就业。

公费农科生由省属农业院校按照公费农科生教育相关协议书进行教育培养，在校学习期间和毕业后要按照有关协议规定，履行相应的职责和义务。公费农科生由省级财政承担其在校期间的学费、教材费、住宿费，并给予生活费补助（补助标准会动态调整）。

公费农科生是包分配的，在毕业后会根据国家的安排和分配进入基层工作岗位，同学们可以不用太担心就业问题，只需要在大学里提升个人的专业能力，说不定在未来就业时能进入更好的岗位。

公费农科生在学校里的待遇还是不错的，但毕业后会进入基层岗位，农技机构（农业技术推广站）的基层岗位往往生活条件和薪资水平比较一般。需要注意的是，公费农科生签订的教育协议中表示，该生必须在基层机构工作超过5年，若中途违约，是需要支付一定赔偿金的，赔偿不仅包括学生在学校内接受的所有免费教育的经费，还有违约金，即免费教育经费的50%。公费农科生在培养期和服务期内，原则上不得报考脱产研究生。如确被录取为脱产研究生，原定向协议仍然有效，协议期限顺延，最低服务的合同期不变，研究生期间不享受公费生的免缴费用和生活补助等政策。如学生研究生毕业后不履行定向就业协议，学生应退还免缴的教育费用，并缴纳违约金。

招生院校

公费农科生以山东和山西为主，山东招收公费农科生的学校有山东农业大学、青岛农业大学、鲁东大学、山东农业工程学院。山西招收公费农科生的学校有山西农业大学。想要了解公费农科生的录取情况，学生和家长可以去高校官网查看录取公告。

报考条件

需要热爱祖国、热爱农业，志愿为农村经济发展和乡村振兴服务的考生。

考生高考成绩需达到或超过当地省级招生考试机构划定的公费农科生最低录取分数线，并符合相关招生高校在招生简章中公布的录取要求。

考生符合《普通高等学校招生体检工作指导意见》中有关农业院校的录取体检标准。

工作及待遇情况

公费农科生分配的工作地点主要是本省县城、街道和乡镇。是否分配在县城与城市发展速度没有关系，比较发达的城市像济南、青岛，这些地方的公费农科生可能全部去了乡镇和街道；发展速度较慢的城市的公费农科生可能会有一些留在县城，总之往哪儿分配取决于当地的政策。

在职的公费农科生没有特殊优待，和考进来的事业编同事是同等待遇。岗位也没有特定的，基本是哪个岗位最缺人就分配公费生到哪里去，如土肥站、植保站、农广校、基层服务推广中心、党政办公室等。

工作内容方面，公费农科生则是偏向于行政性质工作，根据不同岗位及发展方向会略有不同。

公费农科生的薪资待遇总体上是当地事业编人员的平均薪资水平。县城的各项服务比乡镇便利，所以县城的公费农科生没有各种补贴，如乡补、车补，县城的平均工资比乡镇稍低，从整体上看，平均薪资水平是乡镇＞街道＞县城。具体薪资水平还依赖于各个县城的发展水平，在最发达城市的乡镇拿的工资最高。当然，各个地区事业编人员的待遇不一样，也要视当地情况而定。

公费医学生

公费医学生是由国家或地方政府出资，为了改善基层医疗人才短缺的状况，而培养的临床医学、中医学专业的学生。

学生在校期间免除学费、住宿费，并给予一定的生活补助，学校按每人每月标准足额发放给公费医学生。公费医学生毕业后需要到生源所在地的乡镇医院（医疗机构）服务至少6年，有编有岗，福利待遇、薪资待遇和当地的公务员是持平的，少的部分，政府会有补贴。

公费医学生在获取入学通知书前，须与培养学校和当地县级卫生行政部门签署定向就业协议，承诺毕业后到有关基层医疗卫生机构服务6年。公费医学生在学期间，户籍仍保留在原户籍所在地。

公费医学生毕业后，应按照入学前签署的定向就业协议，到生源所在地县级卫生行政部门报到，由基层医疗卫生机构按照有关规定与之签订聘用合同，办理相关手续，实行合同管理。公费医学生在协议规定的服务期内，可在本省（区、市）农村基层卫生机构之间流动。公费医学生毕业后未按协议到基层医疗卫生机构工作的，要按规定退还已享受的减免教育费用并缴纳违约金，同时将违约事实记入个人诚信档案，具体办法由省级卫生、教育、财政、人力资源社会保障部门制定。省级卫生行政部门负责履约管理，并建立公费医学生的诚信档案。

公费医学生毕业后，按有关规定参加全科医生规范化培训，并完成执业医师或执业助理医师资格考试。

招生院校

招收公费医学生的院校一般以本省院校为主，且只招收本省的考生。

以河北省2023年招生计划为例，招收公费医学生的院校有承德医学院、河北医科大学、河北中医药大学（原河北中医学院）、华北理工大学、河北北方学院、河北工程大学。

报考条件

第一，考生在户籍地县（市、区）报名，并符合当年统一高考报名条件。

第二，考生本人及父亲或母亲或法定监护人户籍地须在农村，本人具有当地连续 3 年以上户籍。

申报公费医学生须同时具备以上两项条件。

总结

三大公费生可以同时报考。

公费生的利与弊在前文已经比较清楚地讲述，比较适合有确定性工作意向的家庭和条件一般的家庭，可以确定工作区域和去向，能够接受驻扎基层；如果需要提升学历，需要当地签订定向协议的部门同意。

学生和家长们在报考前就要做好履行相应义务的准备。

第四章 三大招飞

蓝天梦想启航

导语

空军飞行员、海军飞行员、民航飞行员一直是众多年轻人的梦想。这些职业不仅代表了年轻人的理想和追求，而且能为国家安全和发展做出重要贡献。

空军招飞和海军招飞是培养国家飞行人才的重要途径，也是保卫国家安全和维护国际和平的重要手段。飞行员们具有较高的荣誉感和使命感，需要接受严格的训练和考核，以应对各种复杂的情况和挑战。

民航招飞是随着民用航空市场的快速发展而逐渐崛起的。随着国内外旅游和商务往来的增多，民航市场呈现出快速发展的趋势，民航飞行员的需求量也在逐渐增加。成为民航飞行员，不仅可以在事业上取得一定的成就感和满足感，还可以获得较高的薪资待遇和福利待遇。

不同招飞单位对报考者的要求也有所不同。一般来说，报考者需要具备良好的身体素质、心理素质和文化素质等。此外，报考者还需要有较高的英语水平和良好的团队合作精神等能力。

本章将详细介绍这三大招飞的背景、要求和前景，帮助你了解更多关于这些招飞的信息，以便更好地做出选择。

空军招飞

空军招飞属于全国普通高校招生体系，是军队院校招生工作的重要组成部分。新生入校后，中国人民解放军空军航空大学会组织军政基础集中训练和体验飞行，并根据联合培养计划筛选高考成绩优异、体验飞行合格的学员，于9月上旬送到北京大学、清华大学、北京航空航天大学等省属高校开展"双学籍"飞行员班学习培养。

报考条件

1. 招飞对象

第一类是普通高中应届毕业生、往届毕业生（仅男生），年龄不小于17周岁，不超过20周岁。

第二类是军队院校应届本科毕业生（仅男生），年龄不超过24周岁。

2. 基本条件

普通中学高中毕业生报名参加招飞，需符合下列基本条件：

· 热爱祖国，热爱人民，热爱中国共产党，热爱人民军队。

· 身高为165—185厘米，录取时未满18周岁的，身高可放宽至164厘米，双眼裸眼视力C字视力表均在0.8以上（E字视力表约在5.0以上），未做过视力矫正手术,未佩戴过角膜塑形镜(OK镜),无色盲、色弱、斜视等。

·形象气质好,对于飞行有较强的兴趣和愿望,思维敏捷、反应灵活、动作协调、学习能力强,性格开朗、情绪稳定、有敢为精神。

·符合招飞政治考核标准,本人自愿,家长(监护人)支持。

·品学兼优,高考成绩达到本省(自治区、直辖市)统招一本线(或特殊类型招生控制分数线)。

选拔程序

1. 报名

学生可通过学校或区(县)教育招生部门报名,同时需要登录中国空军招飞网[1]填写报名信息。

2. 初选(每年9—11月)

由招飞选拔中心会同各级教育部门开展宣传活动、现场和网上报名,并组织身体基本条件筛查。

3. 复选(每年12月—次年1月)

由招飞选拔中心根据考生高中阶段的学习成绩和学校评价,遴选确定预估高考成绩达到统招一本线(或特殊类型招生控制分数线)的考生,组织进行医学选拔、心理选拔和政治考核。

---

[1] 网址是 https://www.kjzfw.mil.cn。

4. 定选（每年3—6月）

由空军招飞局组织对符合推荐条件的考生进行医学选拔和心理选拔复查，确定合格考生名单，分高考前和高考后两个阶段。

5. 录取（每年7月）

经招飞定选，政治考核、医学选拔、心理选拔全部合格且高考成绩达到统招一本线（或特殊类型招生控制分数线）的考生方可投档。

根据各省（区、市）年度招飞计划，按照空军明确的录取原则择优录取。本省上线生源不足，完不成计划的，可跨省调剂录取。

培养模式

1. 高中生飞行学员

招收的高中生飞行学员进入中国人民解放军空军航空大学后，考察期为3个月，合格者取得学籍、军籍。具体采取两种培养模式：

（1）军事高等教育模式

在空军航空大学和飞行学院培养4年，主要进行本科基础教育和教练机飞行训练，其间除享受军校学员的待遇外，还享受飞行津贴、空勤伙食、特种装具等待遇。达到培训要求的学生，获得大学本科学历和学士学位，授予空军少尉军衔。如因身体或技术原因不适合继续学习飞行的，转入其他军队院校学习航空管制、作战指挥等地面本科专业，总学制4年。

（2）"3+1"军地联合培养模式

在北京大学、清华大学、北京航空航天大学学习3年，在中国人民解放军空军航空大学学习1年。

选拔程序： 根据教育部、公安部、军委政治工作部下达的联合培养计划，空军从招收的理科类高中生飞行学员中遴选确定预选对象，组织到中国人民解放军空军航空大学进行军政训练和体验飞行，综合择优录取高考成绩优异、体验飞行合格的学员，于9月上旬入北京大学、清华大学、北京航空航天大学联合培养。

相关待遇： 联合培养飞行学员注册中国人民解放军空军航空大学和省属高校"双学籍"，学历为本科。在省属高校学习期间，学生享受军队院校飞行学员相关待遇。毕业考核合格的学生，颁发中国人民解放军空军航空大学和省属高校同时具印的大学本科毕业证书，并按规定分别授予相应的学士学位。

（3）考查内容

- 身体素质是否符合空军的标准，能否适应高强度的军事训练；
- 政治素质，包括个人的政治关系，以及是否有特务背景等方面的考查；
- 忠诚度和叛变的可能性，主要考查海外关系；
- 科学文化素质是否达到空军的要求。

2. 军校本科毕业生飞行学员

学员先后在中国人民解放军空军航空大学、中国民用航空飞行学院各学习1年，入校即享受军官待遇，毕业后获得军事学学士学位，授予空军少尉军衔。

招飞院校

中国人民解放军空军航空大学是中国唯一一所以培养飞行人才为主，

兼有航空工程技术专业的综合性军事高等学府，属副军级建制。其前身为1946年共产党创办的东北民主联军航空学校，2004年由空军原长春飞行学院、第七飞行学院和第二航空学院合并组建。该学校共有12个校区，分布在中国4省5市，主校区位于吉林长春，为国家和军队建设输送了14万余名各类军事人才，培训外国军事留学生千余名，涌现出多位英雄模范人物，被誉为"飞行员的摇篮""英雄的摇篮""将军的摇篮"。

该学校现有军事学、工学两大学科门类，设有1个博士后科研工作站、6个硕士学位一级学科授权点，飞行技术、侦察情报、目标工程等本科专业面向高中毕业生招生。

常见问题

1. 空军招飞属于军校招生吗？

属于。

空军招飞属于全国普通高校招生体系，是军队院校招生工作的重要组成部分，招收的飞行学员入中国人民解放军空军航空大学和清华大学、北京大学、北京航空航天大学"双学籍"飞行员班学习。

2. 如何报考空军飞行员？

符合报考条件的学生在所在学校报名，报名截止时间为初选检测时间。学生报名要自愿，并且应该得到家长或监护人的同意与支持。

3. 初选检测哪些内容？

为了方便学生参选，初选由空军在各地市设置初选站进行检测，主要包括外科（身高、体重、坐高、臂长、体形）、眼科（视力、色觉、外眼）、耳鼻喉科（耳、鼻、口腔）等的检测。

4. 医院体检健康是否表明招飞体检一定会合格？

招飞体检不仅要检查学生平时的身体健康水平，还要关注在高空高速等特定环境下是否存在威胁飞行安全的身体隐患，因此选拔标准较普通体检要严格一些，所以医院体检健康不一定表明招飞体检一定会合格。反过来说，招飞体检不合格并不代表学生身体患有疾病或需要医学治疗。

5. 面部有痤疮或身上有瘢痕是否符合体检标准？

对于痤疮或瘢痕，需要依据位置和大小来评定。一般而言，只要不影响功能或容貌，不影响军容，即符合招飞医学选拔条件。其他特殊情况，待参加初选时由相关科室医生检查把关。

6. 只有某一项不合格，其他科都检测合格，是否能通过招飞体检？

招飞体检实行单科淘汰，某一项不合格，体检结论即为不合格。但是，为了科学衡量学生的身体状况，在确定体检结论时，主检会对不合格学生的情况进行审查把关，如果认为不影响整体身体状况的，将允许学生继续进行体检。最后，体检专家组将通过集体研究，综合评定学生的体检结果。

7. 空军招收飞行学员为什么要进行心理选拔？

飞行员是脑力劳动与体力劳动高度统一的特殊职业，飞行员独自驾驶价格昂贵、集时代高科技于一身的现代化飞机在三维空间进行作战、训练，设备使用复杂，动作时限严格，程序要求规范，行为决策独立，心理品质的优劣对于飞行人员的成才和飞行安全至关重要。

8. 做过视力矫正手术后，视力恢复正常是否符合招飞条件？

由于角膜手术在高空高速环境下对飞行的影响在目前还存在很多不确定性，出于飞行安全考虑，目前空军招飞体检标准中明确规定：有角膜屈光矫正手术史或角膜塑形治疗史为不合格。在体检过程中对此也有特定的检测项目，能够准确鉴别和判定。

9. 招飞体检对视力有何要求？常见的 E 字视力表与招飞用的 C 字视力表有何差别？

空军招飞使用 C 字视力表，双眼裸眼远视力均在 0.8 以上为合格。常见的 E 字视力表与招飞用的 C 字视力表其原理是一样的，由于 C 字视力表受主观因素影响较小，检测结果较准确，因此在招飞体检中被普遍采用。一般情况下，E 字视力表 5.0 大致相当于 C 字视力表 0.8 的水平。

10. 报考空军飞行学员未被录取的话，会影响报考其他普通高校吗？

不会。中国人民解放军空军航空大学是提前批单独录取（在提前批录取之前），不影响其他高校录取。

11. 参加空军招飞是否收取报名、检测费用？

空军招飞不收取任何报名和检测费用，复选、定选期间免费安排学生食宿，并按规定报销路费。

海军招飞

海军招收飞行学员工作在教育部、公安部、军委政治工作部统一部署和领导下开展，由海军招收飞行学员工作办公室会同有关省、自治区、直辖市教育招生部门、公安部门共同组织实施，纳入国家高等教育统一招生计划，是军队院校招生工作的重要组成部分。

报考条件

1. 自然条件

普通高中应届毕业生、往届毕业生（仅男性），注意是理科生，不分文理科的省份考生须选考物理；具有参加高考资格，以及海军开招地区学籍、户籍；年龄不低于17周岁、不超过20周岁。

2. 身体条件

身高为165—185厘米，体形匀称；体重在52公斤以上（未满18周岁，体重在50公斤以上），身体质量指数[1]符合标准；

静息血压值不超过138/88毫米汞柱，不低于100/60毫米汞柱，脉压差不小于30毫米汞柱，脉搏为56—100次/分；

用C字视力表检查，双眼裸眼远视力不低于0.8（约为E字视力表5.0），无色盲、色弱、斜视，未做过视力矫正手术（如准分子激光手术、飞秒激

---

[1] 身体质量指数即BMI，BMI=体重（公斤）÷[身高（米）]^2。

光手术、角膜塑形镜矫治等）；

无口吃，无文身，听力、嗅觉正常。

3. 文化条件

高考成绩须达到本科一批录取线（或特殊类型招生控制线），外语限英语；少数民族考生须参加普通（汉授）高考。

选拔程序

1. 推荐报名（每年 10—11 月）

符合报名条件的学生，从当地教育招生部门和学校领取或通过中国海军招飞网[1]下载《海军招收飞行学员报名表（高中生）》和《海军招收飞行学员初检预选体检表》，按要求填写相关信息并由所在学校逐级推荐报名。

2. 初检预选（每年 10—11 月）

设站地区学生携带报名表、体检表、本人身份证、本人及父母（监护人）户口簿，按规定时间到海军招飞初检站，进行身体基本条件筛查（无须空腹）和文化摸底，时间约半天。网上报名地区学生持体检表，自行到二级甲等以上医院体检，在规定截止日期前将报名表、体检表及检测报告等上传海军招飞网并邮寄至海军招收飞行学员工作办公室审核。初检合格学生参加下一轮检测时，携带相关票据报销初检体检费用。

---

[1] 网址是 https://www.hjzf.mil.cn/。

3. 全检定选（次年1—4月）

初检预选合格学生通过海军招飞网如实填报政治考核信息，下载打印《海军招收飞行学员初检预选合格对象登记表》，携带相关证件材料按指定时间、地点前往海军招飞检测站参加体格检查、心理选拔和政治考核，时间约3天。海军招飞办将会同当地公安机关对检测合格学生进行政治考核、走访调查。参检学生和带队教师往返交通费按有关规定报销，在站食宿由海军招飞办保障。

4. 审批录取（次年7月）

高考结束后，海军按照合格学生的高考成绩和飞行潜质检测成绩综合评定，择优录取。符合录取条件的学生，须将中国人民解放军海军航空大学飞行技术（航空飞行与指挥）专业填报为高考提前批第一志愿，不得兼报其他军队飞行院校；未被录取的学生，不影响其报考其他批次院校。录取通知书于7月中旬发放，录取院校为中国人民解放军海军航空大学。

考核内容[1]

海军招飞检测包含体格检查、心理选拔、政治考核、文化考试。

1. 体格检查

目前，招飞体检主要有眼科（视力、外眼、隐斜、眼底）、外科、内科、神经精神科、耳鼻喉（转椅、电测听）、心电图、化验、B超、X光、脑电图等项目。

---

[1] 内容整理自中国海军招飞网，若有变化，请以该网最新信息为准。

2. 心理选拔

（1）基本认知能力检测平台

检测时考生在规定时间内按要求完成测试题目，由计算机自动采集答案并评分，主要检查考生的感觉、知觉、记忆、注意力、思维等方面的基本认知能力水平，时间约为90分钟。

（2）飞行特殊能力检测平台

检测时考生使用与计算机连接的右手驾驶杆、左手油门杆和脚蹬完成指定任务，计算机根据任务完成情况自动评定成绩。本项检测采取个体检测的方式，单次耗时约30分钟。

（3）专家职能面试检测平台

检测时由具备丰富飞行教学和飞行指挥经验，并懂心理学理论的飞行专家组成面试组，对每名参检考生进行群体活动观察、个体活动观察和心理会谈三部分内容测试，最后得出综合评估结果和面试成绩，全程约90分钟。

（4）舰载飞行潜质检测平台

检测分为仪器检测和专家评定两部分内容，仪器检测为考生佩戴心电监测和腕表，通过操纵左手油门杆按键、右手驾驶杆和蹬舵，完成指定的任务，计算机根据任务完成情况自动评定成绩，单次耗时约20分钟；专家评定包括仪器检测观察、竞技活动观察和无领导团队考察等项目，由专家对舰载飞行潜质进行综合评定。

3. 政治考核

全面了解、准确掌握招飞对象及其家庭成员、主要社会关系成员、与本人关系密切的其他亲属的政治思想、现实表现、主要经历、社会交往等情况，确保招收的飞行学员政治考核合格。政治考核含信息申报、谈话考核、发函调查和走访调查等环节,由海军联合教育部门、公安机关共同组织实施。

4. 文化考试

文化考试分为文化测试（文化摸底）和全国统考两个环节。文化测试由海军招飞部门组织命题和阅卷评分；全国统考即高考,要求高考成绩须达到本省本科一批录取线（或特殊类型招生控制线）,外语限英语；少数民族考生须参加普通（汉授）高考。

培养模式和待遇

1. 培养模式

海军飞行学员主要在中国人民解放军海军航空大学接受全日制本科学历教育,入校3个月考察期合格后取得学籍和军籍,前3年主要进行本科基础教育（"双学籍"飞行学员在北京大学、清华大学和北京航空航天大学进行联合培养）,第4—5学年进行初级、高级教练机飞行训练。学员本科学业期满合格后,按规定授予少尉军衔。其间,因身体或技术等原因不适合继续飞行的,转入其他本科专业学习。

2. 享受待遇

海军飞行学员在校学习期间的所有学杂费、食宿费、被装费、医疗费等均由国家承担,并按月发放津贴,每年报销1次探亲路费,父母享受军属待遇。海军飞行员享受飞行等级津贴、飞行专业岗位津贴、任务津贴和飞行小时补助,每年安排带薪休假和疗养,并有机会参加海外出访、远洋护航、联合军演等军事活动。海军航空兵部队大多地处沿海一线,学习、工作、生活条件优越，能够为个人发展和家庭生活提供良好保障。

招飞院校

中国人民解放军海军航空大学是培养海军初级指挥军官和航空航天工程技术军官的高等军事院校，是海军指挥与工程技术人才培养的主要基地和航空航天领域的科研中心。该校创建于1950年，是新中国首批组建的军事院校之一，被国防科学技术工业委员会确定为重点院校，被国务院列入全国重点高等院校，获硕士学位授予权和博士学位授予权，被总部列为全军22所学历教育院校之一。

学院设有多个教学管理单位，拥有多个博士后科研流动站、博士学位授权一级学科、硕士学位授权一级学科、工程硕士授权领域和本科专业，涉及工学、军事学、理学和管理学4个学科门类。

学院师资力量雄厚，拥有中国工程院院士、教授等高水平教师。学院科研成果丰硕，承担众多国家和军队科研项目，获国家和军队科技进步奖等多项奖励。

学校本部驻山东烟台市区，在青岛设校区和航空训练基地，占地总面积5300余亩。学院拥有教研、训练、生活保障设施，以及便利的交通条件和幽静的环境。

面向全国招收的应届高中毕业生均在海军航空大学本部全程组织实施教学。学校与众多全国性学术团体和情报网建立了联系，并拥有国家一、二级学会会士、理事和委员等众多专家学者。

常见问题

1. 海军飞行学员在填报志愿时需要注意什么？

招飞检测合格且综合评定成绩符合录取条件的考生，须将中国人民解放军海军航空大学飞行技术（航空飞行与指挥）专业填报为高考提前批第一志愿，不得兼报其他军队飞行院校。

2. 报考海军飞行学员的考生还能报其他院校吗？

可以报考其他院校。中国人民解放军海军航空大学属提前批次录取院校，未被录取者还可以填报其他批次的院校志愿。

3. 招飞体检合格的学生应如何进行自我保健？

即使招飞体检合格了，同学们也要注意自我保健。一要保护视力，注意用眼卫生，避免疲劳用眼，避免在光线过暗处读书；二要保护听力，避免长时间使用耳机；三要注意饮食卫生，预防传染性疾病；四要防止意外伤害，避免剧烈或对抗性体育运动，远离烟花爆竹等。

民航招飞

民航招飞是指普通高校飞行技术专业通过高考招收飞行学生。

报考条件

广大热爱并有志从事祖国民航事业的普通高中毕业生可以参加民航招飞，但需要符合高考报名条件、招飞体检鉴定标准和民用航空背景调查要求等。

招生录取最低控制分数线按当地当年高考文化课总分的 60% 执行，英语单科原始成绩须达到 95 分（含）以上。按照高考分数优先的原则，从高分到低分的顺序进行录取。民航对英语要求非常高，因为在空域里的工作语言是英语。

选拔程序

1. 报名（每年 9—10 月）

民航高三养成生招飞工作正式启动后，高三学生和家长可以通过各种官方途径（民航招飞信息系统相关招飞通知、各民航高校官方网站或公众号招飞通知、"三大航"[1] 官方网站或公众号养成生招飞通知、省/市教育局的招飞通知、学校转发的招飞通知等），根据通知要求进行网上报名或现场报名。考生报名时请重点关注招生要求，主要包括性别、出生日期、身高和体重等。

2. 初筛（每年 10—11 月）

参加高三养成生报名的学生会陆续接到面试和初检的通知，学生根据

---

[1] 指中国国际航空股份有限公司、中国南方航空股份有限公司、中国东方航空集团有限公司。

通知要求在指定时间和地点接受面试和初检。养成生面试没有统一要求，各个高校或航空公司根据自身情况进行组织，面试主要内容包括基本的仪容仪表、精神面貌、简单问答、英语口语、英语笔试、心理测试、既往文化课成绩等。

高三养成生的初检也就是我们常说的"初筛"，即对报考考生的视力、色觉、身高、体重等做大致的筛查，对明显不符合招飞条件的考生直接淘汰，以提高上站体检的效率。这些工作通常是由航空公司或者飞行学校的航医或工作人员来进行的，初筛项目的多少取决于航医或公司、学校的规定，有些招飞单位初筛还包括血压、心率、病史、皮肤、脊柱、下蹲、腋臭、瘢痕、屈光度（初筛时，屈光度会查看验光单）、身高、体重等。

3. 正式体检（每年11—12月）

通过面试和初检的高三养成生会陆续接到正式体检的通知，养成生根据通知要求在指定时间和地点接受身体检查。高三养成生的正式体检也就是我们常说的"正式上站体检"，是由民航专门的体检医生根据招飞体检标准——《民用航空招收飞行学生体检鉴定规范（MH/T 7013—2017）》进行的体检鉴定，鉴定结论将录入招飞体检信息系统。民航养成生招飞复检包括内科、外科、耳鼻喉科、眼科和辅助检查，实行单科单项淘汰制，只要有一项不满足招飞条件，招飞体检即不合格，招飞体检立即终止。养成生招飞体检不合格记录将被终身保存在民航招飞体检信息系统中，对今后的再次招飞体检具有指导意义。

4. 背景调查（政审，次年2—5月）

招飞单位会通知招飞体检合格的学生到当地公安机关进行背景调查。

背景调查的主要对象包括本人、直系亲属和直接抚养人等，直系亲属包括祖父、祖母、外祖父、外祖母、父亲、母亲、兄弟姐妹等，也包括配偶、子女、孙子、孙女、外孙、外孙女（若有）。背景调查工作按照《民用航空背景调查规定》（民航发〔2007〕117号）执行。需要提示的是，招飞单位往往会通知招飞复检第一天未被淘汰的学生接受背景调查，而这些学生中有一部分最终因为体检加项或者辅助检查等项目被淘汰，所以不能以接受背景调查作为判断招飞复检合格的依据。

在体检加项或者辅助检查结果还没有出来的时候，背景调查可能会同步进行，对部分体检加项不通过的学生会取消背景调查。

5. 民航招飞系统志愿确认

由于学生可能填报多所民航高校，而最终只能选择其中几所学校，因此面试、初检、复检、背景调查均合格的学生需要根据民航招飞信息系统通知要求进行志愿确认，确认截止时间，志愿确认数目请根据系统通知要求进行（四川地区考生只能报考中国民用航空飞行学院）。

6. 高考、填报志愿和录取（次年6—7月）

完成民航招飞选拔并通过的学生需要参加全国组织的统一高考。民航飞行员录取属于提前批次，高考志愿填报需要和民航招飞信息系统志愿确认相一致或基本一致，否则无法录取。考生需要达到民航局发布的飞行技术专业最低录取分数线，各高校按照考生分数由高到低进行录取。对于某些省份招录不足的，民航高校可以将该省份剩余未招录名额调剂到其他生源较好的省份进行扩招。

7. 入校复查或者交叉体检

被飞行技术专业录取的大一新生入校第一学期内会接受民航局统一组织的入校复查。入校复查也是依据招飞体检标准——《民用航空招收飞行学生体检鉴定规范（MH/T 7013—2017）》进行。入校复查不合格的学生将不能继续就读飞行技术专业，根据学校有关规定和个人意愿转专业或退学。目前，入校复查淘汰率一般较低（入校复查时一般不会被淘汰，淘汰的一般是身体发生突然变化的学生）。

招飞院校

经教育部批准开设飞行技术专业（本科），并已在民航招飞系统开通账号的招飞院校详见下表。

地区	院校名称
北京	北京航空航天大学
江苏	南京航空航天大学
	南京航空航天大学金城学院
	常州工学院
上海	上海工程技术大学
江西	南昌理工学院
	南昌航空大学
山东	山东交通学院
	烟台南山学院
	山东航空学院（原滨州学院）
云南	昆明理工大学
陕西	西安航空学院
山西	太原理工大学

续表

地区	院校名称
河南	郑州航空工业管理学院
	安阳工学院
四川	中国民用航空飞行学院
天津	中国民航大学
辽宁	沈阳航空航天大学
黑龙江	黑龙江八一农垦大学
广东	北京理工大学珠海学院
内蒙古	内蒙古工业大学

各招飞院校当年招飞的地区可能不同，具体请咨询当地教育考试院或联系各招飞院校。

培养模式

国内民用航空招飞培养模式分为养成生、大改驾和大毕改，一般依托航空院校和141部航校进行培养，数量上以养成生为主，大改驾和大毕改为辅。

1. 养成生

养成生是高三学生参加开设有飞行技术专业的院校或航空公司组织的招飞选拔，面试、体检、政审均合格的学生统一参加高考，按照分数从高到低择优录取。养成生的本科专业为飞行技术，飞行训练属于学历教育。养成生有开设飞行技术专业的院校自招的养成学生和航空公司招收委培的养成学生之分。航空公司的委培学生在本科入学前就会签订三方飞行培训合同，完成学业以后即可返回原公司就职；院校自招的养成学生情况则有所不同。以招生规模最大的中国民用航空飞行学院为例，其自招的养成学生在入学以后会随机分配，与校方具有合作关系的航空公司签订培训合同，飞行学院也会吸收部分养成生留校，担任飞行教员。

需要注意的是，部分航空公司会把招生委托给航校举办，由航校来全权负责招生，招收的飞行学生仍然属于航空公司委培性质。

养成生是民航招飞数量最多、应用最为广泛的模式，国内绝大多数航空公司都招收养成生。对于学生个人来说，建议参加公费培养模式，飞行训练整体课程费用在70万元左右，即使中途由于身体原因或技术原因停飞，也无须赔付培养单位培训费用；学生整体课程毕业以后即可到121部航空公司就职，顺利成为民航飞行员。而自费养成模式前期投入较大，且存在一定风险性，在此不做推荐，将自费院校列出，仅供参考。

目前开设飞行技术专业的高校有中国民用航空飞行学院、沈阳航空航天大学、北京航空航天大学、南京航空航天大学、中国民航大学、昆明理工大学、黑龙江八一农垦大学、山东航空学院（原滨州学院）、上海工程技术大学、太原理工大学、南京航空航天大学金城学院、南昌航空大学、安阳工学院、郑州航空工业管理学院、山东交通学院、常州工学院、南昌理工学院、烟台南山学院、西安航空学院、内蒙古工业大学。

2023年度招收公费养成生的高校有中国民用航空飞行学院、北京航空航天大学、南京航空航天大学、中国民航大学、山东航空学院(原滨州学院)、上海工程技术大学、太原理工大学、北京理工大学珠海学院、南昌航空大学、安阳工学院、郑州航空工业管理学院（公费新疆新昆仑航空）、常州工学院、南昌理工学院、昆明理工大学（东方航空和东方时尚联合公费，春秋航空担保贷款）。

2023年度招收自费养成生的高校有黑龙江八一农垦大学（自费北大荒航校教员）、南京航空航天大学金城学院（自费致远航校教员/圆通货航）、山东交通学院（自费青岛九天航校教员）、西安航空学院（自费顺丰航空）。

2. 大改驾

大改驾全称是大学生改学飞行技术专业，面向全日制统招普通高等院校大二学生，经飞行院校面试、体检、政审合格后，进入大三时转入飞行技术专业接受全日制教育，不延长学制，学生毕业后获得飞行技术专业毕业证书并到航空公司就业。大改驾和养成生的培训进度是一样的，无须等到大学毕业再学习飞行，可以和同级养成生同时毕业、就业。

中国民用航空飞行学院大改驾招飞流程：

（1）学校统一在各院系发布大改驾招生简章，学生统一报名；

（2）体检带上所有学期的成绩单及英语水平证书，初筛面试（挂科不得超过两门，英语高考成绩在95分以上或英语四级在425分以上），符合条件的同学进行初检；

（3）初检通过，参加复检（逐项淘汰制），复检通过名单上的人员参加面试（面试分为航司面试和学校面试，航司面试指航司指定招生，学校面试指校招大改驾，通过的学生统一分配航司）；

（4）面试通过后，学校统一安排学生转到飞行技术专业，毕业后持飞行技术专业本科毕业证（飞行技术专业学习理论课程，时间为期一年，下飞行训练基地学习飞行技术课程，为期一年半至两年）。

3. 大毕改

大毕改全称是大学生毕业后改学飞行技术，面向全日制普通高等院校本科及以上学历毕业生，或经教育部认证的海外相应学历毕业生，接受应届毕业生及往届毕业生。大毕改招飞分为航空公司招收和飞行院校自招，航空公司招收的大毕改学员通过航空公司组织的招飞面试、空勤体检、背景调查后，由航空公司安排送往指定培训单位完成理论学习和飞行训练；飞行院校自招的大毕改学员则参加院校招飞面试、空勤体检、背景调查，院校安排飞行训练及就业，一般安排至与院校具有合作关系的航空公司进行就业，部分会成为航校的飞行教员。

对于错过高考养成招飞的学生来说，大学毕业以后，大毕改是不可多得的机会，并且有年龄限制，想参加大毕改招飞的学生需要提前做好准备。

常见问题

1. 什么是民航招飞？

民航招飞是指普通高校飞行技术专业（本科）通过高考招收飞行学生。

2. 谁能参加民航招飞？

广大热爱并有志从事祖国民航事业的应届普通高中毕业生可以参加民航招飞，但还需要符合高考报考条件、招飞体检鉴定标准和民用航空背景调查要求等。

3. 民航招飞包括哪些环节？

考生在中国民用航空招飞信息系统注册报名后，按照通知要求，陆续参加预选初检、民航招飞体检鉴定、飞行职业心理学检测，确认招飞申请有效，参加民用航空背景调查等选拔流程。考生还需要参加高考，并根据自己在招飞信息系统上的有效招飞申请，正式填报飞行技术专业为高考志愿。对高考成绩达到招飞录取分数线的考生，按其高考志愿和高考成绩，由招飞院校根据招生计划，择优录取。当考生入校报到后，还需要参加招飞体检入校复查，合格的方可注册获得学籍，并继续参加飞行技术专业的学习与训练。目前，招飞信息系统将记录考生的个人信息，以及考生参加预选初检、体检鉴定、心理学检测、背景调查的选拔情况，并最终形成考生的有效招飞申请。

4. 注册报名前还需要哪些准备？

考生需要自行准备电脑及手机、可联系上自己和家长的手机号码、电子邮箱，保证网络环境稳定、通信畅通。系统注册及确认有效招飞申请均要求手机短信验证。在不耽误备考的情况下，需要密切关注系统中的报名状态，保持注册电话号码畅通，如有疑问可联系相关招飞主管，联系方式可在系统上查询。

5. 什么是招飞申请组合？如何填报？

考生可选择填报的"招飞院校+送培单位"申请组合形式和数量，由在当地安排招飞计划的招飞院校，以及参与合作招飞的送培单位数量确定。例如，在考生的生源地招飞的有院校A、B，送培单位有A、B、C、D［C、D为送培单位（合作）］，则考生可填报的申请组合为"A+A""A+C""A+D""B+B""B+C""B+D"中的若干或全部。招飞申请组合在考生有效申请达到2个之前，或心理测试复测不合格之前均可增加。请注意，同样的申请组合能且仅能填报一次，如考生之前填报了某一申请组合，无论该申请组合在哪一阶段、是否合格、是否成为有效招飞申请，都不能再次添加。考生可以取消处于报名状态（未进行初检）的申请组合，但显示"合格""不合格""审核中"的申请组合不得取消。

6. 在实行划片招飞的省份如何填报招飞申请组合？

在实行划片招飞的省份，省内不同州、市、县的考生所能报考的招飞院校可能有所不同。招飞信息系统目前针对生源地生成的招飞院校及送培单位列表以省为单位，无法精确到州、市、县，请考生务必自行确定可报考的招飞院校和送培单位。考生在填报申请组合前，请查询所在生源地教育考试院所公布的划片信息，也可提前联系招飞主管询问，务必在填报前了解清楚自己能报哪些招飞院校和送培单位。

7. 飞行职业心理学检测（心理测试）需要注意什么事项？

招飞心理测试一般与体检同步进行，如考生初次参加心理测试通过，则不需要再参加，所有志愿组合的心理测试全部共享合格结果。如心理测试不通过，经招飞单位同意，考生还有一次复测机会，复测合格，则所有申请组合的心理测试全部共享合格结果；复测不合格，说明考生不适合从事飞行职业，考生的招飞选拔所有流程终止，所有招飞申请组合均不合格，也无法增加其他申请组合。

8. 如何根据有效招飞申请填报高考志愿？

有效招飞申请是考生填报招飞院校飞行技术专业高考志愿的依据。如果考生所填报飞行技术专业高考志愿中的招飞院校不在有效招飞申请范围内，那么招飞院校将不予录取。招飞系统中的2个有效招飞申请没有先后、主次之分，具有同等效力。这意味着，如果考生有2个有效招飞申请，包含2所不同的招飞院校，那么能否被录取，被这2所院校中的哪所录取，取决于考生在高考飞行技术专业志愿中填报的是这2所院校中的哪所、填报的顺序，以及高考成绩。

9. 自费生是什么意思？

　　飞行技术专业有别于其他专业，在学习期间，除了在学校完成理论学习，还要到民航局认定的飞行训练机构进行飞行实际训练，获得相应执照。因飞行训练实际成本费用高昂，我国民航飞行员培养一般由送培单位（航空公司等）支付学生的飞行训练费用。自费生指有关招飞院校和送培单位协商确定，招收学生的飞行训练相关费用，由学生自行承担。具体招飞申请组合自费方式可通过有关招飞院校的招飞简章和协议文本了解，也可向有关招飞院校咨询。

10. 有问题联系谁？

　　一般情况下，考生仅需要及时注册系统、准确填报信息、根据意愿填报招飞申请组合，并及时查询信息。各项安排也会有招飞主管根据考生注册的手机号主动与考生联系。特殊情况下，如果考生仍有疑问或有其他任何问题，可根据招飞系统登录页面上的联系方式一栏，查询当地有关招飞院校和送培单位的招飞主管联系方式，以便随时联系他们。

飞行员待遇

空军招飞

　　学习期间除享受军校学员的待遇，还享受飞行津贴、空勤伙食、特种装具等待遇。达到培训要求，获得大学本科学历和学士学位的学员，定为副连职军官,授予空军中尉军衔。

飞行学员取得学籍后,从开学之日起计算军龄,家庭享受军属待遇,学习期间一切费用由国家提供,同地方院校和部分军队院校相比,家庭可节省经费6—7万元;飞行学员在校学习期间的第二学年安排探亲假;飞行学员毕业后任飞行军官,定为副连职军官,授予空军中尉军衔,享受优厚的工资待遇,不需要考虑就业问题,解决了后顾之忧;根据个人飞行技能,飞行学员享受飞行等级补助金和飞行小时补助金;飞行人员的行政职务,根据飞行年限一般均可由连职逐级晋升至师职。

为了保证飞行人员有强健的体魄,国家规定飞行人员有较高的伙食标准,学员在校学习期间享受学员津贴,毕业后按任命的职务、级别、军衔发给相应的工资;每年可享受身体健康疗养一个月;飞行人员结婚后,配偶可随军,随军后优先安排住房和工作,没有随军的每年安排探亲休假一次;单身的飞行员住飞行员公寓,房间设备齐全;飞行人员的子女参加地方中考、高考,凡符合空军院校招生条件的,优先录入空军院校学习。

空军飞行学员毕业后等待分配,主要依据所学机型和实际表现,结合组织需要和个人志愿,分配到空军航空兵部队。

空军招飞前两年主要在基础训练基地完成基础培训,之后会分流,根据学员不同的特点分为学习歼击机、轰炸机、运输机、陆航武装直升机和运输机,或者是停飞。学员会分到中国民航大学、各个飞行学院和陆航学院学习。

海军招飞

在校学习期间,飞行学员自取得学籍之日起计算军龄,家庭享受军属待遇；在校学习期间发学员津贴，学员着海军学员制服，飞行训练时穿专用飞行服装；学员在第一学程期间和其他学员一样享受探亲假；为了保证飞行学员有强健的体魄，国家规定有较高的伙食标准，学员在空勤灶集体就餐；学员毕业后即为海军军官，按军衔、职务和军龄补贴等发给薪金；学员在飞行期间，享受飞行小时补助金；学员出现伤病后能够及时得到良好的治疗。

毕业后，根据需要，大部分学员会被分配到航空兵飞行部队任职，少量学员留在学院担任教学工作；享受飞行专业岗位津贴、飞行等级津贴、飞行任务津贴和飞行小时补助金；行政职务可逐级晋升至副师职，有的将成为高级指挥员；飞行人员享受每年一次30天的疗养；婚后配偶可随军，优先安排工作、分配住房；未办理随军的学员，每年享受一次探亲假；配偶符合条件的可特招入伍；子女参加地方高考，符合海军院校招生条件的，优先录取。

民航招飞

飞行员具有丰厚的福利待遇、良好的职业生涯。飞行员的待遇一般包括基本工资、年功工资、年终绩效工资、飞行出差补贴、津贴及福利、长期激励。

飞行员职业发展路线是飞行学员 → 副驾驶员 → 机长 → 飞行教员。

民航飞行学员毕业后，将被分配到航空公司所属的各分公司当客机驾驶员。在正式执机前，学员还要参加数月的模拟训练，全部考试合格后，就可以成为一名副驾驶员。飞行员待遇根据其级别和所飞机型的不同会有所差别，总体上薪资丰厚，副驾驶员成为正驾驶员后，或者飞国际航班，收入会成倍增长。副驾驶员分为第一副驾驶、第二副驾驶和副驾驶,根据飞行经历及技术考核逐步晋升。副驾驶员飞行经历及飞行技术达到标准,通过相应考核、面试后可聘任为机长。机长经过相应程序选拔和训练,可聘任为飞行教员。另外,还有一些飞行人员进入公司飞行技术管理和企业管理岗位。

三大招飞怎么选择?

空军、海军、民航的招飞行程,公布时间以往都在9—10月,同时面对三大招飞,家长有可能会选择困难,无法判断孩子选哪一个更好,这里就给大家介绍一下,招飞如何做最优选择。

空军、海军、民航招飞,分别由空军招飞局、海军招飞局、中国民用航空飞行学院组织。它们分属三家完全独立的机构,除了体检标准和流程有些类似,三家机构几乎没有任何联系,招飞结论也不共享,所以学生可以同时报名参加空军、海军、民航的招飞。

空军招飞

优点:组织方便,初筛在当地地级市,各个省定点组织复检,节约时间。

缺点:定选淘汰率相对于海军招飞来说要高,对文科生不够友好。

海军招生

优点：高考成绩超过一本线，考生基本就能被录取，而且定选合格率相对于空军招飞来说要高，且文理皆收。

缺点：部分地区没有初选点，需要学生自己去医院进行相关检查，另外需要跨区域复选，交通相对麻烦。

民航招飞

优点：视力要求相对较低，包容450度以内屈光；录取成绩大概在500分左右，对文科生友好，近两年四川地区都录取了100人左右的文科生；工资福利很高。

缺点：初筛由非专业医生进行，存在误淘汰现象，个人命运会受公司发展影响。身高、体重要求高于空军招飞和海军招飞，身体质量指数限定在18.5—24。政治待遇跟军事飞行人员相比差距较大。

总结

飞行员在大家心里还是很不错的职业。如果是想成为一名飞行员的学生，无论哪种招飞，只要符合基础条件，就应积极参加。因为三种招飞途径结论不共享，且所掌握的体检标准也有一定差异，所以只要不是原则上不适合飞行的问题，考生就不会被淘汰。如果被一家淘汰，考生还可以继续参加另外两家的招飞。

至于选择哪种，可以等到高考成绩出来后，在填写本科提前批志愿时，考生再去对比哪种选择适合自己。在参加招飞的过程中，考生慢慢地去深入了解飞行员职业，才能在最后做出正确的选择。

三大招飞是高三学生付出最少时间、精力就能给高考多开辟一条新路的途径。建议大家在招飞流程走完前，可以考虑将招飞作为学生高考的第二选择，一方面积极努力争取，另一方面也要做好失败的准备。

第五章 军校生

钢铁意志保国家

导语

军事院校是培养未来军事人才的重要基地，肩负着保卫国家安全和维护国际秩序的重要使命，同时军队纪律严格，对人才的综合素质要求较高，吸引着无数热血青年追梦逐真。从军事院校毕业后稳定的工作环境和良好的职业发展前景，也使得军校生在传统求稳观念中备受瞩目。那么，想成为一名优秀的军校生该如何报考与规划？考生和家长又需要注意哪些细节呢？下面就为大家详细介绍。

什么是军校生?

军校生,亦称军校学员。不论是在解放军军事院校还是武警军事院校中学习的学员,皆称为军校生。军校生根据军队建设需要,由军队院校从参加国家统一招生考试或保送入学的学生中录取,且毕业后由军队统一分配。

军校生的报考条件

参加高考的普通高中应届毕业生、往届毕业生均可报名;年龄不低于17周岁,不超过20周岁(截至当年8月31日);政治条件符合《关于军队院校招收普通中学高中毕业生和军队招收普通高等学校毕业生政治条件的规定》;身体条件达到军队院校招收学员体格检查有关要求;高考成绩达到省教育考试院公布的本科第二批录取最低控制分数线或本科线及以上;未婚。报考机要、潜艇、飞行、刑侦、艺术类专业的学生,还应符合相关专业政治条件、身体条件方面的特殊要求,院校招生简章中会做出具体规定。

一般来说,军校生需要满足以下四个条件:

- 直系亲属无违法犯罪记录；
- 成绩达到本科线，具体看学校要求；
- 身体素质达标（包括但不限于身高、视力）；
- 不能有文身。

至于选课要求，大部分院校专业要求选物理、化学，比如物联网工程、飞行器动力工程等理工科明确要求有物理、化学基础；少数专业没有选科限制，比如法语、蒙古语、日语等专业。

军校生的考试流程

第一步：考试（每年6月7—9日）。

学生先参加全国统一高考。

第二步：政治考核（每年6月中旬）。

考生于高考结束5日内向其就读的中学提交政治考核登记表。

第三步：填志愿（每年6月底）。

考生填报提前批志愿。

第四步：面试与体格检查。

考生去参加面试与体格检查，由当地武装部通知。

第五步：录取。

体检、面试、体测、政审都合格后即可录取，有任何一项不合格均会被退档。

第六步：复审复查。

军校在新生入学 1 个月内，按照有关规定会再次组织检查，合格的予以注册学籍，不合格的则取消入学资格。

政治考核、面试和体格检查由各个省份分别组织（具体安排可能不同），考生应定期浏览本省高考招办、教育考试院和省军区官方渠道发布的信息。[1]

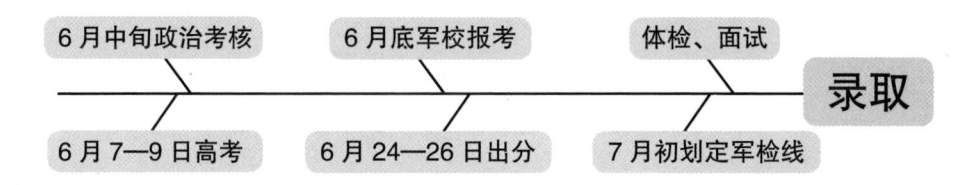

```
6月中旬政治考核    6月底军校报考       体检、面试
─────────────────────────────────────────── 录取
6月7—9日高考      6月24—26日出分     7月初划定军检线
```

考上军校就有军籍吗？

不是的！

2023 年，全军共有国防科技大学、中国人民解放军陆军工程大学等 20 余所院校面向普通高中毕业生和士兵招生。但考生要注意，还有些军队院校高考招收无军籍学员，这类学员虽读的是军校，但不是军人，与普通大学生无异。

举个例子，通过提前批次进入国防科技大学的学生有军籍，通过普通批次进入的学生则没有军籍。具体可以去目标学校官网详细查看。

---

[1] 来自国防科技大学招生办公室 2023 年 6 月 8 日发布的《2023 年招收普通高中毕业生计划（生长军官本科学员）》。

可以报考哪些学校？

全国有 46 所军校，但是面向高中生招生的只有 27 所，其中国防科技大学属于"985"高校，中国人民解放军空军军医大学、海军军医大学属于非"985"类的"211"高校。

面向普通高中生招生的军委直属院校

军委直属院校有中国人民解放军国防大学和国防科技大学，其中国防科技大学面向社会招生。国防科技大学位于湖南长沙，源于中国人民解放军军事工程学院，1978 年改建为中国人民解放军国防科学技术大学。2017 年军事改革，在国防科学技术大学、国际关系学院、国防信息学院、西安通信学院、电子工程学院、理工大学气象海洋学院等基础上进行了整合，重建国防科技大学，实力进一步提高。2021 年国防科技大学全面扩招 1000 人左右，实行本硕博贯通式培养，这类培养模式的学生在全校占比高达 30%，值得关注。

面向普通高中生招生的各兵种院校

陆军兵种院校有 10 所，分别是陆军工程大学（位于江苏南京）、陆军步兵学院（位于江西南昌）、陆军装甲兵学院（位于北京）、陆军炮兵防空兵学院（位于安徽合肥）、陆军特种作战学院（位于广西桂林）、陆军边海防学院（位于陕西西安）、陆军防化学院（位于北京）、陆军军医大学（位于重庆）、陆军军事交通学院（位于天津）、陆军勤务学院（位于重庆）。

海军兵种院校有 5 所，分别是海军工程大学（位于湖北武汉）、海军大连舰艇学院（位于辽宁大连）、海军潜艇学院（位于山东青岛）、海军航空大学（位于山东烟台）、海军军医大学（位于上海）。

空军兵种院校有 4 所，分别是空军工程大学（位于陕西西安）、空军航空大学（位于吉林长春）、空军预警学院（位于湖北武汉）、空军军医大学（位于陕西西安）。

火箭军兵种院校有 1 所，是火箭军工程大学（位于陕西西安），由原第二炮兵工程学院重建而来。

战略支援部队院校有 2 所，分别是航天工程大学（位于北京）、信息工程大学（位于河南郑州）。

面向普通高中生招生的武警部队院校

武警部队院校有 4 所，分别为中国人民武装警察部队工程大学（位于陕西西安）、中国人民武装警察部队警官学院（位于四川成都）、中国人民武装警察部队特种警察学院（位于北京）、中国人民武装警察部队海警学院（位于浙江宁波）。

体检与政审

体检内容[1]

视力：任何一眼的裸眼视力低于4.5，不合格。任何一眼的裸眼视力低于4.8，需进行矫正视力检查，任何一眼矫正视力低于4.8或矫正度数超过600度，均为不合格。屈光不正，经准分子激光手术（不含有晶体眼、人工晶体植入术等其他术式）后半年以上，无并发症，任何一眼的裸眼视力达到4.8，眼底检查正常，除条件兵外合格。条件兵视力合格条件按有关标准执行。

身高：男生162厘米以上，女生158厘米以上。其中，装甲专业要求身高为162—178厘米；水面舰艇、潜艇专业要求男生身高为162—182厘米，女生身高为160—182厘米；潜水专业要求身高为168—185厘米；空降专业要求身高为168厘米以上；特种作战专业要求男生身高为170厘米以上（体格条件优秀的放宽至165厘米以上），女生身高为165厘米以上。

体重：男生体重指数在17.5至30，女生体重指数在17至24。

文身：不能有面颈部文身。

颅脑外伤：不能有颅脑外伤、颅骨畸形、颅脑手术史、脑外伤后综合征。

颈部运动功能受限：斜颈、Ⅲ度单纯性甲状腺肿的为不合格。

乳腺肿瘤：重度男性乳房发育征、重度女性乳腺增生的为不合格。

具体要求可查看该校当年招生简章。

---

[1] 参考《军队选拔军官和文职人员体检标准》。

政审

1. 政审流程

军事院校的政治审查工作由各省军区（警备区）开展，驻军区招生办公室（以下简称"省军区招生办"）组织，省教育考试院援助，县（市、区）人民武装部（以下简称"人武部"）会同同级招生办公室、考生所在高中、考生户口所在地派出所组织实施。

异地报考军校考生，政审由考生报考的人武部负责，与居住地人武部合作。军校政审的具体流程如下所述：

（1）高考后，符合军校政治审查基本条件的考生，可到报考所在地人武部领取，或登录招生考试信息网下载《军队院校招收普通高中毕业生政治考核表》（以下简称《政治考核表》），正反面印刷，然后填写个人信息；

（2）《政治考核表》由报考军校考生所在中学校长签字，并加盖学校公章。如果是以前的学生，还需要教育机构、雇主、候选人所在村（居）委会签署意见；

（3）应征军校考生户籍所在地的乡（镇）、街道人武部与村（居）委会签署意见；

（4）军校考生户口所在派出所签署意见，并盖上派出所公章；

（5）按规定时间向学校所在县（市、区）人武部军事科提交申请。

应用程序机密、技术调查等特殊军事院校的候选人，还需其他必要的政治审查。

2. 政审标准

军校政治审查主要审查直系亲属的社会关系和家庭出身。三代政审的审查对象通常是祖父母、父母、兄弟姐妹和自己，主要是父母。军校政审内容包括入伍公民年龄、户籍、职业、政治地位、宗教信仰、受教育程度、家庭关键成员和关键社会关系成员的现实表现和政治状况。

与家庭有关的政治条件如下所述[1]：

（1）家庭主要成员、直接照顾者、对本人有较大影响的主要社会关系成员或者其他亲属对党和国家的路线、对政策和社会主义制度有不满言行，军校政审失败；

（2）家庭主要成员、直接照顾者、对本人有较大影响的主要社会关系成员或者其他亲属受到刑事处罚或者开除党籍、被免职，军校政审失败；

（3）家庭主要成员、直接照顾者、对本人影响较大的主要社会关系成员或其他亲属因涉嫌违法犯罪正在被查处，或正在调查、起诉或审判中，军校政审失败；

（4）主要家庭成员、直接照顾者、对本人影响较大的主要社会关系成员或其他亲属参与民族分裂、暴力恐怖、宗教极端主义和其他非法组织、黑社会犯罪团伙或活动，军校政审失败；

（5）家庭主要成员、直接照顾者、对本人影响较大的主要社会关系成员或其他亲属为邪教、有害气功组织骨干成员或顽固人员，军校政审失败；

（6）家庭主要成员、直接照顾者、对本人有较大影响的主要社会关系成员或者其他亲属存在危害国家安全或重大政治问题，军校政审失败。

---

[1] 来源于教育部、公安部、总政治部《关于军队院校招收普通中学高中毕业生和军队接收普通高等学校毕业生政治条件的规定》。

指挥类专业与非指挥类专业的区别

我们在报考军校的过程中，常常会看到指挥类专业与非指挥类专业，它们是什么意思，区别又是什么？

培养目的不同

军校指挥类专业主要是为军队培养基层指挥军官，以步兵、炮兵、工兵、防化兵等兵种学院为主。学员毕业后，绝大多数是被分配到各战区、各军种部队的基层单位，担任排长、连长、指导员、参谋等职，本科毕业授予少尉军衔，研究生毕业授予中尉军衔。

军校非指挥类专业通常被称为技术专业，主要为军队培养初级专业技术人员，比如军医、军械、通信、计算机、军事交通等专业。学员毕业后，基本被分配到科研院所、军事院校、部队医疗单位、部队技术保障部门，身份为专业技术军官或军队文职干部，本科毕业授予少尉军衔，研究生毕业授予中尉军衔。

培养要求不同

指挥类专业学员的训练强度是非指挥类专业学员无法比拟的。指挥类专业对学员的身体素质、个人能力、政治素养等各个方面提出了较高的要求。学员不仅要了解基本武器和装备的使用，还要知道怎么带兵、怎么管理、怎么指挥。而非指挥类专业学员需要具备扎实的文化基础和较强的科研能力。

发展前途不同

指挥类军官的职业发展历程具有显著的金字塔特征,即层级越高,竞争密度越大,淘汰率自然大大增加。因而,这一结构特性也使指挥类军官在部队里谋求长远发展成为大难题。虽然其在职业初期可能顺利得到了提升,但是随着后期晋升空间的不断挤压,这一喜人的势头恐怕难以为继。与之相比,专业技术人员的职业发展就显现出了完全不同的特征。因为其主要致力于各自的专业领域,所以人员流动性较小,加上按照既定的晋升规则稳步发展,这就导致了其在职业发展初期可能晋升得较为缓慢。当然,发展空间会更加广阔,并且能够维持稳定的职业发展态势。

以上便是指挥类专业与非指挥类专业之间的三大不同点。总而言之,志愿填报不是一件小事,势必会影响考生今后的职业发展,所以学生和家长在选择之前一定要提前了解清楚,寻找符合自身兴趣和发展规划的志愿。

总结

综上而言,我们更建议哪些学生报考军校,或者说什么样的学生更适合读军校呢?

一方面,分数要达到要求,一般来说须达到省特控线或一本线以上;另一方面,学生的身体素质必须满足条件,并且拥有深刻的报国情怀以及吃苦耐劳的决心。

学生如果通过提前批进入军校,就能取得军籍,除学杂费等全免外,还有额外补贴,连家人也能享受军属待遇,毕业后更是能够直接被安排工作,家长对此也不用再有后顾之忧了。

当然,面对如此多诱人的待遇,学生在报考军校时必须反复斟酌。除了自身要取得较高的高考分数,更要对未来持续的严肃艰苦的日常训练做好充分的心理准备。

第六章

警校生

栉风沐雨百姓倚

导语

人民警察是维护社会治安和公共安全的重要角色,匡扶正义,打击罪恶,同时具备崇高的社会使命感和岗位荣誉感,让正值热血年华的少年们心驰神往。在家长的心目中,公安系统相对稳定的职业发展和收入来源、明晰的晋升道路、多样化的工作领域、全面的公共福利待遇,也使得警察成了传统求稳观念中绕不开的职业选择方向。那么,想成为一名光荣的人民警察该如何报考与规划?又需要注意哪些细节?下面为大家一一介绍。

什么是警校生？

为了适应公安系统培养专业人才的需要，由公安院校招收高中毕业生，进行本科层次培养。新生入校后，着人民警察制式服装，佩戴学员标识，实行警务化管理。毕业时，学生参加公务员主管部门和公安部门面向公安院校毕业生单独组织的录用考试（公安联考），还有面向司法类院校毕业生单独组织的录用考试（司法联考），合格者录用到本市机关工作。

可以报考哪些学校？

可以参加公安联考的学校

公安部直属高校共5所，其中北京市1所，即中国人民公安大学；辽宁省1所，即中国刑事警察学院；江苏省1所，即南京警察学院；河南省1所，即郑州警察学院；河北省1所，即中国人民警察大学。

省属本科警校共有20所（其中公安专业一般只招本省学生，在本省属于二本学院）：北京警察学院、山西警察学院、辽宁警察学院、吉林警察学院、上海公安学院、江苏警官学院、浙江警察学院、福建警察学院、江西警察学院、山东警察学院、河南警察学院、湖北警官学院、湖南警察学院、广东警官学院、广西警察学院、重庆警察学院、四川警察学院、贵州警察学院、云南警官学院、新疆警察学院。

省属专科警校共有10所（其中公安专业一般只招收本省学生，仅西藏警官高等专科学校例外）：西藏警官高等专科学校（从部分省份招收汉族学生定向西藏就业，不一定每年都有名额）、甘肃警察职业学院、青海警官职业学院、安徽公安职业学院、天津公安警官职业学院、河北公安警察职业学院、内蒙古警察职业学院、黑龙江公安警官职业学院、陕西警官职业学院、宁夏警官职业学院。

可以参加司法联考的学校

本科警校有中央司法警官学院。

专科警校有四川司法警官职业学院、河北司法警官职业学院、浙江警官职业学院、山西警官职业学院、黑龙江司法警官职业学院、安徽警官职业学院、江西司法警官职业学院、山东司法警官职业学院、河南司法警官职业学院、武汉警官职业学院、湖南司法警官职业学院、云南司法警官职业学院、吉林司法警官职业学院、广东司法警官职业学院、新疆兵团警官高等专科学校。[1]

注意，只有提前批入学的学生才有资格参加公安联考或司法联考！部属院校与省属院校毕业生的区别不大。

---

[1] 依据《人力资源社会保障部等六部门关于进一步加强司法行政机关人民警察招录培养工作的意见》（人社部发〔2018〕20号）。

考试情况介绍

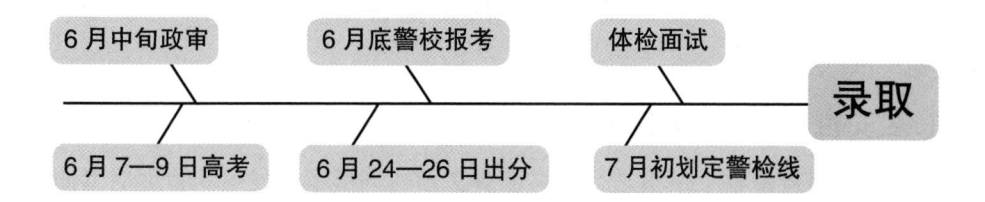

```
6月中旬政审      6月底警校报考      体检面试
                                              ─── 录取
6月7—9日高考    6月24—26日出分   7月初划定警检线
```

第一步：考试、填志愿。

学生先参加全国统一高考，出分后在提前批填报志愿。

第二步：政审。

考生到户籍所在地或居住地的派出所领取政审表，或在所报考警校官网下载政审表进行政审盖章。

第三步：面试和体检。

面试主要考查报考动机、语言表达、身体协调能力等。体检项目主要是身高、体重、视力、外表等，同时进行体能测试，包括50米短跑、立定跳远、1000米长跑（男）、800米长跑（女）、引体向上（男）、仰卧起坐（女）。

第四步：录取。

面试、体检、体测、政审都合格后即可录取，有任何一项不通过，考生均会被退档。

第五步：复审复查。

警校在新生入学1个月内，按照有关规定会再次组织检查，合格的予以注册学籍，不合格的则取消入学资格。

各警种的区别

公安警察常见警种

1. 公安机关管理的人民警察警种

刑事侦查警察： 负责进行刑事侦查，预防刑事案件发生。管理刑事侦查警察的全国性机关是公安部刑事侦查局（公安部五局）。

经济犯罪侦查警察： 负责进行经济犯罪侦查，预防经济案件发生。管理经济犯罪侦查警察的全国性机关是公安部经济犯罪侦查局（公安部二局）。

治安警察： 负责预防、发现和制止一般违法犯罪，处理集会、游行、示威等群体性事件，维护公共场所的治安秩序，管理特种行业和危险品，依《中华人民共和国治安管理处罚法》处置治安行政执法案件。管理治安警察的全国性机关是公安部治安管理局（公安部三局）。

食品药品侦查警察： 负责处理食品药品、知识产权、生态环境、森林草原、生物安全案件。管理食品药品侦查警察的全国性机关是公安部食品药品犯罪侦查局（公安部七局）。

特勤警察： 负责党和国家领导人、省级主要领导人及重要来访外宾警卫任务。管理特勤警察的全国性机关是公安部特勤局（公安部八局）。

铁路警察： 负责处理铁路行政执法案件和铁路运输的其他违法犯罪。管理铁路警察的全国性机关是公安部铁路公安局（公安部十局）。

公共信息网络安全监察警察： 负责监察公共互联网网站内容、电子邮件、聊天信息和访问记录。依《中华人民共和国网络安全法》处置互联网行政执法案件，可以使用域名劫持、关键字过滤、网络嗅探、网关IP封锁、电子数据取证等技术来过滤、获取有关情报信息;查禁、封堵和阻断可能会破坏民族和国家统一、颠覆国家政权、危害国家安全、色情淫秽类等有害信息;查处网络和计算机违法犯罪;备份、调取有关电子证据等。管理公共信息网络安全监察警察的全国性机关是公安部网络安全保卫局(公安部十一局)。

监所警察:负责管理公安机关下属的看守所,依《中华人民共和国看守所条例》处置出入境行政执法案件。管理监所警察的全国性机关是公安部监所管理局(公安部十三局)。

交通警察:简称"交警",负责指挥道路交通,依《中华人民共和国道路交通安全法》处置交通行政执法案件,依法查处道路交通违法行为和交通事故;维护城乡道路交通秩序和公路治安秩序;开展机动车辆安全检验、牌证发放和驾驶员考核发证工作;开展道路交通安全宣传教育活动;开展道路交通管理科研工作;参与城市建设、道路交通和安全设施的规划;组织宣传交通法规,依法管理道路交通秩序,管理车辆、驾驶员和行人,教育交通违章者,勘查处理交通事故,以维护正常的交通秩序,保证交通运输的畅通与安全。但其职责并不包括铁路、港航、民航的交通管理。管理交通警察的全国性机关是公安部交通管理局(公安部十七局)。

外事警察:负责外国驻华使馆的安全,或者常驻中国驻外使馆进行警务联络工作。管理外事警察的全国性机关是公安部国际合作局(公安部十九局)。

禁毒警察:负责涉毒犯罪的侦查。管理禁毒警察的全国性机关是公安部禁毒局(公安部二十一局)。

政治安全保卫警察:负责维护国家安全和社会政治稳定,依法处置违反国家统一和民族团结的案件,维护宪法确立的基本政治原则。管理政治安全保卫警察的全国性机关是公安部国内安全保卫局（公安部一局）、公安部反邪教局（公安部四局）。

户籍警察：负责办理户籍管理事务。管理户籍警察的全国性机关是公安部治安管理局户籍管理处（公安部三局四处）。

巡逻警察：负责在巡逻中预防、发现和制止一般违法犯罪行为，处理集会、游行、示威等群体性事件，维护公共场所的治安秩序，管理特种行业和危险品，依《中华人民共和国治安管理处罚法》处置治安行政执法案件。这是地方公安机关设立的一类警种，在部分地区与交通警察合并为交巡警。

航运港口警察：负责处理水上行政执法案件和水路航运的其他违法犯罪。这是地方公安机关设立的一类警种。

移民警察：即中国边检，负责办理移民管理事务、执行出入境边防检查任务，依《中华人民共和国出境入境管理法》和《中华人民共和国外国人入境出境管理条例》处置出入境行政执法案件。管理移民警察的全国性机关是国家移民管理局。

警务督察：负责监督公安机关人民警察的行政执法行为，依《中华人民共和国人民警察法》处置人民警察行政执法中的违法案件。管理警务督察的全国性机关是公安部督察审计局。

2. 公安部门与其他政府部门双重领导的行业警察警种

海关缉私警察：负责处理海关走私案件。管理海关缉私警察的全国性机关是海关总署缉私局（公安部十四局）。

民航警察：负责处置空中和机场内的行政执法案件、进行民航飞行安全维护和处理劫机等突发空中安全情态。管理民航警察的全国性机关是中国民用航空局公安局（公安部十五局），下设中国民航空中警察总队。

3. 国家安全部管理及领导的警察警种

国家安全机关人民警察：简称"国安民警"，负责情报收集分析、反间谍、政治保卫等工作，也参与部分国内安全事务。

司法警察常见警种

由中华人民共和国司法部管理及领导的人民警察是司法行政机关人民警察，简称"司法警察"。

司法行政机关管理的人民警察警种有：

监狱机关人民警察：简称"监狱民警"，负责管理司法行政机关下属的监狱，拥有监狱内侦查权和对逃犯的追捕权。管理监狱机关人民警察的全国性机关是司法部监狱管理局。

戒毒机关人民警察：简称"戒毒民警"，负责管理司法行政机关下属的戒毒所，并负责强制隔离戒毒、戒毒康复、轻刑罪犯教育矫治工作。管理戒毒机关人民警察的全国性机关是司法部戒毒管理局。

人民法院司法警察：简称"法院法警"，由中华人民共和国最高人民法院管理和领导的人民警察，其工作是维持法庭秩序和协助调查取证与判决执行。

人民检察院司法警察：简称"检察院法警"，由中华人民共和国最高人民检察院管理和领导的人民警察。

常见问题

1. 进入警校就有编制吗?

不是的,进入警校后通过公安联考的考生才可以有编制。此联考的通过率非常高。

考生需要注意进入方式是否有资格参加公安联考,只有通过提前批进入警校且选择公安类专业的考生才有资格参加公安联考。

2. 审查到什么程度?

一般是审两代,考察内容包括毕业生本人和家庭成员(指本人的配偶、父母〈监护人、直接抚养人〉、子女、未婚兄弟姐妹)和主要社会关系(指已婚兄弟姐妹、祖父母、外祖父母)有无违法犯罪及现实表现情况。

要求三代内无违法犯罪记录。理论上无违法犯罪记录即可,但是行政处罚之类的问题,没有最好。

3. 可以报考其他省份的警校吗?

大部分情况下不可以,除了西藏、云南等地。一般来说,考生只能报考本省的警校或部属院校。

举个例子,一名浙江考生想报考警校,除了浙江警察学院和部属院校,他只能去云南和西藏等地的警校,而不能去上海公安学院、江苏警官学院等院校。

警校本科和专科的学生就业差别其实不大,因为工作是参加完公安联考后分配的,所以只要能参加公安联考就行,也不限制专业。

4. 警校对于选科有要求吗？

有！以南京警察学院为例。

以 2023 年为例，在实施"3+3"高考综合改革的省（区、市），报考公安学类专业［包括治安学、侦查学、公安情报学、公安管理学、警务指挥与战术（特警方向、警犬技术，下同）］的考生须选考思想政治科目；报考公安技术类专业［包括网络安全与执法、数据警务技术、刑事科学技术、刑事科学技术（视听技术方向）、食品药品环境犯罪侦查技术，下同］的考生须选考物理、化学、生物中的至少 1 个科目。

在实施"3+1+2"高考综合改革的省（区、市），报考公安学类专业的考生首选科目为物理或历史，再选科目必须选考思想政治；报考公安技术类专业的考生首选科目必须是物理，再选科目不限。2024 年以后，报考公安技术类专业的考生选科要求很有可能是物理和化学绑定的。具体细节还请读者留意当年相关院校的招生简章。

5. 学什么专业就业好？

其实，本科学什么专业不是很重要，因为将来都是通过公安联考之后给考生分配岗位的。可能考生本科学的是刑侦，结果去做了交警，这主要是看考生户籍所在地的公安厅缺什么岗位。

所以，学生以提前批公安类专业进入警校，拥有公安联考资格即可。

想要参加司法联考的同学需要多加注意专业，如想在中央司法警官学院参加司法联考，需要选择监狱学各方向、侦查学、法律硕士（监所管理方向）以及新增的司法警察学、禁毒学、数据警务技术等专业，其他专业不能参加司法联考。学生想在专科院校参加司法联考，则需要选择司法行政警察类专业，具体情况请看相关院校当年的招生简章。

总结

　　了解以上基本信息后，究竟哪些学生更适合报名公安招生呢？

　　一方面，学生的身体素质要达标，政治审查要过关，个人成绩一般要在特控线或一本线之上，并且该招生对于女生的成绩要求相对会更高。因为工作的特殊性，所以招收女生的岗位人数大多在个位数。

　　另一方面，大多数警校毕业生会被分配到基层派出所，而派出所往往肩负着重大的社会责任，意味着基层民警的工作强度很大，这就要求学生能多学、多干、肯吃苦，未来才能更快地成长，以及更好地完成自己的职责与任务。比如，有的派出所可能会阶段性地两天值一次班，每次值班都是从当天早上九点开始，直到第二天早上九点结束。除了固定值班，还有各种专案加班，有时还需要巡逻、守卡、清查、安保等。所以，在这种情况下，警察一个星期休息几天是不固定的，有时候可能一两个月都不得闲。并且，由于"分工不分家"的工作理念，同一派出所的民警每月工作量的差异比较大。

　　就像守疆卫士、守岛战士、护林员等许多默默付出的岗位一样，派出所民警虽然很多时候在各自家庭中不可避免地会遗憾缺席，但这份工作所带来的强烈个人成就感以及赋予人生的深刻价值，将会使这些"制服英雄"受用一生。通向荣誉的道路上并非铺满鲜花，选择做公安警察，也就选择了辛苦奔忙背后的伟大。

第七章 五大官校

『毕业即就业』

导语

在中国的教育历程中，5所具有深厚历史底蕴的官办高校以其独特的办学风格、卓越的教育成果，以及较为特殊的就业途径，被人们并称为"五大官校"，它们分别是外交学院、北京电子科技学院、中国消防救援学院、上海海关学院、国际关系学院。这些学校不仅代表了中国高等教育的早期形态，还承载了近现代中国教育的发展和变革。

接下来，我们将逐一了解这5所著名官校的背景简介、开设专业、招生注意事项，希望可以对家长和学生在高考志愿填报时有所帮助。

外交学院

外交学院是以服务中国外交事业为宗旨的外交部唯一直属高校，是一所培养一流外交外事人才的小规模、高层次、特色鲜明的高校。外交学院由周总理亲自题名，陈毅元帅为第一任院长。

大多数学生报考外交学院的目的，就是做外交官，但每届学生只有30%—40%能进外交部，外交部对毕业生的录取标准及要求很高。

毕业去向

以下仅列举面向外交部的两种毕业去向。

1. 国考

考试难度相对不大，面试内容为外交学院平时的学习内容，通过率高，比较有针对性。

需要特别说明的是，在外交部中，无论是新进人员还是晋升人员，都需要参加国考并通过。

2. 外交部定向培养

外交部有进行针对性的定向培养，会在大二和研二的学生中选拔，被选中的学生毕业后直接进外交部。这些定向培养的学生，一般会根据有关项目的落实情况，或者根据学生专业的情况，由外交部派往国外学习，学习结业之后，如果学生通过外交部的入部考试，或者报上级主管部门备案之后，就可以被录用为外交部的公务员。

在外交部定向培养的学生中，数外交学院的人数最多，有40—50人。

除了外交学院，一般"985"院校和一些重点院校的学生都有机会报考外交部定向培养，涉及的专业主要是政法类的国际法方向。这些院校有清华大学、北京大学、中国人民大学、中国传媒大学、中国政法大学、华东政法大学、对外经济贸易大学等。

还有一部分语言类的大学，如北京外国语大学、北京第二外国语学院、四川外国语大学、广东外语外贸大学、西安外国语大学、大连外国语大学等也有遴选资格，涉及的专业主要是语言类，其中73%定向培养的学生可以留在北京。

根据《外交学院2021届本科毕业生就业质量报告》显示，外交学院向外交部输送毕业生的比率名列全国高校前茅，在签约就业的2021届本科毕业生中，入职外交部人数占35.09%，签约就业的主要单位性质为党政机关（43.86%）、其他企业（29.82%）和国有企业（19.30%）。

开设专业

外交学院在11个本科专业中，设立"六大实验班"，分别是外交翻译专训班、复语国际人才班、国际组织和全球治理实验班、涉外卓越法律人才实验班、全球经济治理人才实验班和卓越国际传播人才班，现在还增设了区域与国别研究人才班，涉及英语、法语、西班牙语、翻译、国际组织与全球治理、法学和国际经济与贸易等专业。

外交学院的最强专业为外交学（谈判）语言类、外国语言文学和法学（涉外法律），其中英语口译专业较为强势。

在人才培养上，外交学院开创了与外交部相关业务司局等用人单位直接对接合作，培养国家急需人才的人才培养模式。

外交学院各专业高考选科要求如下：

专业名称	选科要求
金融学	物理（1门科目考生必须选考方可报考）
法学	不提科目要求
外交学	思想政治（1门科目考生必须选考方可报考）
国际事务与国际关系	思想政治、历史（2门科目考生均须选考方可报考）
英语	不提科目要求
法语	不提科目要求
西班牙语	不提科目要求
翻译	不提科目要求

报考注意事项

1. 录取分数

2023年外交学院在部分省份录取分数线见下表：

省份	科类	年份	录取批次	招生类型	最低分/最低位次	省线	专业组	选科要求
江苏	物理	2023	本科提前批	普通类	637/10153	448	03	首选物理，再选不限
	历史	2023	本科提前批	普通类	622/1507	474	02	首选历史，再选思想政治

续表

省份	科类	年份	录取批次	招生类型	最低分/最低位次	省线	专业组	选科要求
江苏	历史	2023	本科提前批	普通类	615/2229	474	01	首选历史,再选不限
安徽	理科	2023	本科提前批	普通类	627/7217	482	—	—
安徽	文科	2023	本科提前批	普通类	593/1676	495	—	—
江西	理科	2023	本科提前批	普通类	615/5848	518	—	—
江西	文科	2023	本科提前批	普通类	605/1227	533	—	—
四川	理科	2023	本科提前批	普通类	641/6625	520	—	—

2. 招生标准[1]

该校在提前批录取,要求考生高中语种为英语,因为该校大部分课程为英语教学。

(1)外交学院在本科提前批次招生录取。在当地本科一批录取最低控制分数线(含)以上且符合学校录取标准的考生中从高分到低分择优录取。对于合并本科批次的省(区、市),该校在当地本科录取最低控制分数线(含)以上且符合学校录取标准的考生中从高分到低分择优录取。国家专项计划录取分数原则上执行本条所列录取分数标准。

(2)所有报考的考生必须参加所在地省级招生考试主管部门统一组织的高考外语口试(省级招生考试主管部门不组织高考外语口试的省份除外),且口试成绩达到合格(含)以上者方可录取。学校不再单独组织外语口试和专业面试。对新疆协作计划(民族班)、内地西藏高中班、内地新疆高中班考生高考外语口试暂不做要求。

(3)外交学院在各省(区、市)英语、翻译、法语、日语、西班牙语等语言类专业只招英语语种考生,非语言类专业不限外语语种。但该校非

---

[1] 来源于《外交学院2023年本科招生计划》。

语言类专业的英语课程起点高、比重大，部分专业课程直接用英语授课，非英语语种考生慎重报考。

（4）根据学校特点（毕业生从事外交外事工作的特殊需要），凡有口吃、嘶哑或有口腔、耳鼻喉科疾病之一而妨碍发音，有听力障碍、面部疤痕、血管瘤、黑色素痣、白癜风、步态异常、驼背、肢体残疾的考生不宜就读。

总结

外交学院为国家培养外交人才，学校就业前景较为优秀，以培养外交官著称，学生通过国考和定向培养两种方式进入体制内，难度相对不大。

外交学院在提前批招生，主要课程以英语授课，所以考生需要参加高考外语口试，且口试成绩需要达到合格以上。学校不单独组织外语口试和专业面试。需再次提醒的是，该校的英语、翻译、法语、日语、西班牙语等语言类专业只招高考英语语种考生，非语言类专业不限外语语种，但英语课程比重高，非英语语种考生需要谨慎报考，患有妨碍发音、听力、肢体残疾或面部疤痕等相关疾病的考生不宜就读。

对于有明确进入外交部及体制内发展意向的学生可以考虑报考外交学院。

北京电子科技学院

北京电子科技学院隶属中共中央办公厅，主要为全国党政机关培养保卫人员。1992年，经国家教育委员会批准，在北京电子专科学校的基础上建立北京电子科技学院，开始招收本科生，并增设函授教育。该校是中央办公厅所属的唯一一所为全国各级党政机关培养密码保密和信息安全专门人才的普通高等学校。

毕业去向

北京电子科技学院毕业生就业只要通过学校内部的国考即可，学校内部国考只有本校学生可以参加，考试内容和公务员考试内容一样，包含行测和申论，难度不高，一般会根据综合成绩分成A、B、C、D四个等级，每个等级可以去不同等级的机关单位。其中，分数排名较高的学生有机会去中央部门，中等分数的去每个省份的机要部门，低分的去县级部门。

北京电子科技学院有较高的进编比例，根据其2021—2022学年本科教学质量报告，毕业生总体就业率达到了96.77%。在已就业的409名毕业生中，有390人选择了在党政机关就业，占已就业毕业生的95.35%，其中360人在相关行业岗位就业，占已就业毕业生的88.02%，学院服务面向特色得到了充分体现。此外，有182人在西部及边远艰苦地区就业，占已就业毕业生的44.50%。

开设专业

2023年，该校有8个本科专业招生，分别是信息安全、密码科学与技术、电子信息工程、计算机科学与技术、通信工程、网络空间安全、保密管理、行政管理。

2011年，北京电子科技学院与西安电子科技大学签订了增补专业联合培养硕士学位研究生协议，联合培养学术型硕士，学科在单一的密码学基础上增加了通信与信息系统、计算机应用技术两个学科。

北京电子科技学院各专业高考选科要求如下：

专业名称	选科要求
电子信息工程	物理、化学（2门科目考生均须选考方可报考）
通信工程	物理、化学（2门科目考生均须选考方可报考）
计算机科学与技术	物理、化学（2门科目考生均须选考方可报考）
信息安全	物理、化学（2门科目考生均须选考方可报考）
网络空间安全	物理、化学（2门科目考生均须选考方可报考）
密码科学与技术	物理、化学（2门科目考生均须选考方可报考）
保密管理	物理、化学（2门科目考生均须选考方可报考）
行政管理	历史（1门科目考生必须选考方可报考）

报考注意事项

1. 录取分数

2023年北京电子科技学院在部分省份录取分数线见下表：

省份	科类	年份	录取批次	招生类型	最低分/最低位次	省控线	专业组	选科要求
江苏	物理	2023	本科提前批	普通类	654/4113	448	02	首选物理，再选不限
江苏	历史	2023	本科提前批	普通类	635/630	474	01	首选历史，再选不限
安徽	理科	2023	本科提前批	普通类	634/5547	482	—	—
安徽	文科	2023	本科提前批	普通类	581/2680	495	—	—

续表

省份	科类	年份	录取批次	招生类型	最低分/最低位次	省控线	专业组	选科要求
青海	理科	2023	本科提前批C段	需面试（女生）	549/401	330	—	—
青海	理科	2023	本科提前批C段	需面试（男生）	516/846	330	—	—
青海	文科	2023	本科提前批C段	需面试（女生）	544/160	406	—	—
宁夏	理科	2023	本科提前批	普通类	523/1756	397	—	—
宁夏	文科	2023	本科提前批	普通类	539/933	488	—	—

2. 招生标准

学生需要通过政审面试，政审一般在6月末，2023年北京电子科技学院提前批政审时间是6月29日至30日，要求学生不超过20周岁，高考语种要求为英语。

（1）考生应为中共党员（预备党员）或共青团员（以填报高考志愿时为准）；

（2）父母、兄弟姐妹以及与本人关系密切的其他主要社会关系具有中华人民共和国国籍，爱国守法，拥护中国共产党，拥护社会主义，无重大政治历史问题。父母、兄弟姐妹未在境外工作（不含公派出境）、生活、定居，未在境外驻华机构工作；

（3）本人和家庭成员没有参与"法轮功"和其他邪教的行为。

考生身体条件除执行教育部等相关部门联合印发的《普通高等学校招生体检工作指导意见》外，还需符合以下要求：无明显视功能损害眼病，双眼矫正视力均不低于4.8（小数视力表为0.6）。

总结

北京电子科技学院主要培养密码保密和信息安全专门人才，就业率几乎为100%，其王牌专业为信息安全和网络空间安全。学生毕业后需要通过学校内部国考才能进入相应的机关工作。

北京电子科技学院为半军事化管理，学生每天六点半出操，学籍不上网，保研系统和国内其他院校不对接，无法通过研究生招生信息系统进行推免保送，也就是说不能保研。也有部分学生选择自己考研。

该校的总体录取分数较高，领先于一大批"985"院校，各省份的最低录取分数一般都在600分以上，需要政审和团员身份，有意向报考北京电子科技学院的学生可以考虑提前在初、高中提交入团申请。

该校信息安全专业毕业生主要在政府机关、国家安全部门、银行、金融、证券、通信领域从事各类信息安全系统研究、设计、开发和管理工作，岗位有项目经理、网络工程师、网络管理员等。

中国消防救援学院

中国消防救援学院于2018年成立，原属于武警警种学院，隶属应急管理部，是国家综合性消防救援队伍的重要组成部分，主要承担国家综合性消防救援队伍初级指挥员培养、干部学历教育、继续教育、在职培训、应急管理和消防救援科学技术研究、决策咨询及相关交流合作工作，参加重大应急救援机动增援任务。

毕业去向

中国消防救援学院学生的毕业去向主要是参加国考，通过规定考录程序择优选拔录用为干部；未能录用为干部的，可按培养方向到生源省份相应总队当消防员；不愿当消防员的，可按普通高等学院毕业生身份自主就业。

消防指挥（直升机飞行与指挥方向）、航空航天工程专业的学员，入学时须签订培养协议，毕业时根据招录干部计划，按培养协议约定的就业去向报考相应的航空救援队伍招录职位。

总体上，该校的就业相对稳定，国考不通过的学生还有机会回户籍地当消防员，但是职业性质较为特殊，存在一定的危险性。

开设专业

2023年，中国消防救援学院招生的本科专业共6个，分别是消防工程、火灾勘查、飞行器控制与信息工程、思想政治教育、航空航天工程、消防指挥（直升机飞行与指挥方向）。其中，思想政治教育专业招收文科学生，其他专业招收理科学生。

选科	专业名称	招生对象
物理＋化学	飞行器控制与信息工程（森林消防）	只招男生
	飞行器控制与信息工程（直升机维修与工程）	只招男生
	飞行器控制与信息工程（消防救援）	只招男生
	消防工程（消防救援）	只招女生
	消防工程（消防救援）	只招男生
	抢险救援指挥与技术（森林消防）	只招男生
	抢险救援指挥与技术（消防救援）	只招男生

续表

选科	专业名称	招生对象
思想政治	消防指挥（森林消防）	只招男生
	消防指挥（消防救援）	只招男生
	消防指挥（直升机飞行与指挥）	只招男生
	消防政治工作（森林消防）	只招女生
	消防政治工作（消防救援）	只招女生
	消防政治工作（森林消防）	只招男生
	消防政治工作（消防救援）	只招男生

报考注意事项

1. 录取分数

2023年中国消防救援学院的部分省份录取分数线见下表：

省份	科类	录取批次	招生类型	最低分/最低位次	省控线	专业组	选科要求
江苏	物理	本科提前批	普通类	607/27544	512	01	首选物理，再选不限
		本科提前批	普通类	588/42008	512	02	首选物理，再选化学
		本科提前批	普通类	512/115419	512	03	首选物理，再选化学
安徽	理科	本科提前批	消防招录	520/65386	482	—	—
湖北	物理	本科提前批	普通类	549/47191	—	02	首选物理，再选不限

2. 招生标准

考生需要参加由生源地省级消防员招录工作办公室组织的政治考核、体格检查、心理测试、面试，结果须均为合格。政治考核标准参照《关于军队院校招收普通中学高中毕业生和军队接收普通高等学校毕业生政治条件的规定》（2001版）执行；体格检查标准参照《军队院校招收学员体格检查标准》（2017版）执行；心理测试和面试参照《国家综合性消防救援队伍消防员招录办法》有关规定执行。

其他招生要求如下：

（1）身高：男性身高162厘米以上，女性身高160厘米以上。

（2）体重：男性体重不超过标准体重30%、不低于标准体重15%的，合格；女性体重不超过标准体重20%、不低于标准体重15%的，合格。

（3）视力：裸眼视力低于4.5，不合格。任何一眼裸眼视力低于4.9，需要进行矫正视力检查，任何一眼矫正视力低于4.9或矫正度数超过600度，不合格。

总结

中国消防救援学院的就业率几乎为100%，实行"三免"政策，即免学费、免住宿费、免生活费，发服装津贴。除了消防指挥（直升机飞行与指挥方向）、航空航天工程专业的学员，其他专业的学生需要参加国考进行人才录用。

如果有想进入消防领域发展的学生可以考虑报考。

上海海关学院

上海海关学院隶属海关总署,由海关总署与上海市人民政府共建,是海关人才的摇篮。该校的王牌专业是海关管理,在江苏省只有提前批招生,且只开设了海关管理一个专业,所以不存在调剂风险,对江苏考生比较友好;面对其他省开放的专业不止海关管理一个,并且考生不能申请转专业。

毕业去向

上海海关学院不包分配,毕业生想进体制内必须通过国考,但因为国考中海关业务岗位只招海关管理、海关检验检疫安全、海关稽查这三个专业的毕业生,所以报考了上海海关学院以上三个专业的学生有较高的概率可以考上公务员。且据上海海关学院《毕业生就业质量年度报告(2022)》显示,2022届所有已落实就业去向的毕业生进入党政机关的比例为43.11%,其中硕士毕业生中61.54%进入党政机关,本科毕业生中40.51%进入党政机关。

上海海关学院历届本科毕业生国家公务员考试笔试通过率平均为98.13%,2011年、2012年、2013年、2014年、2015年、2016年、2017年、2018年的通过率分别为96%、95%、99%、98%、98%、99.50%、99.56%、100%。

开设专业

该校本科招生专业有海关管理、海关检验检疫安全、海关稽查、经济统计学、物流管理、国际商务、税收学、英语。

在校期间，上海海关学院学生达到如下要求可申请转专业：已学课程应全部合格，且平均学分绩点应不低于3.0；在本专业同年级中平均学分绩点排名前10%；无未解除的校级及以上违规违纪处分。需要注意的是，海关管理、海关检验检疫安全、海关稽查专业为提前批次录取，目前不接收其他专业转入的学生（具体转专业要求和程序以学校教务处公布的为准）。

该校各专业高考选科要求如下：

专业名称	选科要求
经济统计学	物理（1门科目考生必须选考方可报考）
税收学	不提科目要求
法学	不提科目要求
英语	不提科目要求
国际商务	不提科目要求
审计学	不提科目要求
海关稽查	不提科目要求
行政管理	不提科目要求
海关管理	不提科目要求
海关检验检疫安全	物理（1门科目考生必须选考方可报考）
物流管理	不提科目要求

报考注意事项

1. 录取分数

2023年上海海关学院在部分省份录取分数线见下表：

省份	科类	录取批次	招生类型	最低分/最低位次	省控线	专业组	选科要求
江苏	物理	本科提前批	普通类	649/5542	448	04	首选物理,再选不限
江苏	物理	本科提前批	普通类	641/8447	448	03	首选物理,再选不限
辽宁	物理	本科批	普通类	586/14614	360	—	—
上海	综合	本科批	普通类	513/16423	405	—	—
浙江	综合	平行录取一段	普通类	636/21299	488	—	—

2. 招生标准

该校全日制普通本科招收对象为参加高考的考生。

该校各专业教学培养外语教学语种为英语,请非英语语种的考生谨慎报考。

考生身体条件按教育部、原卫生部、中国残疾人联合会颁布的《普通高等学校招生体检工作指导意见》执行,其中报考海关管理、海关检验检疫安全、海关稽查专业的考生原则上还应满足下列条件:

(1)男性身高不低于168厘米,女性身高不低于158厘米,体形匀称;

(2)双眼矫正视力均不低于0.6(标准对数视力4.8),无明显视功能损害眼病;

(3)五官端正,面部无疤痕等明显特征和缺陷,无各种残疾。

总结

上海海关学院的就业率相对较高,大多数毕业生可以考上公务员,进入海关系统或者其他单位,学院各专业学生毕业后均面向社会自主择业。不是上海海关学院的所有专业在参加公务员考试时都有优势,除了海关管理、海关检验检疫安全、海关稽查这三个专业的毕业生将来有较大可能考进海关,其他专业的毕业生参加公务员考试就需要倚重自身的学习能力,所以在报考上海海关学院时,学生需要慎重考虑专业的选择。

国际关系学院

国际关系学院始建于1949年,在周恩来总理的亲切关怀下成立,是一所富有优良传统的高等学府。

学校曾为新中国第一批"将军大使"开办培训班;20世纪50年代该校首创侧重外国当代语言学习的教学方法;1964年,该校被列为全国重点高校;1981年,该校成为全国首批获得硕士学位授予权的单位之一;1983年,该校率先完成从单一的外语院校向多学科复合型院校的转型。

毕业去向

国际关系学院没有定向就业优势,其中20%的本科生和40%的研究生毕业后进入国家机关事业单位,80%的本科生选择自主就业。

该校毕业生主要的就业方向为以下三类：

1. 报考公务员

如外交部、国家安全部、安全局等部门，这些部门的工作涉及国家安全、外交等重要领域，需要具备高素质的人才。

2. 从事新闻媒体行业

尤其是涉外新闻媒体行业，如中央广播电视台、环球网等。在这些新闻媒体中，毕业生可以从事新闻报道、采访等工作，为国内外观众提供最新的新闻资讯。

3. 翻译

该校毕业生在国企或事业单位从事外交、翻译等工作是比较对口的。在这些单位中，毕业生可以通过对外交流、翻译等工作为国家外交事业做出贡献。

开设专业

国际关系学院开设的专业有法语，日语，英语，法学，国际经济与贸易，网络空间安全，数据科学与大数据技术，政治学、经济学与哲学，行政管理，传播学，国际政治。

该校各专业高考选科要求如下：

专业名称	选科要求
国际经济与贸易	不提科目要求
法学	不提科目要求
国际政治	思想政治（1门科目考生必须选考方可报考）
政治学、经济学与哲学	思想政治、历史（2门科目考生均须选考方可报考）
英语	不提科目要求
法语	不提科目要求
日语	不提科目要求
传播学	不提科目要求
数据科学与大数据技术	物理、化学（2门科目考生均须选考方可报考）
网络空间安全	物理、化学（2门科目考生均须选考方可报考）
行政管理	不提科目要求

报考注意事项

1. 录取分数

2023年国际关系学院的部分省份录取分数线见下表：

省份	科类	录取批次	招生类型	最低分/最低位次	省控线	专业组	选科要求
江苏	物理	本科提前批	普通类	629/14096	448	08	首选物理，再选政治
		本科提前批	普通类	627/15132	448	05	首选物理，再选不限
		本科提前批	普通类	626/15651	448	07	首选物理，再选政治

续表

省份	科类	录取批次	招生类型	最低分/最低位次	省控线	专业组	选科要求
江苏	物理	本科提前批	普通类	626/15651	448	06	首选物理,再选不限
	历史	本科提前批	普通类	619/1811	474	04	首选历史,再选政治
		本科提前批	普通类	608/3062	474	03	首选历史,再选不限
		本科提前批	普通类	594/5381	474	02	首选历史,再选政治
		本科提前批	普通类	594/5381	474	01	首选历史,再选不限

2. 招生标准

报考该校的考生,除符合教育部颁发的《普通高等学校招生工作规定》及《普通高等学校招生体检工作指导意见》的要求外,还须符合以下条件[1]:

国际关系学院只招高中外语为英语的考生。

(1)考生出生日期为2001年9月1日及以后;政治面貌为中共党员或共青团员,入党入团时间计算至高考结束前;高考信息采集后入党入团的,须在面试或录取前向学校提供中学入党入团证明及党员、团员档案全套材料复印件;家庭及主要社会关系历史清楚,无重大问题;

(2)男生身高应在170厘米及以上,女生身高应在160厘米及以上,男女生体重均在上限标准及以下,体重上限标准为:[身高(厘米)-110]×1.4公斤;

---

[1] 信息来源于《国际关系学院2023年本科招生简章》。

（3）身心健康，无严重急慢性疾病，无传染病；五官端正，面部及身体各部位无明显特征和缺陷；左右眼矫正视力在4.8及以上，无色盲、色弱、斜视、对眼等眼疾；听觉、嗅觉正常，无影响外语学习的听力和发音系统疾病。身体条件以高考体检表为准。

学生入校后，学校将对新生进行身体复查和资格条件审查。身心健康是学校选拔学生的重要标准，入校后会有比较严格的体能训练和体能测试，凡不符合报考条件或入校后不能按要求参加体能训练者，将按照教育部和学校的规定取消入学资格。

总结

国际关系学院不是研究型大学，而是教学型大学，是为主管部门和社会培养应用型人才的机构，在市面上的就业竞争优势并不突出，倾向体制内发展方向的学生可以考虑选择。

第八章

三大专项

农村学生的福音

导语

在了解志愿填报知识的时候,很多家长、同学会看到各种各样的专项计划,但是复杂的报考条件、受限的专业选择,会导致很多人忽略了这个政策。如果你是农村和贫困地区的学生,不妨多花一些时间来了解专项计划。

只要了解清楚政策,符合报考条件的同学往往可以被目标院校"降分"录取,一般降分区间在10—30分,热度越高的省份,降的分数越少,具体数据以实际情况为准。

本章将从报考条件、实施区域、招生高校、三大专项对比以及常见问题等几个方面分别介绍。

三大专项计划

国家面向农村和脱贫地区实施重点高校招生专项计划，统称为专项计划，具体包括国家、地方、高校三个专项计划。国家专项计划是"国家贫困地区定向招生专项计划"的简称；地方专项计划是"地方重点高校招收农村学生专项计划"的简称；高校专项计划，也称"农村学生单独招生"，在不同学校可能会有不同的名称，如南京大学励学计划、东南大学高校专项"筑梦计划"等，所以考生在报考时还需要去留意一下各校每年具体的招生简章。不同的省份会有一些各具特色的专项计划，考虑到涉及的考生范围较小，在此处就不赘述了。

报名时，三大专项计划可以兼报。

三大专项的报考条件

国家专项计划面向脱贫地区定向招生；地方专项计划定向招收各省（区、市）实施区域的农村学生；高校专项计划定向招收边远、贫困、民族等地区县（含县级市）以下高中勤奋好学、成绩优良的农村学生。

国家专项计划

一般情况下，报考学生须同时具备下列三项条件：

·符合统一高考报名条件；

·本人具有实施区域当地连续 3 年以上户籍，其父亲或母亲或法定监护人具有当地户籍；

·本人具有户籍所在县高中连续 3 年学籍并实际就读（具体要求详见当地政策）。

地方专项计划

地方专项计划报考条件由各省（区、市）根据本地实际情况确定。

例如，山东省 2023 年地方专项计划要求：符合 2023 年统一高考报名条件并参加山东省 2023 年夏季高考；本人及父亲或母亲或法定监护人的户籍地及居住地在实施区域的农村，且本人具有当地连续 3 年以上的户籍；本人具有户籍所在县（市、区）高中连续 3 年学籍并实际就读；高考成绩达到山东省 2023 年夏季高考普通类一段线。

涉及具体的要求，学生和家长可以参考各省教育考试院官网发布的相关公告。

高校专项计划

高校专项计划报考学生须同时具备下列三项基本条件：

·符合统一高考报名条件；

·本人及父亲或母亲或法定监护人户籍地在实施区域的农村，本人具有当地连续 3 年以上户籍；

·本人具有户籍所在县高中连续 3 年学籍并实际就读。

有关高校可在此基础上提出其他报考要求并在招生简章中明确，确保优惠政策惠及农村学生。例如，中国人民大学 2021 年"圆梦计划"就要求报考考生除需要满足高校专项计划的报考条件外，还要品德优良、勤奋好学，认同中国人民大学人才培养理念，平时成绩排名原则上为所在中学的前 5%，应届高中毕业。

需要注意的是，从 2023 年高考招生起，往年被专项计划录取后放弃入学资格或退学的考生，不再具有专项计划报考资格。

专项计划的实施区域

国家专项计划、地方专项计划、高校专项计划在各省的具体实施区域不同，以 2023 年三大专项在各省份实施区域为例，下面用表格形式呈现给大家。新疆、西藏地区和港澳台地区暂未查询到 2023 年三大专项计划的相关信息，考生在确认具体实施区域时还需要以当年各省教育考试院相关公告、公示为准。

国家专项计划实施区域

国家专项计划主要面向脱贫地区定向招生，各省实施区域不同，不面向江苏、浙江、广东、北京、天津、上海、山东、福建、辽宁招生。下表向大家展示了有国家专项招生计划省份的部分实施区域（除新疆、西藏及港澳台地区），建议考生报考前以当年教育考试院官网公布的实施区域为准。

省市	国家专项计划
甘肃	永登县、皋兰县、榆中县、靖远县、会宁县、景泰县、清水县、秦安县、甘谷县、武山县、张家川回族自治县、麦积区、古浪县、天祝藏族自治县、崆峒区、泾川县、灵台县、庄浪县、静宁县、庆城县、环县、华池县、合水县、正宁县、宁县、镇原县、安定区、通渭县、陇西县、渭源县、临洮县、漳县、岷县、临夏市、临夏县、康乐县、永靖县、广河县、和政县、东乡族自治县、积石山自治县、武都区、成县、文县、宕昌县、康县、西和县、礼县、徽县、两当县、合作市、临潭县、卓尼县、舟曲县、迭部县、玛曲县、碌曲县、夏河县
陕西	周至县、印台区、耀州区、宜君县、扶风县、陇县、千阳县、麟游县、太白县、永寿县、长武县、淳化县、旬邑县、合阳县、澄城县、蒲城县、白水县、富平县、横山区、绥德县、米脂县、佳县、吴堡县、清涧县、子洲县、定边县、延长县、延川县、宜川县、南郑区、城固县、洋县、西乡县、勉县、宁强县、略阳县、镇巴县、佛坪县、留坝县、汉滨区、旬阳县、紫阳县、汉阴县、石泉县、平利县、白河县、岚皋县、宁陕县、镇坪县、商州区、洛南县、山阳县、丹凤县、商南县、镇安县、柞水县
四川	叙永县、古蔺县、平武县、北川羌族自治县、昭化区、朝天区、剑阁县、旺苍县、青川县、苍溪县、沐川县、马边彝族自治县、仪陇县、阆中市、南部县、嘉陵区、屏山县、广安区、前锋区、万源市、宣汉县、巴州区、平昌县、通江县、南江县、恩阳区、汶川县、理县、茂县、松潘县、九寨沟县、金川县、小金县、黑水县、马尔康市、壤塘县、阿坝县、若尔盖县、红原县、康定市、泸定县、丹巴县、九龙县、雅江县、道孚县、炉霍县、甘孜县、新龙县、德格县、白玉县、石渠县、色达县、理塘县、巴塘县、乡城县、稻城县、得荣县、木里藏族自治县、盐源县、普格县、布拖县、金阳县、昭觉县、喜德县、越西县、甘洛县、美姑县、雷波县
安徽	砀山县、阜南县、霍邱县、金寨县、利辛县、临泉县、灵璧县、潜山市、石台县、寿县、舒城县、泗县、太湖县、望江县、萧县、宿松县、颍东区、颍上县、裕安区、岳西县
河南	兰考县、栾川县、嵩县、洛宁县、汝阳县、宜阳县、鲁山县、滑县、封丘县、范县、台前县、卢氏县、南召县、镇平县、内乡县、淅川县、社旗县、桐柏县、民权县、宁陵县、柘城县、睢县、虞城县、光山县、新县、商城县、固始县、淮滨县、潢川县、淮阳县、沈丘县、太康县、商水县、郸城县、新蔡县、上蔡县、确山县、平舆县

续表

省市	国家专项计划
内蒙古	阿尔山市、科尔沁右翼前旗、科尔沁右翼中旗、扎赉特旗、突泉县、化德县、商都县和兴和县（以上8个旗县为国家确定的集中连片特殊困难旗县）；武川县、阿鲁科尔沁旗、巴林左旗、巴林右旗、林西县、翁牛特旗、喀喇沁旗、宁城县、敖汉旗、科尔沁左翼中旗、科尔沁左翼后旗、库伦旗、奈曼旗、莫力达瓦达斡尔族自治旗、鄂伦春自治旗、卓资县、察哈尔右翼前旗、察哈尔右翼中旗、察哈尔右翼后旗、四子王旗、苏尼特右旗、太仆寺旗和正镶白旗（以上23个旗县为国家确定的国家扶贫开发工作重点旗县）
山西	娄烦县、天镇县、阳高县、广灵县、灵丘县、浑源县、云州区、武乡县、壶关县、平顺县、右玉县、左权县、和顺县、平陆县、神池县、宁武县、五台县、河曲县、静乐县、偏关县、五寨县、保德县、繁峙县、代县、岢岚县、大宁县、永和县、隰县、汾西县、吉县、临县、石楼县、方山县、中阳县、兴县、岚县
湖南	茶陵县、炎陵县、宜章县、汝城县、桂东县、安仁县、新邵县、邵阳县、隆回县、武冈市、洞口县、绥宁县、新宁县、城步苗族自治县、石门县、慈利县、桑植县、安化县、中方县、沅陵县、辰溪县、麻阳苗族自治县、新晃侗族自治县、溆浦县、芷江侗族自治县、通道侗族自治县、会同县、靖州苗族侗族自治县、泸溪县、凤凰县、保靖县、古丈县、永顺县、龙山县、花垣县、平江县、新化县、涟源市、新田县、江华瑶族自治县
海南	五指山市、临高县、保亭黎族苗族自治县、琼中黎族苗族自治县、白沙黎族自治县
江西	修水县、莲花县、赣县区、上犹县、安远县、宁都县、于都县、兴国县、会昌县、寻乌县、石城县、瑞金市、南康区、广信区、横峰县、余干县、鄱阳县、遂川县、万安县、永新县、井冈山市、吉安县、乐安县、广昌县
重庆	酉阳县、秀山县、黔江区、彭水县、石柱县、武隆区、巫山县、巫溪县、城口县、万州区、云阳县、奉节县、开州区、丰都县
河北	赞皇县、灵寿县、行唐县、平山县、青龙满族自治县、大名县、魏县、广宗县、威县、新河县、巨鹿县、平乡县、临城县、涞水县、阜平县、唐县、涞源县、望都县、易县、曲阳县、顺平县、宣化区（仅限原宣化县区域）、万全区、崇礼区、张北县、康保县、沽源县、尚义县、蔚县、阳原县、怀安县、赤城县、涿鹿县赵家蓬区、承德县、平泉市、隆化县、滦平县、丰宁满族自治县、围场满族蒙古族自治县、海兴县、南皮县、盐山县、武强县、饶阳县、武邑县、阜城县
湖北	秭归县、长阳土家族自治县、五峰土家族自治县、恩施市、利川市、建始县、巴东县、宣恩县、咸丰县、来凤县、鹤峰县、十堰市郧阳区、郧西县、竹山县、竹溪县、房县、丹江口市、保康县、孝昌县、大悟县、团风县、红安县、罗田县、英山县、蕲春县、麻城市、阳新县和神农架林区
广西	融安县、融水苗族自治县、三江侗族自治县、龙胜各族自治县、资源县、隆安县、马山县、上林县、田阳区、德保县、靖西市、那坡县、凌云县、

141

续表

省市	国家专项计划
广西	乐业县、田林县、西林县、隆林各族自治县、凤山县、东兰县、罗城仫佬族自治县、环江毛南族自治县、巴马瑶族自治县、都安瑶族自治县、大化瑶族自治县、忻城县、宁明县、龙州县、天等县、大新县、田东县、昭平县、富川瑶族自治县、金秀瑶族自治县、合山市
宁夏	原州区、西吉县、隆德县、泾源县、彭阳县、海原县、同心县、盐池县
青海	西宁市城西区、城东区、城中区、城北区和青海油田以外各考区
黑龙江	龙江县、泰来县、甘南县、富裕县、克东县、拜泉县、林甸县、明水县、青冈县、望奎县、兰西县、延寿县、绥滨县、饶河县、桦南县、桦川县、汤原县、抚远县、同江市、海伦市
吉林	镇赉县、大安市、通榆县、龙井市、和龙市、汪清县、安图县、靖宇县
贵州	正安县、道真县、务川县、凤冈县、湄潭县、桐梓县、习水县、赤水市、余庆县、西秀区、平坝县、普定县、镇宁县、关岭县、紫云县、钟山区、六枝特区、水城县、盘州市、七星关区、大方县、黔西县、织金县、纳雍县、威宁县、赫章县、碧江区、江口县、玉屏县、石阡县、思南县、印江县、德江县、沿河县、松桃县、万山特区、凯里市、黄平县、施秉县、三穗县、镇远县、岑巩县、天柱县、锦屏县、剑河县、台江县、黎平县、榕江县、从江县、雷山县、麻江县、丹寨县、都匀市、荔波县、贵定县、瓮安县、独山县、平塘县、罗甸县、长顺县、龙里县、惠水县、三都县、兴义市、兴仁县、普安县、晴隆县、贞丰县、望谟县、册亨县、安龙县
云南	东川区、禄劝县、寻甸县、昭阳区、鲁甸县、巧家县、盐津县、大关县、永善县、绥江县、镇雄县、彝良县、威信县、宣威市、富源县、罗平县、师宗县、会泽县、双柏县、牟定县、南华县、姚安县、大姚县、永仁县、武定县、屏边县、石屏县、泸西县、元阳县、红河县、金平县、绿春县、文山市、砚山县、西畴县、麻栗坡县、马关县、丘北县、广南县、富宁县、宁洱县、墨江县、景东县、景谷县、镇沅县、江城县、孟连县、澜沧县、西盟县、勐海县、勐腊县、漾濞县、祥云县、宾川县、弥渡县、南涧县、巍山县、永平县、云龙县、洱源县、剑川县、鹤庆县、隆阳区、施甸县、龙陵县、昌宁县、芒市、梁河县、盈江县、陇川县、玉龙县、永胜县、宁蒗县、泸水县、福贡县、贡山县、兰坪县、香格里拉市、德钦县、维西县、临翔区、凤庆县、云县、永德县、镇康县、双江县、耿马县、沧源县

地方专项计划实施区域

地方专项计划定向招收各省（区、市）实施区域的农村学生，下表向大家展示了有关地方专项招生计划省份的部分实施区域（除新疆、西藏及港澳台地区），建议考生报考时以当年教育考试院官网公布的实施区域为准。

省市	地方专项计划
甘肃	面向全省范围内具有甘肃农村户籍的考生
陕西	志丹县、安塞区、吴起县、子长县、延川县、延长县、宜川县、黄龙县、宝塔区、合阳县、大荔县、潼关县、澄城县、白水县、蒲城县、富平县、周至县、印台区、耀州区、宜君县、扶风县、陇县、千阳县、麟游县、太白县、永寿县、长武县、淳化县、旬邑县、横山区、绥德县、米脂县、佳县、吴堡县、清涧县、子洲县、定边县、靖边县、南郑区、城固县、洋县、西乡县、勉县、宁强县、略阳县、镇巴县、佛坪县、留坝县、汉滨区、旬阳县、紫阳县、汉阴县、石泉县、平利县、白河县、岚皋县、宁陕县、镇坪县、商州区、洛南县、山阳县、丹凤县、商南县、镇安县、柞水县
江苏	丰县、沛县、睢宁县、铜山区、贾汪区、新沂市、邳州市、淮安区、淮阴区、洪泽区、涟水县、盱眙县、滨海县、响水县、阜宁县、射阳县、灌云县、灌南县、赣榆区、东海县、沭阳县、泗阳县、泗洪县、宿城区、宿豫区、泰兴市、姜堰区、泰州市医药高新区（高港区）、海陵区、如皋市、海安市、句容市、丹阳市、丹徒区、润州区、金坛区、溧阳市、溧水区
四川	大邑县、邛崃市、仁和区、米易县、盐边县、叙永县、古蔺县、合江县、北川羌族自治县、平武县、盐亭县、梓潼县、江油市、昭化区、朝天区、旺苍县、青川县、剑阁县、苍溪县、利州区、蓬溪县、大英县、东兴区、沐川县、马边彝族自治县、金口河区、峨边彝族自治县、仪陇县、嘉陵区、南部县、营山县、蓬安县、阆中市、屏山县、翠屏区、南溪区、叙州区、江安县、长宁县、高县、珙县、筠连县、兴文县、广安区、前锋区、岳池县、武胜县、邻水县、华蓥市、宣汉县、万源市、通川区、达川区、开江县、大竹县、渠县、巴州区、恩阳区、通江县、南江县、平昌县、雨城区、名山区、荥经县、汉源县、石棉县、天全县、芦山县、宝兴县、青神县、安岳县、汶川县、理县、茂县、松潘县、九寨沟县、金川县、小金县、黑水县、马尔康市、壤塘县、阿坝县、若尔盖县、红原县、康定市、泸定县、丹巴县、九龙县、雅江县、道孚县、炉霍县、甘孜县、新龙县、德格县、白玉县、石渠县、色达县、理塘县、巴塘县、乡城县、稻城县、得荣县、木里藏族自治县、普格县、布拖县、金阳县、昭觉县、喜德县、越西县、美姑县、雷波县、西昌市、盐源县、德昌县、会理县、会东县、宁南县、冕宁县、甘洛县
福建	永泰县、建宁县、清流县、明溪县、泰宁县、宁化县、诏安县、云霄县、平和县、浦城县、光泽县、顺昌县、松溪县、政和县、武平县、长汀县、连城县、霞浦县、古田县、柘荣县、屏南县、周宁县、寿宁县
山西	沁县、沁源县、黎城县、沁水县、陵川县、榆社县、古县、安泽县、浮山县、乡宁县、蒲县、万荣县、闻喜县、垣曲县、夏县、绛县、离石区、柳林县、交口县、交城县、阳曲县、平鲁区、山阴县、应县、孟县、昔阳县

续表

省市	地方专项计划
江西	面向全省范围内具有江西农村户籍的考生
广东	南雄市、乳源瑶族自治县、新丰县、乐昌市、梅江区、梅县区、大埔县、丰顺县、五华县、平远县、蕉岭县、兴宁市、汕尾市城区、陆河县、海丰县、陆丰市、龙川县、连平县、和平县、紫金县、东源县、连山壮族瑶族自治县、连南瑶族自治县、阳山县、连州市、饶平县、揭西县、惠来县、普宁市、惠东县
浙江	淳安县、洞头区、永嘉县、文成县、平阳县、泰顺县、苍南县（含龙港市）、武义县、磐安县、柯城区、衢江区、龙游县、江山市、常山县、开化县、岱山县、嵊泗县、天台县、仙居县、三门县、丽水市莲都区、龙泉市、青田县、云和县、庆元县、缙云县、遂昌县、松阳县、景宁县
北京	只招收户籍和学籍均在城市发展新区和生态涵养发展区（通州区、顺义区、大兴区、昌平区、燕山、房山区、门头沟区、平谷区、怀柔区、密云区、延庆区、经开区）的农村户籍考生
天津	宁河区、武清区、静海区、宝坻区、蓟州区
安徽	砀山县、定远县、凤阳县、阜南县、固镇县、怀远县、霍邱县、界首市、金安区、金寨县、利辛县、临泉县、灵璧县、蒙城县、潜山市、谯城区、石台县、寿县、舒城县、泗县、濉溪县、太和县、太湖县、望江县、涡阳县、五河县、萧县、宿松县、颍东区、颍泉区、颍上县、颍州区、埇桥区、裕安区、岳西县
河南	面向全省范围内具有河南农村户籍的考生
河北	面向全省范围内具有河北农村户籍的考生
海南	面向全省范围内具有海南农村户籍的考生
湖南	面向全省范围内具有湖南农村户籍的考生
重庆	面向全市范围内具有重庆农村户籍的考生
湖北	阳新县、武当山特区、丹江口市、郧阳区、郧西县、竹山县、竹溪县、房县、张湾区、茅箭区、监利市、洪湖市、远安县、兴山县、秭归县、长阳县、五峰县、当阳市、南漳县、保康县、谷城县、孝昌县、大悟县、团风县、红安县、罗田县、英山县、浠水县、蕲春县、麻城市、通城县、崇阳县、通山县、恩施市、利川市、建始县、巴东县、宣恩县、咸丰县、来凤县、鹤峰县、神农架林区
广西	面向全自治区范围内具有广西农村户籍的考生
内蒙古	面向全自治区范围内的农村牧区户籍（含户籍地属农村牧区）
宁夏	自治区所有区域农村户籍
青海	西宁市城西区、城东区、城中区、城北区和青海油田以外各考区的农（牧）业家庭户籍（不含从省外迁入省内的考生）
黑龙江	龙江县、泰来县、甘南县、富裕县、克东县、拜泉县、林甸县、明水县、青冈县、望奎县、兰西县、延寿县、绥滨县、饶河县、桦南县、桦川县、汤原县、抚远县、同江市、海伦市、巴彦县、木兰县、依安县、克山县、

续表

省市	地方专项计划
黑龙江	勃利县、绥棱县、孙吴县、杜尔伯特蒙古族自治县、虎林市、密山市、鸡东县、穆棱市、绥芬河市、东宁县、漠河县、塔河县、呼玛县、爱辉区、逊克县、嘉荫县、萝北县
吉林	面向全省范围内具有吉林农村户籍的考生
辽宁	岫岩县、新宾县、清原县、宽甸县、桓仁县、义县、阜蒙县、彰武县、西丰县、朝阳县、建平县、喀左县、北票市、凌源市、建昌县、康平县、本溪县、凤城市、北镇市（户籍地区范围划定为上述实施区域的农村）
贵州	面向全省范围内具有贵州农村户籍的考生
上海	面向全市范围内具有上海农村户籍的考生
山东	商河县、莱芜区（原莱城区）、沂源县、山亭区、莱阳市、栖霞市、蓬莱区长岛综合试验区、安丘市、临朐县、泗水县、鱼台县、金乡县、嘉祥县、汶上县、梁山县、宁阳县、东平县、岱岳区、新泰市、东昌府区、茌平区、临清市、阳谷县、莘县、东阿县、冠县、高唐县、莒县、五莲县、德城区、陵城区、平原县、夏津县、武城县、乐陵市、临邑县、宁津县、庆云县、齐河县、禹城市、兰山区、罗庄区、河东区、郯城县、兰陵县、莒南县、沂水县、蒙阴县、平邑县、费县、沂南县、临沭县、惠民县、阳信县、牡丹区、定陶区、曹县、成武县、单县、巨野县、郓城县、鄄城县、东明县
云南	东川区、禄劝县、寻甸县、石林县、昭阳区、鲁甸县、巧家县、盐津县、大关县、永善县、绥江县、镇雄县、彝良县、威信县、宣威市、富源县、罗平县、师宗县、会泽县、双柏县、牟定县、南华县、姚安县、大姚县、永仁县、武定县、楚雄市、峨山自治县、新平自治县、元江自治县、屏边县、石屏县、泸西县、元阳县、红河县、金平县、绿春县、河口县、文山市、砚山县、西畴县、麻栗坡县、马关县、丘北县、广南县、富宁县、宁洱县、墨江县、景东县、景谷县、镇沅县、江城县、孟连县、澜沧县、西盟县、思茅区、勐海县、勐腊县、景洪市、漾濞县、祥云县、宾川县、弥渡县、南涧县、巍山县、永平县、云龙县、洱源县、剑川县、鹤庆县、大理市、隆阳区、施甸县、龙陵县、昌宁县、腾冲县、芒市、梁河县、盈江县、陇川县、瑞丽市、玉龙县、永胜县、宁蒗县、古城区、泸水县、福贡县、贡山县、兰坪县、香格里拉市、德钦县、维西县、临翔区、凤庆县、云县、永德县、镇康县、双江县、耿马县、沧源县

高校专项计划实施区域

高校专项计划主要面向脱贫地区定向招生，各省实施区域不同，不面向北京、天津、上海招生。下表向大家展示了有关高校专项招生计划省份的部分实施区域（除新疆、西藏及港澳台地区），建议考生报考时以当年教育考试院官网公布的实施区域为准。

省市	高校专项计划
甘肃	永登县、皋兰县、榆中县、靖远县、会宁县、景泰县、清水县、秦安县、甘谷县、武山县、张家川回族自治县、麦积区、古浪县、天祝藏族自治县、崆峒区、泾川县、灵台县、庄浪县、静宁县、庆城县、环县、华池县、合水县、正宁县、宁县、镇原县、安定区、通渭县、陇西县、渭源县、临洮县、漳县、岷县、临夏市、临夏县、康乐县、永靖县、广河县、和政县、东乡族自治县、积石山自治县、武都区、成县、文县、宕昌县、康县、西和县、礼县、徽县、两当县、合作市、临潭县、卓尼县、舟曲县、迭部县、玛曲县、碌曲县、夏河县、肃北蒙古族自治县、阿克塞哈萨克族自治县、肃南裕固族自治县
陕西	延川县、延长县、宜川县、黄龙县、宝塔区、合阳县、大荔县、潼关县、澄城县、白水县、蒲城县、富平县、周至县、印台区、耀州区、宜君县、扶风县、陇县、千阳县、麟游县、太白县、永寿县、长武县、淳化县、旬邑县、横山县、绥德县、米脂县、佳县、吴堡县、清涧县、子洲县、定边县、靖边县、南郑区、城固县、洋县、西乡县、勉县、宁强县、略阳县、镇巴县、佛坪县、留坝县、汉滨区、旬阳县、紫阳县、汉阴县、石泉县、平利县、白河县、岚皋县、宁陕县、镇坪县、商州区、洛南县、山阳县、丹凤县、商南县、镇安县、柞水县
江苏	丰县、沛县、睢宁县、铜山区、贾汪区、新沂市、邳州市、淮安区、淮阴区、洪泽区、涟水县、盱眙县、滨海县、响水县、阜宁县、射阳县、灌云县、灌南县、赣榆区、东海县、沭阳县、泗阳县、泗洪县、宿城区、宿豫区、泰兴市、姜堰区、泰州市医药高新区（高港区）、海陵区、如皋市、海安市、句容市、丹阳市、丹徒区、润州区、金坛区、溧阳市、溧水区
四川	大邑县、邛崃市、仁和区、米易县、盐边县、叙永县、古蔺县、合江县、北川羌族自治县、平武县、盐亭县、梓潼县、江油市、昭化区、朝天区、旺苍县、青川县、剑阁县、苍溪县、利州区、蓬溪县、大英县、东兴区、沐川县、马边彝族自治县、金口河区、峨边彝族自治县、仪陇县、嘉陵区、

续表

省市	高校专项计划
四川	南部县、营山县、蓬安县、阆中市、屏山县、翠屏区、南溪区、叙州区、江安县、长宁县、高县、珙县、筠连县、兴文县、广安区、前锋区、岳池县、武胜县、邻水县、华蓥市、宣汉县、万源市、通川区、达川区、开江县、大竹县、渠县、巴州区、恩阳区、通江县、南江县、平昌县、雨城区、名山区、荥经县、汉源县、石棉县、天全县、芦山县、宝兴县、青神县、安岳县、汶川县、理县、茂县、松潘县、九寨沟县、金川县、小金县、黑水县、马尔康市、壤塘县、阿坝县、若尔盖县、红原县、康定市、泸定县、丹巴县、九龙县、雅江县、道孚县、炉霍县、甘孜县、新龙县、德格县、白玉县、石渠县、色达县、理塘县、巴塘县、乡城县、稻城县、得荣县、木里藏族自治县、普格县、布拖县、金阳县、昭觉县、喜德县、越西县、美姑县、雷波县、西昌市、盐源县、德昌县、会理县、会东县、宁南县、冕宁县、甘洛县
广东	南雄市、乳源瑶族自治县、新丰县、乐昌市、梅江区、梅县区、大埔县、丰顺县、五华县、平远县、蕉岭县、兴宁市、汕尾市城区、陆河县、海丰县、陆丰市、龙川县、连平县、和平县、紫金县、东源县、连山壮族瑶族自治县、连南瑶族自治县、阳山县、连州市、饶平县、揭西县、惠来县、普宁市、惠东县
安徽	砀山县、定远县、凤阳县、阜南县、固镇县、怀远县、霍邱县、界首市、金安区、金寨县、利辛县、临泉县、灵璧县、蒙城县、潜山市、谯城区、石台县、寿县、舒城县、泗县、濉溪县、太和县、太湖县、望江县、涡阳县、五河县、萧县、宿松县、颍东区、颍泉区、颍上县、颍州区、埇桥区、裕安区、岳西县
河南	兰考县、栾川县、嵩县、洛宁县、汝阳县、宜阳县、伊川县、鲁山县、叶县、滑县、内黄县、封丘县、原阳县、范县、台前县、濮阳县、舞阳县、卢氏县、南召县、镇平县、内乡县、淅川县、社旗县、桐柏县、方城县、民权县、宁陵县、柘城县、睢县、虞城县、夏邑县、光山县、新县、商城县、固始县、淮滨县、潢川县、罗山县、息县、淮阳县、沈丘县、太康县、商水县、郸城县、西华县、扶沟县、新蔡县、上蔡县、确山县、平舆县、泌阳县、正阳县、汝南县
内蒙古	土默特左旗、托克托县、和林格尔县、清水河县、武川县、石拐区、白云鄂博矿区、土默特右旗、固阳县、达尔罕茂明安联合旗、阿鲁科尔沁旗、巴林左旗、巴林右旗、林西县、克什克腾旗、翁牛特旗、喀喇沁旗、宁城县、敖汉旗、满洲里市、扎兰屯市、牙克石市、根河市、额尔古纳市、阿荣旗、莫力达瓦达斡尔族自治旗、鄂伦春自治旗、鄂温克族自治旗、新巴尔虎右旗、新巴尔虎左旗、陈巴尔虎旗、阿尔山市、科尔沁右翼前旗、科尔沁右翼中旗、扎赉特旗、突泉县、霍林郭勒市、科尔沁左翼中旗、科尔沁左翼后旗、开鲁县、库伦旗、奈曼旗、扎鲁特旗、二连浩特市、阿巴嘎旗、苏尼特左旗、苏尼特右旗、东乌珠穆沁旗（含乌拉盖管理区）、西乌珠穆沁旗、太仆寺旗、镶黄旗、正镶白旗、正蓝旗、多伦县、丰镇市、卓资县、化德县、商都县、

续表

省市	高校专项计划
内蒙古	兴和县、凉城县、察哈尔右翼前旗、察哈尔右翼中旗、察哈尔右翼后旗、四子王旗、达拉特旗、准格尔旗、鄂托克前旗、鄂托克旗、杭锦旗、乌审旗、伊金霍洛旗、五原县、磴口县、乌拉特前旗、乌拉特中旗、乌拉特后旗、杭锦后旗、阿拉善左旗、阿拉善右旗和额济纳旗
青海	西宁市城西区、城东区、城中区、城北区和青海油田以外各考区的农（牧）业家庭户籍
福建	连江县（含小沧畲族乡）、罗源县（含霍口畲族乡）、福清市、长乐区、闽侯县、闽清县、永泰县、同安区、翔安区、芗城区、平和县、诏安县、漳浦县（含赤岭畲族乡、湖西畲族乡）、云霄县、南靖县、龙海区（含隆教畲族乡）、长泰区、华安县、漳州台商投资区、泉港区、安溪县、南安市、永春县、德化县、惠安县、晋江市、石狮市、泉州台商投资区（含百崎回族乡）、三元区（含原梅列区、三元区）、沙县区、宁化县（含治平畲族乡）、清流县、明溪县、建宁县、泰宁县、将乐县、大田县、永安市（含青水畲族乡）、尤溪县、荔城区、秀屿区、城厢区、涵江区、仙游县、建阳区、延平区、武夷山市、邵武市、建瓯市、光泽县、浦城县、政和县、松溪县、顺昌县、新罗区、永定区、长汀县、上杭县（含庐丰畲族乡、官庄畲族乡）、连城县、武平县、漳平市、蕉城区（含金涵畲族乡）、福安市（含坂中畲族乡、穆云畲族乡、康厝畲族乡）、福鼎市（含硖门畲族乡、佳阳畲族乡）、寿宁县、霞浦县（含水门畲族乡、盐田畲族乡、崇儒畲族乡）、柘荣县、屏南县、古田县、周宁县、平潭县
山西	娄烦县、天镇县、阳高县、广灵县、灵丘县、浑源县、云州区、武乡县、壶关县、平顺县、右玉县、左权县、和顺县、平陆县、神池县、宁武县、五台县、河曲县、静乐县、偏关县、五寨县、保德县、繁峙县、代县、岢岚县、大宁县、永和县、隰县、汾西县、吉县、临县、石楼县、方山县、中阳县、兴县、岚县、沁县、沁源县、沁水县、陵川县、榆社县、古县、安泽县、浮山县、乡宁县、蒲县、万荣县、闻喜县、垣曲县、夏县、离石区、柳林县、交口县、阳曲县、平鲁区、山阴县、昔阳县、交城县
辽宁	岫岩县、新宾县、清原县、宽甸县、桓仁县、义县、阜蒙县、彰武县、西丰县、朝阳县、建平县、喀左县、北票市、凌源市、建昌县、康平县、本溪县、凤城市、北镇市（户籍地区范围划定为上述实施区域的农村）
湖南	茶陵县、炎陵县、祁东县、武冈市、新邵县、邵阳县、隆回县、洞口县、绥宁县、新宁县、城步苗族自治县、平江县、石门县、安化县、宜章县、汝城县、桂东县、安仁县、武陵源区、永定区、慈利县、桑植县、涟源市、新化县、双峰县、鹤城区、洪江区、洪江市、中方县、沅陵县、辰溪县、会同县、麻阳苗族自治县、新晃侗族自治县、溆浦县、芷江侗族自治县、通道侗族自治县、靖州苗族侗族自治县、江华瑶族自治县、新田县、宁远县、江永县、双牌县、吉首市、泸溪县、凤凰县、保靖县、古丈县、永顺县、龙山县、花垣县
海南	五指山、临高、保亭、琼中、白沙、陵水、昌江、乐东、东方等市县及琼海市的会山镇，万宁市的长丰镇、礼纪镇、南桥镇、三更罗镇和北大镇，屯昌县的南坤镇，儋州市的兰洋镇、南丰镇、雅星镇等少数民族聚居镇

续表

省市	高校专项计划
江西	修水县、都昌县、莲花县、安源区、芦溪县、新余市全域2个县（区）、余江区、贵溪市、赣州市全域18个县（市、区）、袁州区、樟树市、广信区、横峰县、余干县、鄱阳县、铅山县、弋阳县、广丰区、吉安市全域13个县（市、区）、乐安县、广昌县、南城县、黎川县、南丰县、崇仁县、宜黄县、金溪县、资溪县
浙江	淳安县、洞头区、永嘉县、文成县、平阳县、泰顺县、苍南县（含龙港市）、武义县、磐安县、柯城区、衢江区、龙游县、江山市、常山县、开化县、岱山县、嵊泗县、天台县、仙居县、三门县、丽水市莲都区、龙泉市、青田县、云和县、庆元县、缙云县、遂昌县、松阳县、景宁县
河北	赞皇县、灵寿县、行唐县、平山县、青龙满族自治县、大名县、魏县、广平县、馆陶县、鸡泽县、肥乡区、涉县、广宗县、威县、新河县、巨鹿县、平乡县、临城县、南和县、任泽区、内丘县、临西县、涞水县、阜平县、唐县、涞源县、望都县、易县、曲阳县、顺平县、博野县、宣化区（仅限原宣化县区域）、万全区、崇礼区、张北县、康保县、沽源县、尚义县、蔚县、阳原县、怀安县、赤城县、涿鹿县、承德县、平泉市、隆化县、滦平县、丰宁满族自治县、围场满族蒙古族自治县、宽城满族自治县、兴隆县、海兴县、南皮县、盐山县、献县、东光县、吴桥县、孟村回族自治县、肃宁县、武强县、饶阳县、武邑县、阜城县、故城县、枣强县、大厂回族自治县
重庆	酉阳县、秀山县、黔江区、彭水县、石柱县、武隆区、巫山县、巫溪县、城口县、万州区、云阳县、奉节县、开州区、丰都县、涪陵区、忠县、潼南区、南川区、垫江县、梁平区
湖北	阳新县、武当山特区、丹江口市、郧阳区、郧西县、竹山县、竹溪县、房县、张湾区、茅箭区、监利市、洪湖市、远安县、兴山县、秭归县、长阳县、五峰县、当阳市、南漳县、保康县、谷城县、孝昌县、大悟县、团风县、红安县、罗田县、英山县、浠水县、蕲春县、麻城市、通城县、崇阳县、通山县、恩施市、利川市、建始县、巴东县、宣恩县、咸丰县、来凤县、鹤峰县、神农架林区
广西	融安县、融水苗族自治县、三江侗族自治县、龙胜各族自治县、资源县、隆安县、马山县、上林县、百色市田阳区、德保县、靖西市、那坡县、凌云县、乐业县、田林县、西林县、隆林各族自治县、凤山县、东兰县、罗城仫佬族自治县、环江毛南族自治县、巴马瑶族自治县、都安瑶族自治县、大化瑶族自治县、忻城县、宁明县、龙州县、天等县、大新县、田东县、昭平县、富川瑶族自治县、金秀瑶族自治县、合山市、金城江区、蒙山县、钟山县、武宣县、灌阳县、天峨县、博白县、苍梧县、藤县、桂平市、兴业县、右江区、八步区、邕宁区、上思县、陆川县、恭城瑶族自治县
宁夏	永宁县、贺兰县、灵武市、大武口区星海镇、惠农区、平罗县、利通区、青铜峡市、同心县、盐池县、红寺堡区、原州区、西吉县、隆德县、泾源县、彭阳县、沙坡头区、中宁县、海原县

续表

省市	高校专项计划
黑龙江	龙江县、泰来县、甘南县、富裕县、克东县、拜泉县、林甸县、明水县、青冈县、望奎县、兰西县、延寿县、绥滨县、饶河县、桦南县、桦川县、汤原县、抚远县、同江市、海伦市、巴彦县、木兰县、依安县、克山县、勃利县、绥棱县、孙吴县、杜尔伯特蒙古族自治县、虎林市、密山市、鸡东县、穆棱市、绥芬河市、东宁县、漠河县、塔河县、呼玛县、爱辉区、逊克县、嘉荫县、萝北县
吉林	镇赉县、大安市、通榆县、延吉市、龙井市、和龙市、安图县、敦化市、汪清县、图们市、珲春市、靖宇县、伊通县、长白县、前郭县
贵州	省内80个县（市、区、特区，除贵阳市云岩区、南明区、花溪区、乌当区、白云区、观山湖区，遵义市汇川区、红花岗区）的农村区域
山东	商河县、莱芜区、沂源县、山亭区、莱阳市、栖霞市、蓬莱区长岛综合试验区、安丘市、临朐县、泗水县、鱼台县、金乡县、嘉祥县、汶上县、梁山县、宁阳县、东平县、岱岳区、新泰市、东昌府区、茌平区、临清市、阳谷县、莘县、东阿县、冠县、高唐县、莒县、五莲县、德城区、陵城区、平原县、夏津县、武城县、乐陵市、临邑县、宁津县、庆云县、齐河县、禹城市、兰山区、罗庄区、河东区、郯城县、兰陵县、莒南县、沂水县、蒙阴县、平邑县、费县、沂南县、临沭县、惠民县、阳信县、牡丹区、定陶区、曹县、成武县、单县、巨野县、郓城县、鄄城县、东明县
云南	东川区、禄劝县、寻甸县、石林县、昭阳区、鲁甸县、巧家县、盐津县、大关县、永善县、绥江县、镇雄县、彝良县、威信县、宣威市、富源县、罗平县、师宗县、会泽县、双柏县、牟定县、南华县、姚安县、大姚县、永仁县、武定县、楚雄市、峨山自治县、新平自治县、元江自治县、屏边县、石屏县、泸西县、元阳县、红河县、金平县、绿春县、河口县、文山市、砚山县、西畴县、麻栗坡县、马关县、丘北县、广南县、富宁县、宁洱县、墨江县、景东县、景谷县、镇沅县、江城县、孟连县、澜沧县、西盟县、思茅区、勐海县、勐腊县、景洪市、漾濞县、祥云县、宾川县、弥渡县、南涧县、巍山县、永平县、云龙县、洱源县、剑川县、鹤庆县、大理市、隆阳区、施甸县、龙陵县、昌宁县、腾冲县、芒市、梁河县、盈江县、陇川县、瑞丽市、玉龙县、永胜县、宁蒗县、古城区、泸水县、福贡县、贡山县、兰坪县、香格里拉市、德钦县、维西县、临翔区、凤庆县、云县、永德县、镇康县、双江县、耿马县、沧源县

150

哪些高校有专项计划招生资格？

国家专项计划招生院校，主要是中央部门所属高校和各省（区、市）所属重点高校。

地方专项计划的招生院校，一般为各省（区、市）所属重点高校。

高校专项计划招生院校共有95所，为教育部直属高校和其他自主招生试点高校。

以下给大家整理了有高校专项计划招生资格的高校。[1]

省市	教育部直属高校	其他高校
北京	北京大学、清华大学、中国人民大学、北京交通大学、北京科技大学、北京化工大学、北京邮电大学、中国农业大学、中国政法大学、华北电力大学、北京林业大学、北京中医药大学、北京师范大学、北京外国语大学、北京语言大学、中国传媒大学、中央财经大学、对外经济贸易大学、中国矿业大学（北京）、中国石油大学(北京)、中国地质大学(北京)	北京航空航天大学、北京理工大学、北京工业大学
天津	南开大学、天津大学	—
上海	复旦大学、同济大学、上海交通大学、华东理工大学、东华大学、华东师范大学、上海外国语大学、上海财经大学	上海大学
江苏	南京大学、东南大学、中国矿业大学、河海大学、江南大学、南京农业大学、中国药科大学	南京航空航天大学、南京理工大学、苏州大学、南京师范大学
浙江	浙江大学	—
安徽	合肥工业大学	中国科学技术大学

---

[1] 此信息参考源为阳光高考网2023年高校专项计划专题。

续表

省市	教育部直属高校	其他高校
福建	厦门大学	福州大学
河南	—	郑州大学
山东	山东大学、中国海洋大学、中国石油大学（华东）	—
辽宁	大连理工大学、东北大学	大连海事大学
吉林	吉林大学、东北师范大学	—
黑龙江	东北林业大学	哈尔滨工业大学、哈尔滨工程大学、黑龙江大学
湖北	武汉大学、华中科技大学、中国地质大学（武汉）、武汉理工大学、华中农业大学、华中师范大学、中南财经政法大学	—
湖南	湖南大学、中南大学	湖南师范大学
广东	中山大学、华南理工大学	—
广西	—	广西大学
重庆	重庆大学、西南大学	西南政法大学
四川	四川大学、西南交通大学、电子科技大学、西南财经大学	四川农业大学
陕西	西安交通大学、西安电子科技大学、长安大学、西北农林科技大学、陕西师范大学	西北大学、西北工业大学
甘肃	兰州大学	—
贵州	—	贵州大学
云南	—	云南大学

三大专项的对比

虽然统称为专项计划，但三大专项还是有很多不同之处的，而且不同省份的要求也可能有所偏差，以下是结合了大部分省份的情况，从三大专项的实施区域、报考要求、户口要求、院校层次、报考方式几个角度做了对比总结。

对比	国家专项计划	地方专项计划	高校专项计划
实施区域	面向脱贫地区定向招生	定向招收各省(区、市)实施区域的农村学生	招收边远、贫困、民族等地区县（含县级市）以下高中勤奋好学、成绩优良的农村学生，具体实施区域由有关省（区、市）确定
（大部分省份）报考要求	①符合统一高考报名条件；②本人具有实施区域当地连续3年以上户籍，其父亲或母亲或法定监护人具有当地户籍；③本人具有户籍所在县高中连续3年学籍并实际就读	报考条件由各省（区、市）根据本地实际情况确定	①符合统一高考报名条件；②本人及父亲或母亲或法定监护人户籍地在实施区域的农村，本人具有当地连续3年以上户籍；③本人具有户籍所在县高中连续3年学籍并实际就读；④有关高校在此基础上提出其他报考要求并在招生简章中明确，确保优惠政策惠及农村学生
是否要求农村户口	否	是	是
院校层次	中央部门高校和各省（区、市）所属重点高校	一般是省属重点大学	教育部直属72所+其他地方高校23所
报考方式	高考志愿填报时在对应批次填写意向院校	高考志愿填报时在对应批次填写意向院校	每年3月底4月初在"阳光高考"上统一向院校提交相关申请材料，审核通过后在对应批次填写院校

本章关于三大专项的相关政策及信息汇总主要参考各省教育考试院官方网站，部分省份可能对学生本人的户籍学籍年限要求有所不同，关于报考条件的问题，建议大家在报考前仔细阅读各省当年关于三大专项的最新文件。

常见问题

1. 报了专项计划的学生和统招的学生在培养上有什么区别吗？就业会不会受歧视？毕业证有无区别或特殊备注？

两者在培养方式上没有区别，只不过专项计划的专业数量相较于统招专业来说较少，所以学生报考时要看学校给的专业是不是自己的目标专业。专项计划录取的学生和统招的学生在一起上课，两者的毕业证书没有任何区别，就业时更不会被歧视。

2. 高校专项计划、地方专项计划和国家专项计划需要考生单独报名吗？

高校专项计划需要考生在阳光高考平台单独报名，部分学校需要考生参加校测。国家专项计划和地方专项计划只需要考生在填报对应批次志愿时选择对应的院校即可，不用再单独填报志愿。

3. 综合评价、强基计划、专项计划能同时报考吗？

综合评价、强基计划和专项计划属于不同类型的招生计划，三者互不冲突，符合报名条件的考生可以同时报名。

需要注意的是，在江苏省，综合评价分为 A 类和 B 类，高校专项计划是不可以和 B 类综合评价同时报考的，但地方专项计划可以和综合评价同时报考。

4. 专项计划录取后能转专业吗？

被专项计划录取后，该生和高考统招考生在转专业政策上没有不同。具体转专业政策看各院校要求。

总结

专项计划是多元化升学的路径，对于符合条件的学生来讲，可以达到被降分录取的目的，但是一定要看清学校所给专业和相关的报考条件，不要盲目报考。专项计划对于学生来说多了一条升学的途径，不过部分省份的专项计划和其他提前批次的招生计划可能会有冲突，所以家长和考生一定要多方面比较，选择最适合自己的一条道路。

第九章 联合培养

探索不同的教育方式

导语

在高考志愿填报过程中，一些独特标注的字眼经常会出现在招生计划里，如"中外合作""校企合作""嵌入式""高职联合培养""协同培养"等，这些都属于联合培养模式。联合培养是一种独特的教学模式，学生通过学校与企业、外方等合作，在完成学业的同时，还有机会提升自己的综合素质。当然，鉴于联合培养模式众多，大家在填报时还需要考量自身的实际情况进行选择，以下就给大家介绍一下最为常见的联合培养模式。

本科阶段联合培养的主要类型

本科阶段的联合培养主要以"院校—院校"和"校园—企业"的合作模式为主,后文给大家做简单的分类介绍。

院校间的联合培养

院校间的联合培养主要分为两类:

第一类是高职专科院校与本科院校联合培养。由本科院校制订培养方案,学生在高职院校生活和学习,这种模式在部分省份叫协同培养;

第二类是中外联合培养。主要分为中外合作办学学校和中外合作办学专业,其中中外合作办学专业中还有部分是属于中外学分互认联合培养。

关于中外联合培养的详细介绍可在"中外合作办学"一章查找。

校园与企业联合培养

校园企业双导师制培养模式,常见标注字眼有"校企合作""与××公司联合培养"等,部分院校的联合培养班级常冠以企业的名字。例如南京信息工程大学的"计算机科学与技术(腾讯实验班)""通信工程(华为实验班)""软件工程(海康威视实验班)""信息安全(奇安信实验班)""供应链管理（京东实验班）"等。

哪些省份可以报联合培养？

高职专科院校与本科院校联合培养

目前，在江苏、山东、广东、浙江、湖北、安徽等省有相应的高职专科院校与本科院校联合培养模式，列入统招招生计划。例如南京审计大学与江苏财会职业学院联合培养的审计学专业、江苏理工学院与江苏财会职业学院联合培养的会计学专业等。具体的高职联合培养本科专业在各个省份和学校之间可能会有一些差异。

中外联合培养

中外联合培养是中外高校合作的项目，大部分省份或多或少有一些学校开设了中外合作联合培养项目。具体名单可以参考"中外合作办学"一章。

校园与企业联合培养

校园与企业联合培养在中国的许多省份有推行，在北京、上海、广东、江苏、浙江、山东等省较为常见。需要注意的是，校企合作模式在不同省份和高校之间可能会有一些差异，具体的校企合作项目和合作企业也会因地区和高校而有所不同。

关于联合培养政策,建议考生和家长在报考前咨询高校的招生部门或相关负责人,以获取更准确的信息。

联合培养的优势与局限

高职专科院校与本科院校联合培养

此培养模式的优势在于这是"低分高就"的好机会,学生能够以较低的分数读到层次更高的学校的对应专业。比如,2022年江苏理工大学与江苏财会职业学院联合培养的会计学专业在江苏省历史组的最低录取分为502分/36011位次,而江苏理工大学非高职联合培养的会计学专业2022年历史组的最低录取分为520分/25298位次,两者相差1万多位。由此可以看出,学生通过高职专科院校与本科院校联合培养可以在降很多分的情况下拿到同一所学校的文凭。

此培养模式的局限在于毕竟是在高职院校培养,学习氛围和教学资源是比不上本科学校的。而且,现在越来越多的高职与本科联合培养开始在毕业证上标注培养模式,用人单位可能会对这类学历存在疑虑。想通过这个途径"捡漏"的考生一定要在招生简章中将毕业证标注的问题查询清楚!

中外联合培养

此培养模式下的课程设置通常会借鉴国外高校的课程体系和教学方法，注重培养学生的实践能力和国际竞争力。由于得到了国外高校的支持和经验，因此中外合办专业的课程设置可能更加贴合国际标准和市场需求，那将来想走国内考研升学路线的考生需要慎重考虑。中外合作办学可以让考生以低分读到一些高层次的学校，但学费可能较高。因为需要支付国外高校的教学资源和合作费用，所以这种培养模式更加适合将来有出国深造想法的学生。在绝大多数情况下，"中外合作办学"字样在毕业证上不会单独标注，但是部分学校会标注合作方学院名称，所以考生一定要仔细阅读相应学校的招生简章。

以 2023 年南京信息工程大学为例，该校的软件工程专业在江苏省的最低录取分为 606 分 / 28267 位次，软件工程（中外合作办学）专业在江苏省的最低录取分为 590 分 / 40321 位次，位次足足差了 12000 位左右；该校的电气工程及其自动化专业在江苏省的最低录取分为 605 分 / 28961 位次，电气工程及其自动化（中外合作办学）专业在江苏省的最低录取分为 587 分 / 42827 位次，位次相差 13000 位左右。

校园与企业联合培养

这种培养模式注重实践教学，学生将有更多机会接触实际工作场景，培养实践能力和职业素养。校企合作的专业通常与企业或机构有紧密合作关系，学生毕业后就业机会可能更多，更容易找到与专业对口的工作。校企合作模式注重培养适应市场需求的人才，学生在学习过程中会更加贴近实际职业要求，提高就业竞争力。但这种模式可能相对缺乏一些学术深度和理论知识的学习，对于注重学术研究和想深造的学生来说，可能会觉得不能满足需求，理论上会对考研升学有一定影响。

关于联合培养的几种模式的优势与局限详见下表。

	中外联合培养	高职与本科联合培养	校企合作
优势	以更低分取得同一所学校的学历、学位证		
局限	学费高，不利于国内考研	部分毕业证有标注，不利于考研，用人单位可能有疑虑	不利于考研

总结

联合培养模式是一个比较宽泛的概念，简单理解就是双方或多方合作培养的模式，在本科阶段大致又可以分为院校与院校间和校园与企业间的联合培养。因为各种模式的联合培养各有利弊，所以考生在报考之前一定要充分考量自身的实际情况和最终的目的，千万不要盲目跟风。报考前在涉及一些联合培养项目细节问题时，可以与院校招生办公室取得联系，详细咨询。

第十章 中外合作办学

用财力弥补实力

导语

经济全球化给世界各国的高等教育带来了新一轮的机遇，国际化成为世界高等教育发展的时代潮流。中国高等教育改革沿着国际化方向不断深入，中外合作办学是中国高等教育国际化的重要成果。家长和考生在志愿填报的过程中，会发现高校中有很多中外合作办学的形式，其中涉及了院校层次的提升，以及高昂的学费和独特的培养方式，这就导致了很多家长和考生犹豫不决，不知道如何选择。

本章将从中外合作办学的办学模式、区别、优势与局限、培养方式等几个方面展开解读。

什么是中外合作办学？

中外合作办学指外国法人组织、个人，以及有关国际组织同中国具有法人资格的教育机构及其他社会组织，在中国境内合作举办以中国公民为主要招生对象的教育机构，实施教育、教学的活动。

中外合作办学有哪几种模式？

中外合作办学一般分为具有独立法人资格的中外合作办学机构和不具备独立法人资格的中外合作办学项目，两者在费用及未来发展方向上略有不同。

这两种模式一般被通俗地称为中外合作办学学校和中外合作办学专业，也就是联合培养一章中提及的中外联合培养模式。

中外合作办学学校（具有独立法人资格）

该模式的中外合作大学在全国有以下 10 所（含依据《中外合作办学条例》及其实施办法批准设立和举办的内地与港澳台地区合作办学机构）：西交利物浦大学、昆山杜克大学、宁波诺丁汉大学、广东以色列理工学院、上海纽约大学、温州肯恩大学、香港中文大学（深圳）、北京师范大学–香港浸会大学联合国际学院、深圳北理莫斯科大学、香港科技大学（广州）。

上述中外合办学校中热度较高的，如西交利物浦大学、昆山杜克大学、宁波诺丁汉大学、上海纽约大学等，这些学校的招生政策各不相同，对英语高考单科成绩的要求也不太一样，有些在提前批次和普通批次都有招生，有些则只在提前批次招生，学生进入大学后的专业分流和培养模式也各有不同，感兴趣的家长和考生可以关注学校官网。

中外合作办学专业（不具有独立法人资格）

1. 中外合作办学专业

中外合作办学专业也是目前最常见的合作方式。例如，兰州大学与德雷塞尔大学中外合作办学项目（计算机科学与技术）、北京邮电大学与英国伦敦玛丽女王大学中外合作项目（电信工程及管理专业）等，一般有"2+2""3+1""4+0"的模式（前面数字代表国内学习时长，后面数字代表出国学习时长）。

2. 中外学分互认联合培养项目

中外学分互认联合培养是指学生所得学分可以在中外双方院校互相转换成彼此的学分，学生达到双方院校的学分要求就可以取得对应的学位证。该项目是由江苏省教育厅发起的双学位项目，外方以美国、澳大利亚的院校为主，于2023年新增了英国、芬兰的院校。江苏省的中外学分互认联合培养项目见下表：

江苏高校	培养模式		外方高校	专业
南京师范大学	2+2	澳	麦考瑞大学	财务管理、会计学
	2+2	澳	昆士兰大学	计算机科学与技术
	1+2+1	美	塞勒姆州立大学	英语
	1+2+1	美	乔治梅森大学	行政管理
江苏大学	2+2	澳	麦考瑞大学	金融学
	2+2	澳	昆士兰大学	计算机科学与技术、电气工程及其自动化
	2+2	澳	新南威尔士大学	新能源科学与工程
	1+2+1	美	北亚利桑那大学	英语
	1+2+1	美	北亚利桑那大学	信息管理与信息系统
	1+2.5+0.5	美	北亚利桑那大学	车辆工程
南通大学	2+2	澳	麦考瑞大学	翻译
	2+2	澳	昆士兰大学	软件工程
	1+2+1	美	北阿拉巴马大学	会计学
扬州大学	1+2+1	美	乔治梅森大学	翻译
	1+2+1	美	北阿拉巴马大学	资源环境科学
江苏第二师范学院	2+2	英	邓迪大学	财务管理
苏州城市学院	1+2+1	美	北亚利桑那大学	金融学、英语
	1+2+1	美	鲍尔州立大学	新闻学
常熟理工学院	1.5+2+0.5	美	威斯康星大学欧克莱尔分校	经济与金融、软件工程、材料科学与工程
	1.5+2+0.5	美	南伊利诺伊大学爱德华慈维尔分校	机器人工程
	1.5+2+0.5	美	威斯康星大学斯托特分校	食品质量与安全
	1.5+2+0.5	芬	坦佩雷应用科技大学	应用化学
江苏理工学院	1+2+1	美	特洛伊大学	金融学
常州工学院	1.5+2+0.5	美	威斯康星大学欧克莱尔分校	商务英语

中外合作办学学校和中外合作办学专业的区别

第一是学费不同。以外方为主的中外合作办学学费略高，每年学费普遍超过 10 万元，而以中方为主的中外合作办学，学费一般是不会超过 10 万元的。

第二是研究生阶段不同。中外合作办学学校读研是在国外读的，因为其课程设置和培养方案就是为出国读研而打造的，再想考国内的研究生，难度相当大。如果想在国内读研，尽量在报考中外合作办学专业时选择"4+0"模式。

总而言之，家里经济条件不错的学生可以考虑中外合作办学，有出国打算的，可以直接去中外合作办学学校；仅仅是想通过中外合作办学拔高院校层次但不打算出国读研或者想继续留在国内升学的话，尽量选"4+0"模式的中外合作办学专业；想本科毕业就业的，可以优先考虑中外合作办学专业。对于这类学生而言，中外合作办学学校的性价比就不是很高了。

中外合作办学的优势与局限

优势

中外合作办学主要有四个优势。

第一是低分高就。

一般来说，中外合作模式下的专业要比非中外合作模式的同类专业录取分数低很多。前文已经通过南京信息工程大学的录取案例说明了。

第二是拥有国际化教育资源。

中外合作办学获得了国外高校的教育资源和经验，能为学生提供更高质量的教育。

第三是拥有国际视野和竞争力。

中外合作办学培养出的学生具备国际化的视野和竞争力，在全球化时代更有优势。

第四是拥有更多就业机会。

中外合作办学的学生具备国际化背景和经验，英语能力相对更强，有开放性思维，跟国内非中外合办专业的学生相比，在国内外跨国公司或国际组织就业的机会更多。

局限

学生和家长也需要注意中外合作办学的局限性。

第一是学费较高。

正常中外合作办学专业一年学费都在 4 万—6 万元，而中外合作办学学校一年学费可高达 10 万元。

第二是存在学术文化冲突。

中外合作办学需要学生适应不同的学术文化和教学方法，可能存在适应困难的问题。

第三是学位认可度不一。

尽管中外合办专业的学位由国内高校颁发，但在国际认可程度上可能因专业和合作高校的不同而有差异，具体外方院校实力如何还需家长和考生亲自查询考证。

中外合办专业的学生和统招的学生在培养上的区别

与统招的专业相比，中外合办专业在课程设置、教学模式、学位认可和就业竞争力上与统招专业还是存在一些区别的。

第一，在课程设置上，中外合办专业通常会借鉴国外高校的课程体系和教学方法，部分学校的课程是以全英语教学为主，所以一些小语种高考的考生在报考上会遇到限制。

第二，在教学模式上，中外合办专业会融合国内和国外的教学模式，采用多元化的教学方法，包括讲座、实验、案例分析、实践项目等。学生有更多的机会接触国外教师和专家，获得国际化的教学资源和经验。

第三，在学位认可上，中外合办专业的学位通常由国内高校颁发，但在国际认可程度上可能有所差异。一些中外合办专业的学位在国际上可能获得更高的认可度，因为学生在学习过程中接触到了国际标准和先进理念。

第四，在就业竞争力上，中外合办专业的学生可能在就业市场上具有一定的竞争优势。他们有机会接触到更广泛的国际化教育和实践机会，拥有国际化的学习和工作经验，能够适应国际化的工作环境。

中外合办的培养模式和统招是完全不一样的，课程设置都是衔接国外的，而且很多学校大部分课程是全英文授课，家里有一定经济实力并且计划出国读研的学生可以提起重视，不过"花钱买分"不一定适合所有人，一定要想好要不要走这条路。

海南陵水黎安国际教育创新试验区
——鲜为人知的宝藏园区[1]

海南陵水黎安国际教育创新试验区（简称"试验区"）由教育部和海南省共建，是推动"海南国际教育创新岛"建设的重要平台。试验区以教育对外开放为核心使命，紧扣国家战略和海南四大主导产业，打造特色鲜明、优势突出的学科专业体系，突出国际化和开放型特色，引进境内外优质教育资源，致力于打造中国教育开放发展的新标杆、中国教育改革创新的试验田、中外教育交流互鉴的集中展示窗口。

近年来，不少国内外高校都在此落地了中外合作办学项目，不过并非所有的家长都知道，或者是很容易和原校的中外合作办学项目混淆，所以一些首次招生的项目往往能成为学生"捡漏"的机会。下面就从办学特色和目前已经招生的院校专业两个方面给大家介绍一下该中外合办创新试验区。

---

[1] 部分内容引自海南陵水黎安国际教育创新试验区官方网站。

办学特色

1. "五互一共"核心理念

师生互动、学科互融、文理互通、学分互认、课程互选、管理共商。

2. "大共享，小学院"创新办学模式

试验区中的图书馆、公共教学楼、公共试验馆、体育场馆、学生宿舍、教师公寓、食堂等公共设施共享使用，各学院根据学科特色需要使用共享小学院。学生能够在一个大的环境下体验不同学院的氛围。

3. 学在海南 = 留学国外

（1）一校入学、多校选课、多地实践、多个学位

在试验区，高校之间可以跨学科面向未来联合培养人才，也可以通过参与共享课程库建设等方式，为各校学生提供高质量的公共课程和共享课程服务。试验区将联合入驻高校探索建立课程质量评估或认证机制，以及校际的学分互认机制，推进校际复合型人才培养工作。

（2）"两区两地"的战略定位

"两区两地"即新时代中国教育改革开放试验区、中外名校示范办学集中展示区、"一带一路"沿线国家学生留学重要目的地、面向未来的高素质国际化创新型人才培养基地。试验区将打造新时代中国教育对外开放的新高地，打造具有鲜明国际教育主题的、具有持续发展能力和较强经济活跃度的教育园区。

> 通过"大共享"推动师生互动、学科互融、文理互通、学分互认、课程互选、管理共商的教育集成创新，培养面向未来、高素质、国际化、创新型的人才。

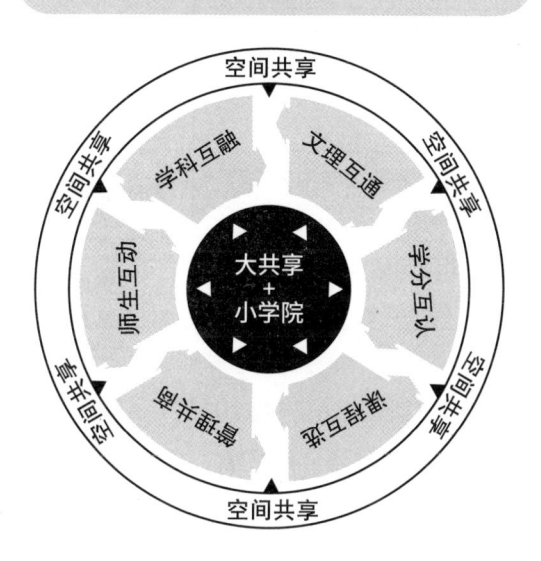

入驻学校及招生专业

目前，海南陵水黎安国际教育创新试验区已经签约了10所中方高校、12所境外合作高校。

其中，中方高校均是国家"世界一流大学"建设高校或有"世界一流学科"建设学科的高校，如电子科技大学、北京邮电大学、中国传媒大学、东南大学等。在境外合作高校中，进入全球前100名的高校有4所，其他均是学科特色非常鲜明的高校。例如，密歇根州立大学的数字传媒专业、考文垂大学的设计专业、阿伯泰邓迪大学的游戏动漫专业、里斯本大学的体育专业等，均排名全球前列。

截至2023年，该试验区已经招生的专业如下表：

院校/项目	专业
北京邮电大学玛丽女王海南学院	信息与计算科学、数字媒体技术
电子科技大学格拉斯哥海南学院	电子信息类
中国传媒大学海南国际学院	智能科学与技术、视觉传达设计
中央民族大学－澳门城市大学内地与港澳地区合作办学项目	数据科学与大数据技术
中央民族大学－英国密德萨斯大学中外合作办学机构	视觉传达设计、服装与服饰设计
北京体育大学阿尔伯塔国际休闲体育与旅游学院	休闲体育、旅游管理

以电子科技大学格拉斯哥海南学院2022年录取分数线举例，在项目开设的前两年，录取分数是相对较低的，对这部分项目感兴趣的家长可以保持关注。

地区	招生名称	招生专业	计划性质	重本线	最高分	最低分	平均分	科别
北京	电子科技大学（沙河校区）	电子信息类（中外合作办学，海南陵水黎安国际教育创新试验区）	普通	425	623	619	621	综合改革
浙江				497	645	641	643.4	综合改革
山东				437	607	600	604.2	综合改革
海南				471	659	562	588.2	综合改革
河北				430	607	595	599.2	综合改革
广东				538	612	609	610.6	综合改革
重庆				476	602	581	589	综合改革
安徽				491	609	603	606.1	理工
河南				509	604	593	597.5	理工
四川				515	621	609	613.2	理工

海南陵水黎安国际教育创新试验区中的合作办学项目质量相对较高，对于一些愿意留在海南省内读书的学生来说确实是"捡漏"的机会，但开放式的教学环境对学生的主观能动性要求也相对较高，建议省内家长多关注。

常见问题

读中外合作办学的学校或专业，毕业会不会受歧视？毕业证有无区别或特殊备注？

每个学校中外合作办学的毕业证都不一样，有些学校会标注出"中外合作办学"字样，但大部分学校不会标注这类字样。不过有很多学校在毕业证上会标注学院，比如南京信息工程大学沃特福德学院，是由南京信息工程大学与爱尔兰东南理工大学联合举办的非独立法人中外合作办学机构。

中外合办学校毕业生在就业时，一般不会受到歧视，相反，通过中外合办模式出国读研的学生就读的院校层次相对会更好，他们在部分企业更是备受青睐。

鉴于很多家长对中外合作办学十分感兴趣，这里也给大家整理了"985""211"高校以及一些中外合作办学大学的项目供大家参考[1]，请见附录3。因为中外合作办学具有时效性，附录3在此书出版时可能会存在极少项目更新不及时的情况，所以各位家长在报考前还需要登录学校官网

---

[1] 此信息参考源为中华人民共和国教育部中外合作办学监管工作信息平台。

进行查询确认！

为了便于读者对这些合作院校做出简单的判断，这里给大家整理了 2024 年 QS（世界高等教育研究机构）世界大学排名前 300 的院校名单，见附录 4。

总结

政策解读

中外合作办学是近些年不可忽视的一个热门报考项目。不可否认的是，对于很多条件尚可的家庭来说，多付点学费能让孩子上到更好的学校，看上去确实非常值得。需要注意的是，目前各高校开设的中外合作办学项目水平参差不齐，有些确实能够提升学校层次、保障教学质量，值得报考；但是也有一些中外合办项目，涉及费用和风评等方面的争议，考生和家长在报考时需要慎重考量。

规划建议

至于是否适合报考中外合作办学项目，学生和家长应该着重从以下几个角度去考虑：家庭条件、目标专业、院校层次、研究生升学路径。家庭条件并不算好的家庭可能在负担中外合办项目学费的时候相对比较吃力，而且并不是所有专业都适合走中外合办这种升学路径。同时，大家要充分去了解各个学校的中外合作模式,特别是对于打算在国内读研的学生来讲,建议只考虑"4+0"模式的中外合作办学项目。那么,到底什么样的中外合作办学项目值得报考呢?简单点概括,一个性价比高的中外合办项目,就是要在保障好专业的前提下达到提升可报考院校层次的效果。

第十一章

国际本科
另辟蹊径把学留

导语

在国际化的今天,越来越多的学生选择走出国门,追求更优质的教育资源和发展机会。高考前成绩优异的学生就在为出国留学深造做准备,成绩一般的学生也在尽力为自己选择更好的升学路径。各类国际本科项目就是这样一个升学平台,让成绩不是那么优异,甚至成绩一般的学生也能够进入世界名校就读本科。那么,什么是国际本科?它又有着怎样的魅力,可以吸引全球的学子?

本章将对国际本科进行深入剖析,从其含义、特点、优势与局限,以及如何申请等方面展开详细说明。

什么是国际本科？

顾名思义，国际本科是与国际接轨的一种联合培养的本科教育，一般由国内阶段学习和国外阶段学习两个部分组成，依托国内的高校师资及教育资源和其他国家的高校、政府、企业联合培养，学生最终获得国外高校颁发的本科学位证书。

国际本科项目共有"1+3""2+2""3+1""4+0"这几种培养模式，学生完成国内阶段的课程后可进入国外合作大学继续完成相应的剩余本科课程。这类项目大多属于计划外招生，无法获取国内院校的学位证和毕业证，毕业后只能获得国内大学的结业证书和国外院校的学位证书，但所获国外文凭在国内及国际范围内都是被认可的。

国际本科的优势与局限

优势

第一，提前适应，优先录取。

学生在国内学校就读时按照国外的教学模式培养，通过国内阶段的学习，学生在预科教育的基础上将语言融会贯通，同时提前适应国外大学的学习生活方式，学生成绩合格后可以获得海外合作大学本科阶段的优先录取资格。

第二，名牌大学就读，融贯中西。

国内预备课程阶段学生可享受与在校学生相同的生活及学习条件，了解及感受国内大学生活，而且项目合作的国外大学均为国外知名院校。

例如，北京工业大学北京–都柏林国际学院是教育部批准由北京工业大学与爱尔兰国立都柏林大学联合组建的国际化学院。

第三，双语授课，享受高品质教学。

名校在任教师执教，使用原版英文教材，确保学生对专业知识的掌握与理解。学校严谨的学术管理标准、严格的学术要求确保了高质量教学。

第四，覆盖世界近千所大学。

国际本科的预科课程受到澳洲、欧洲、亚洲、美洲等近千所知名大学的认可，能为优异学生提供更多可供选择的高校。预科课程海外合作大学均为中国留学服务中心所认可，学生在海外合作大学获得的学位证书均可在中国留学服务中心得到认证。

第五，享受优质高校资源，学历含金量高。

项目依托大学的优质教育教学资源，学生的学习、生活均在这些国内大学校园内，学生享受教学场所、活动场地、文化娱乐体育设施、图书资料、实验设备和师资等资源。经过一年的预科课程学习，语言成绩和预科成绩均达到国外院校录取标准的学生，由学校申请直读国外大学，为学生申请成功提供更多助力。

第六，低分高就。

在本科线附近甚至还不到本科线的同学，在国内可能无法选择心仪的院校，但通过国际本科就可以拿到本科学历。

局限

第一，不太利于考研。

国际本科项目中有些课程内容比较简单，如高等数学，如果是需要考研的同学，可能得自己多花时间和精力去学习。

第二，费用相对比较高。

对于普通家庭来说，面对一年 8 万—10 万元的学费，压力会比较大，而出国后的学习费用参考当地院校情况，一般为一年 10 万—100 万元不等。

第三，专业局限性比较大。

学校开设的国际本科专业比较有限，而且学生选择后一般不可转专业。

第四，没有国内学校的毕业证和学位证。

国际本科是自主招生，通过获得录取通知书入学，而且只能拿到国外的学位证，没有国内学校的毕业证和学位证。

国际本科的申请条件

申请国际本科项目的学生需要符合以下要求：为应往届高中毕业生、同等学力及以上学生；留学时需提供高中毕业证或完成高二学业并能拿到毕业证；高考英语单科成绩在 90—110 分及以上；雅思成绩达 4.5—5.5 分，或托福成绩在 80 分以上。

不符合以上条件，需参加并通过学院组织的入学考试或面试。

总结

国际本科属于计划外招生，对于国内部分学生来说可以获得相应的升学和本科学历的机会，但家长和学生在报考之前，需要确定相关信息的准确来源，辨别其真实性，以防上当受骗。需要注意的是，这类政策是虚假宣传的高发地，市面上相关机构鱼龙混杂，家长和学生一定要从官网详细了解相应的政策及报考的可靠性。

具体信息可参考教育涉外监管信息网[1]。

---

[1] 网址是 https://jsj.moe.gov.cn/。

第十二章 港澳生

升学『双保险』

导语

在多元升学的背景下,不少考生及家长不仅着眼于高考,而且将目光放在了更多的升学选择上。港澳升学对于许多内地考生来说一直是广受欢迎的升学途径之一,复杂的国际形势和高昂的留学成本,让采用英本制度的港澳院校渐渐受到人们的青睐。港澳高校优势众多,比如基本施行的是英式教育(通识教育、全英文授课等);并且其学历在国内外认可度都很高,在就业和出国留学方面都有优势;还有更大可能获得永久居留权。除此之外,参加高考统招和申请港澳院校不冲突,可同时进行。那么,对于大部分考生来说,当自己能够达到同段位高校的水平时,到底是选择港澳高校好还是国内高校好呢?下面我们就为大家梳理港澳高校面向内地的招生情况。

港澳升学的优势

地域政策

粤港澳大湾区的建设宗旨是打造国际一流湾区和世界级城市群,无论从政治、经济、文化、科技、医疗层面,还是教育层面,香港和澳门早已不再是20世纪遗落的明珠,而将彻底融入中国新时代城市圈的建设中。粤港澳大湾区主题叠加"一带一路",亦进一步巩固了香港、澳门作为国际商业、贸易、金融及人才枢纽的领先地位,未来必将会使更多在港澳学习的学子受益。

升学"双保险"

申请港澳高校不影响内地高考填志愿,和高考时间不冲突,对于考生和家长来说相当于多了一条路。学生既可以提前申请港澳院校,又可以正常参加高考填报志愿,做两手准备,避免出现滑档、无校可录的尴尬局面。学生的升学选择更多,考试压力也就没有那么大。

除了香港中文大学、香港城市大学和香港珠海学院在内地参加统招,其余18所港澳地区院校在内地采用独立招生方式。

申请制入学意味着,高考分数不再是唯一的评判标准,给了学生成绩波动的空间，是一个非常人性化的录取模式。

因此，对于成绩不稳定的考生，申请港澳高校作为升学的"双保险"就非常有必要了。

国际化素质教育

近年来，港澳高校以惊人的速度发展，学科影响力越来越大。同时，港澳教育体制与国际接轨，大多数院校采用全英文教学及北美、欧洲最新教材，在全球享有极高的认可度。另外，港澳毕业生更容易获得海外名校的青睐，在港澳就读无疑是申请欧美硕士的黄金跳板。

香港坐拥22所提供学位课程的高等教育院校，其中5所大学跻身QS世界大学排名前100位，是全球名校最多的城市之一，其对于学生全方位的素质教育在亚洲甚至全世界都是被广泛认可的，足以证明香港教育的综合水平。

香港各大院校教育资源丰富，在教育领域有着世界顶尖的学术地位及广泛的影响力，与世界其他国家和地区的名校有着非常密切的合作，其中80%以上的授课教授毕业于世界顶级名校。由于历史原因，香港现在依旧保持着纯英文的授课环境，90%以上的课程都是纯英文授课，可以和国际教育无缝衔接。相比于国外留学，在香港学习的费用有着明显的优势，孩子可以在家门口以相对较低的费用就读于世界名校。

澳门是一个中西文化交汇的国际旅游城市，多元文化交融给学生提供了开阔的国际视野和自由的学术氛围，同时澳门特有的深厚文化底蕴也为高等教育创造了良好的条件，澳门的各所大学近年来的世界排名也在稳步上升。

中西文化交融

香港和澳门作为中西文化荟萃交融的国际都会,既有东方传统文化的熏陶,又有西方思维的碰撞。学生在港澳地区能够更快接触到来自全世界最前沿的高新科技及资讯。

热情友好的国际社群、国际化教育、国际化视野、"两文三语"[1]、灵活的小班教学、雄厚的师资力量等特色,是吸引内地家长送孩子去港澳地区读书的重要因素。

港澳院校大部分专业为全英文授课,是英式教育模式,授课形式多样,课程与国际接轨,在这种环境的熏陶下,能最大限度地锻炼学生的英语能力。香港和澳门的学校与英、美等国的一些著名大学签订分数互认协定,在读的学生或毕业生可以直接转到那些大学继续升读本科或硕士课程,不管是将来的就业,还是深造,对于学生都是非常有帮助的。

学习费用性价比高

与去美国、英国、澳大利亚、加拿大等国家留学相比,就读港澳院校的成本会更低。港澳高校的学费一般一年在7万—12万元,而欧美国家的学费一年动辄20万元起步。相对来说,学生就读港澳院校性价比更高。

香港与深圳相连,澳门与珠海相接,交通便捷,学生回内地探亲也非常方便,不必体会远离父母的"身在异乡为异客"的孤独之感。

如果读完港澳院校的本科,选择继续深造,申请港澳院校或海外院校

---

[1] 这是香港特区政府于1997年成立后实行的语言政策,"两文"为中文和英文,"三语"指标准粤语、英语和普通话。

的研究生，那么学习周期领先国内同龄人，成本更节省。

就业认可，前程无忧

内地学生在香港、澳门学业期满，获得高等学校颁发的学历文凭、学士学位证书后，可到国家智慧教育公共服务平台进行学历学位认证，受到教育部以及全球100多个国家的认可。学生未来考虑回内地就业，港澳高校同样是一张闪亮的名片，尤其是在珠三角地区，港澳高校毕业生享受留学生的福利待遇等，获得了国内外许多大企业的青睐。

港澳毕业生拥有极强的就业竞争力。截至2022年，香港八大院校[1]的应届毕业生，平均月薪约为16457港元[2]。同时，只要符合一般的入境规定，香港特区政府允许应届毕业生留港2年。

而港澳毕业生回内地发展，可享受留学生待遇。除了可以落户北上广深、免税购车、考取公务员等，更有不少城市向港澳毕业生抛出"橄榄枝"，提供丰厚的人才引进补贴及创业资助。

港澳高校在内地的招生方式及建议

截至目前，港澳地区面向内地招收本科及以上学生的高校共有21所，

---

[1] 指接受大学教育资助委员会资助的8所顶尖学校，统计香港毕业生薪酬时一般将此作为统计对象，它们分别是香港大学、香港科技大学、香港中文大学、香港城市大学、香港理工大学、岭南大学、香港浸会大学和香港教育大学。
[2] 信息来源于香港求职平台CTgoodjobs《2022年毕业生薪酬及就业调查》。

其中香港有 15 所，澳门有 6 所，除了香港中文大学、香港城市大学和香港珠海学院 3 所高校参加内地高考统招，其余 12 所香港高校和 6 所澳门高校都采用独立招生的方式，见下表（列举部分高校）。

院校名称	申请日期
香港大学	每年 10 月—次年 6 月下旬
香港科技大学	每年 10 月—次年 6 月中旬
香港理工大学	每年 11 月—次年 6 月中旬
香港浸会大学	每年 2—6 月中旬
岭南大学	每年 11 月—次年 1 月（早轮）—6 月上旬（主轮）
香港教育大学	每年 10 月—次年 6 月上旬
香港都会大学	每年 1—5 月底
香港树仁大学	每年 2—5 月中旬
香港恒生大学	每年 11 月—次年 6 月中旬
澳门大学	每年 5—6 月下旬
澳门理工大学	艺术类课程：每年 1—3 月底；一般课程：每年 5—6 月底
澳门科技大学	体艺特长生、艺术学－艺术设计学士学位课程：每年 1—3 月底；一般课程：每年 5—6 月底
澳门城市大学	设计艺术学士学位课程：每年 2—3 月底；一般课程：每年 5—7 月初

内地高考统招招生（提前批次录取）

前文说过香港中文大学、香港城市大学与香港珠海学院采用内地高校统一招生方式——国内高考提前批次录取，即由省招生办公室统一公布招生计划，统一安排考生填报志愿，统一实行远程网上录取。考生需要参加高考，达到本科一批录取控制分数线才可报名，单科成绩原则上应达到及格水平。如果考生高考英语成绩达到 130 分（满分 150 分）以上，就有机会拿到奖学金。但是这类统招竞争相当激烈，因为招生名额有限。

考生统一填报高考志愿，即使在提前批次未被港校录取，仍可以参加后续本科批次的录取，进入其他内地高校。香港珠海学院于2023年起加入高考统招，在相关省份以普通类本科批次录取，2023年在全国九省（广东、福建、江苏、河北、辽宁、吉林、江西、山东、浙江）投放计划。

1. 香港中文大学

考生高考成绩应达到本科一批/本科批/特殊类型录取控制分数线以上，考生报考的外语语种必须为英语，以150分为标准满分计算，自费生的英语成绩需达120分及以上，奖学金生则需达130分及以上。该校只录取以香港中文大学为第一院校志愿的考生。

2. 香港城市大学

高考成绩（不含任何加分）必须达到本科一批/本科批/特殊类型录取控制分数线以上；其报考的外语语种必须是英语，并且以150分为标准满分计算，必须达到120分及以上，报考人文社会科学院的考生的英语成绩必须达到125分及以上，而报读法律学院、赛马会动物医学及生命科学院的考生的英语成绩必须达到135分及以上。

3. 香港珠海学院

高考成绩达到所属省市本科录取控制分数线。考生报考的外语语种必须为英语，以150分为标准满分计算，建议英语成绩达100分及以上的考生报考。

高校申请制入学（独立招生）

学生在高考前进行书面或网上申请，高考成绩出来后，学校综合考虑申请人的高考成绩、英语成绩、学生经历、面试表现等，择优录取。考生成绩超过本科一批录取控制分数线30分以上才有可能获得面试机会，英语成绩一般要求120分以上。该独立招生不会影响内地高校录取，考生一般在7月就已经知道是否被录取，所以考生在申请港澳高校的同时要做好两手准备，也要填报内地高校的志愿。

1. 香港高校

独立招生的香港高校有12所，即香港大学、香港科技大学、香港理工大学、香港浸会大学、岭南大学、香港教育大学、香港树仁大学、香港都会大学、香港演艺学院、香港恒生大学、东华学院、香港高等教育科技学院。考生按照香港高校的要求提交入学申请，参加学校组织的面试，学校根据考生高考成绩和面试表现等要求录取。

需要注意的是，凡被香港12所单招院校录取并经本人同意就读的考生，内地高校将不再录取。

2. 澳门高校

澳门高校招收内地学生采用独立招生方式，不同于内地高校的统招录取，并不属于全国普通高校统一招生计划内，属于计划外招生。独立招生的澳门高校有6所，分别是澳门大学、澳门科技大学、澳门理工大学、澳门城市大学、澳门旅游学院、澳门镜湖护理学院。考生按照学校要求，提交入学申请，参加学校面试，学校自主选拔录取；考生于学校的报名及录取不会影响其内地高考的志愿录取。具有高中毕业或相当于高中毕业文化程度，并参加了各省市组织的应届普通高考的学生均可报考，不分省份。

简单来说，就是考生申请澳门的高校并不影响内地的统招录取，跟统招完全是两条平行线，互不干扰。申请澳门的高校意味着考生有更多的升学选择。如果考生同时被澳门高校及内地大学录取，得到两份甚至多份录取通知书，考生可自行决定是在澳门还是在内地就读。

需要注意的是，澳门的6所高校在内地并没有委托任何机构或中介办理招生及录取工作，所有申请人必须在高校官网办理申请手续。

报考建议

预计高考成绩可达"985"院校分数线及以上的学生，推荐报考香港大学、香港中文大学、香港科技大学。因为这3所学校直接对标的是内地顶尖高校，如北京大学、上海交通大学、中山大学等。

预计高考成绩可达"211"院校分数线及以上的学生，推荐报考香港城市大学、香港理工大学、澳门大学。

预计高考成绩可达一本院校分数线及以上的学生，推荐报考香港浸会大学、岭南大学、香港教育大学、澳门科技大学、澳门理工大学。

预计高考成绩可达二本院校分数线及以上的学生，推荐报考香港树仁大学、香港都会大学、香港演艺学院、香港珠海学院、香港恒生大学、东华学院、香港高等教育科技学院、澳门城市大学、澳门旅游学院、澳门镜湖护理学院。

申请副学士

随着近年来港澳升学热度逐年递增,副学士课程也逐渐为内地求学学生所了解,成为另一升学途径。

副学士学位是一种源自美国和加拿大且受国际认可的初级学位,教育系统分为副学士、学士、硕士、博士这四级学位。

2000年,为了解决香港教育资源分配不均的问题,香港特别行政区前行政长官董建华先生将其引进至香港,一经引入,就受到内地和香港的高度认可。2017年,澳门立法会通过《高等教育制度》法案,引进副学士学位制度,是"根据学分制开办的、为期至少两个学年的课程",完成文凭课程且成绩及格者,如获有关高等院校认可其具有同等学力,可申请入读与该文凭所对应的同一知识范畴的学士学位课程第三年级。

澳门副学士与香港副学士没有区别,但相较于香港2000年引进副学士学位制度,澳门的引进时间较晚,因此目前开设副学士课程的高等院校也比较少。目前,澳门开办副学士课程的高等院校包括圣若瑟大学、澳门管理学院和中西创新学院。

港澳升学除了可申请本科课程,大部分高校设有副学士课程和高级文凭课程,可凭高考成绩申请入读副学士先修课程或直升副学士课程。申请副学士的要求相对较低,一般应届生高考成绩达二本分数线就可以申请,课程为全英文授课,建议学生高考英语成绩达到90分以上,部分学校要求笔试或面试。

香港副学士是"2+2"(2年香港副学士,2年香港学士)的升学模式,70%的课程是与学士课程衔接的,使用全英文教学和考试。副学士毕业后,学生可以升读本校或香港其他大学的本科三年级,也可以升读英国、美国、加拿大、澳大利亚等国家的大学，继续攻读本科学士学位。学生毕业后拿到的学位证书和高考后直接升读本科的学位证书是一样的。可以说，香港副学士是一块绝佳的跳板，能给高考失利的学生一次逆袭上名校的机会。

另外，香港副学士还有一个极大的优势——作为高考的保底选择。香港副学士申请和高考填志愿没有任何冲突，考生完全可以一边正常填报志愿，一边申请副学士，做好两手准备。等收到两边的录取通知书，考生再选择最有优势的升学途径。

1. 申请条件

用内地高考成绩申请副学士，一般要求高考总分达到本科分数线以上，英语单科达90分以上（满分150分），需通过以英语为主的一对一面试。

副学士申请时间一般为4—7月（以学校公布的时间为准）。副学士招生一般采用早申请、早面试、早录取的形式，且仍旧是择优录取。一旦招生名额满了，该专业将提前停止招生，所以考生应抓准时机，提早行动，为自己争取最大的选择空间。

副学士课程采用全英文教学，授课形式与本科课程基本相同，副学士学生可同时报考高校的本科生、研究生。在学术上，学校对副学士学生的要求比较严格，而副学士学生能与香港名校的学霸们互相交流，共同成长。

副学士学生不在学校的本部上课，是在另外的校区就读，比如香港大学的副学士课程是在香港大学附属学院或者香港大学专业进修学院保良局何鸿燊社区书院上课，但是学士和副学士的师资力量是一样的。

香港副学士升读学士是以学分为考核标准的。副学士升到学士由GPA（平均学分绩点）、社会实践、升学面试组成，而GPA又由作业、课堂表现、考勤共同组成，学生不会因为一两次考试不过就不能继续升读学士，一切是由学生平时在学校的表现决定的，相较于内地的专升本，副学士显得更加人性化。

2. 哪些考生适合申请副学士？

（1）达到本科录取的分数，但没被录取或者是被不喜欢的学校录取的尖子生，通过读副学士来再次升读心仪的院校；

（2）意外落榜学生，希望通过读副学士来继续升读香港、澳门的高等院校；

（3）平时成绩一般的学生，希望通过读副学士来学习一技之长，以便日后找工作。

很多人对副学士存在误解，认为只有成绩不好的学生才读副学士。其实不然，设立副学士的目的是给曾经付出青春汗水却未能直接考上本科的学生一次重选的机会，这个机会非常难得！但学生是否能把握这个机会实现逆风翻盘、鱼跃龙门，顺利获得世界名校本科学士学位，则更多需要靠个人努力。

港澳预科班

预科是指读大学前的预备教育，一般为1年，是为那些不满足直接进入大学本科课程学习要求的学生设置的。

港澳预科班之所以必要，是因为内地与港澳地区的教育存在差异，预科课程可以弥补这其中产生的某些基础性的专业课程和必要的学习技能的不足。

港澳预科班成绩为全球所认可，可代替高考成绩直接用于申请香港或海外名校。完成港澳预科班课程，等同于完成大学同类专业的第二年课程，学生根据专业选择情况，可选择自己喜欢的专业从大一就读。

除了语言课程，港澳预科班开设的其他课程都跟升学的专业方向有关，比如商科（管理、会计、市场、金融等）、计算机、心理学、艺术设计等，各不相同。

应届高中毕业生或同等学力学士，凭借高中毕业证申请香港留学预科课程，通过入学测试便可入读学习，但是必须在一年内通过雅思考试，达到香港高校的录取标准。

香港 DSE 考试

香港 DSE 考试（香港中学文凭考试）是香港教育局于 2012 年 3 月起在新学制体系下建立的大学入学选拔考试，由香港考试及评核局（考评局）组织考试，是香港中学最主要的升学考试，也可以理解为"香港高考"。

DSE 考试是全球唯一允许使用简体中文作答的国际课程考试，港籍生和内地生均可报名参加。DSE 成绩除了可用于申请香港和内地的大学，还可申请英国、美国、加拿大、新加坡、澳大利亚等的院校，目前近 300 所海外院校认可 DSE 考试成绩，比如耶鲁大学、剑桥大学、新加坡国立大学、南洋理工大学、澳大利亚国立大学、早稻田大学等，直通 QS 世界大学排名前 200 名的顶尖高校。

1. 升学优势

DSE 考试成绩可以保留一年，没考好的科目，学生可以第二年继续考。2023 年，香港 DSE 考试考生不到 6 万人，而内地高考人数超过 1000 万人，

1 分压千人。相较于"985""211"名校 2%—3% 的录取率，香港 DSE 考试相当于 1.5 人竞争 1 个本科名额，录取率还是比较高的。

2. 报考资格

考生必须符合以下其中一项条件：

（1）曾应考香港中学文凭考试或相等考试；

（2）以考试年度的 1 月 1 日计算，已足 19 岁；

（3）非修读香港中学文凭考试课程，但于考试前一年已修毕或正在修读由考评局决定为等同中六程度的课程。

而持有香港永久性居民身份证或非永久性居民身份证、港澳居民来往内地通行证或港澳居民居住证，并参加当年香港 DSE 考试的考生，可凭 DSE 成绩通过"免试招生计划"直接升读内地 138 所高校（含清华大学、北京大学、复旦大学、上海交通大学等名校）[1]，见附录 5。

3. 报考时间与方式

考生需要通过香港中学文凭考试网[2]上的报名系统提交申请。考评局不接受未完成网上报名程序或没有缴妥考试费的申请，亦不接受表格形式的申请。

4. 升学范围

港籍学生可以以 DSE 成绩报考港澳高校、内地大学等国内大学，还可以报考国外大学，而非港籍学生只能以 DSE 成绩报考中国香港和国外的大学。

---

[1] 来源于《2024 年招收香港中学文凭考试学生内地高校名单》。
[2] 网址是 https://www.hkdse.hkeaa.edu.hk。

5. 适合人群

DSE 考试接受任何国籍、任何户籍的学生报名参加，不仅是港籍学生。简单来说，该考试无户籍限制，自由报考。内地居住的学生不需要在香港读书，只要持有高中的成绩证明和在读证明，便可报考。

（1）港籍生

所有拥有香港居民身份证的同学，无论是否获得永久居民身份，无论是在香港就读还是在内地就读，在报考 DSE 考试时都属于港籍生。（如是受养人签证必须 18 岁前取得。）

- 在内地读书+有香港身份＝本地生。
- 自修生+有香港身份＝本地生。

（2）自修生

目前，除了几所港人子弟学校[1]，其他在内地读书的学生无论是港籍身份还是内地身份都是以自修生（内地生）身份报名参加考试。

6. 报考科目

DSE 考试学科类别分为甲、乙、丙三类，DSE 自修生除非有特殊情况，否则一般都不可以报考乙类科目，只关注甲类科目即可。

甲类：高中科目；

必修：中国语文、英国语文、数学、公民与社会发展；

选修：物理、化学、生物、地理、历史、中国历史、中国文学、英语文学、经济、企业会计与财务概论、伦理与宗教、旅游与款待等。

DSE 考试采取"4+2"模式，包括 4 门必修科目和 2 门选修科目，共 6

---

[1] 内地港人子弟学校的优势在于学生所接受的课程是直接与香港接轨的，采用国际先进的教育体系。

门科目，学生可根据兴趣和未来发展方向自由选择，然后选 5 科最好的成绩用于申请大学。如果想选择生物／化学／物理／组合科学／综合科学／科技与生活，提供的高中成绩单上要有这部分成绩，证明该生修读过该选修科目。

除英语试卷外，DSE 考试全部使用中文，更加适合内地学生。相较于内地高考，DSE 考试整体卷面难度不高。

港澳院校报考流程

```
院校申报  ▶  内地高考成绩发布
                    ▼
         递交成绩至所申报的大学
                    ▼
         大学审核成绩和综合素质材料
                    ▼
         面试    发放录取结果
                          ▼
         邮寄录取通知书  ◀  交留位费或学费
              ▼
         办理学生签注    办理入学注册手续
                    入学报到 ◀
```

时间节点

以 2024 年申报香港院校为例：
- 2023 年 12 月—2024 年 1 月：根据自身条件择校并确定专业；
- 2024 年 2 月：整理申请材料；
- 2024 年 3 月：开始准备面试，参与面试培训（大部分港校设有面试）；
- 2024 年 3—5 月：递交申请；
- 2024 年 7 月：等待录取通知书。

录取考察因素

内地考生必须符合中国政府有关赴港澳就读的规定，必须参加当年普通高等学校全国统一招生考试。

港澳高校在录取过程中，将综合考察申请人（考生）的高考成绩及英语成绩、面试表现（如获得面试资格）、综合素质等。具体到每所院校，可能会有所差异，申请人需要咨询目标院校。

所需材料

内地考生申请港澳高校时一般需要准备以下材料，仅作为参考，具体需要咨询目标院校要求：
- 身份证正反面扫描件；
- 港澳通行证正反面扫描件；
- 模拟考成绩单扫描件；

- 高一至高三成绩单（如适用）；
- 两封推荐信；
- 高考准考证扫描件；
- 学生证件照；
- 作品集（如适用）；
- 个人陈述信；
- 个人信息表；
- 各种证书、奖状的照片或扫描件。

以香港大学为例，香港大学没有单独针对内地高考的录取分数线，内地应届高考生均可申请报读。学生按照香港大学的要求报名，参加学校单独组织的笔试和面试，学校根据申请人高考成绩和其他要求录取新生。

香港大学在录取过程中，一般会优先考虑申请人的高考总成绩、高考英语成绩。对于英语单科成绩，一般要求在130分及以上（以满分150分为例）。更重要的是，香港大学会综合考量申请人的面试表现（如获面试资格），对其英文水平进行评判。

需要注意的是，申请人必须参加入学当年的高考（应届高考）。国际学生申请香港大学的话，需要 ACT（美国入学考试）、SAT（美国高中毕业生学术能力水平考试）成绩，以及雅思、托福的成绩。

本科加分优惠政策

以 2023 年申报港澳高校为例，申请人须参加 2023 年高考且其成绩必须达到所属省市本科第一批录取控制分数线或特殊类型招生控制分数线，英语单科成绩须达 110 分（150 分制）及以上，方可获得加分。

所有申请人必须在报名日期内（2023年5月2日至6月26日晚上11时59分前）于网上报名系统内选取所属考籍，完成2023/2024学年网上报名手续，否则不获加分。

录取原则与要求

申请人的高考成绩一般须达到其所属省（区、市）的本科第一批录取控制分数线，个别院校参考本科第二批录取控制分数线，择优录取。艺术类专业则综合考虑申请人艺术专业成绩和高考文化课成绩，择优录取。

招生范围

自2011年起，港澳高校在内地的自主招生范围已扩展至在全国多个省、自治区、直辖市（上海、山西、山东、天津、内蒙古、北京、四川、甘肃、吉林、安徽、江西、江苏、西藏、河北、河南、青海、重庆、海南、浙江、陕西、湖北、湖南、云南、新疆、黑龙江、宁夏、福建、广西、广东、辽宁等）招收自费生。

港澳高校排名

结合2024年QS世界大学排名来看，香港大学、香港中文大学、香港科技大学、香港城市大学、香港理工大学等世界排名前100的院校，对标的是北京大学、清华大学、复旦大学、浙江大学等内地顶尖高校。

虽然港澳高校的国际知名度、影响力及办学质量都很高，但是从分数来看却并不是那么高不可攀。

在高考录取分数线一样的情况下，考生能就读的港澳高校普遍比内地大学世界排名更高，在国际范围内认可度更高；而国际排名相当的港澳院校和内地高校相比，录取分数要低很多。

举个例子，岭南大学和大连理工大学的国际排名差不多，2023年大连理工大学的理科录取分数线在600分以上，而560分在岭南大学就有被录取的机会。

地区	大学名称	2024年QS排名	大学名称	地区	院校档次
1—200名					
		17	北京大学	内地	TOP 2
		25	清华大学	内地	TOP 2
香港	香港大学	26			
		44	浙江大学	内地	华五
香港	香港中文大学	47			
		50	复旦大学	内地	华五
		51	上海交通大学	内地	华五
香港	香港科技大学	60			
香港	香港理工大学	65			
香港	香港城市大学	70			
		137	中国科学技术大学	内地	华五
		141	南京大学	内地	华五
		194	武汉大学	内地	985
201—300名					
		216	同济大学	内地	985
澳门	澳门大学	254			
		256	哈尔滨工业大学	内地	C9

续表

地区	大学名称	2024年QS排名	大学名称	地区	院校档次
		272	北京师范大学	内地	985
		275	华中科技大学	内地	985
		285	天津大学	内地	985
		291	西安交通大学	内地	C9
香港	香港浸会大学	295			
301—400名					
		301	南方科技大学	内地	双一流
		323	中山大学	内地	985
		340	北京理工大学	内地	985
		355	四川大学	内地	985
		360	山东大学	内地	985
		384	南开大学	内地	985
		392	华南理工大学	内地	985
		392	厦门大学	内地	985
401—500名					
		436	北京科技大学	内地	211
		452	中南大学	内地	985
		454	东南大学	内地	985
		473	北京航空航天大学	内地	985
		486	电子科技大学	内地	985
		491	大连理工大学	内地	985
		494	湖南大学	内地	985
501-600名					
		502	吉林大学	内地	985
澳门	澳门科技大学	505			
		511	华东师范大学	内地	985
		514	上海大学	内地	211
		534	中国农业大学	内地	985
		556	中国人民大学	内地	985
		561	重庆大学	内地	985
		595	深圳大学	内地	
		600	南京理工大学	内地	211

成绩要求

1. 香港院校

申请部分香港院校的要求见下表：

高校名称	申请时间	高考分数线	高考英语单科分数	国际生最低语言要求
香港大学	内地高考生： 2023年10月4日—2024年6月28日 国际生： 2023年9月20日—2023年11月15日（第一轮） 2023年11月15日—2024年8月22日（滚动录取）	一本线+130—150分	130分及以上	雅思：6.5分 托福：93分
香港中文大学	内地高考生： 与2024年高考时间同步 国际生： 2023年10月21日—2023年11月16日（提前轮） 2023年11月16日—2024年1月4日（常规轮）	一本线+120—130分	130分及以上	雅思：6.0分 托福：80分
香港科技大学	内地高考生： 2023年10月3日—2024年6月11日 国际生： 2023年9月25日—2023年11月21日（早轮） 2023年11月22日—2024年1月9日（主轮） 2024年1月10日—2024年6月30日（晚轮）	一本线+110—125分	130分及以上	雅思：6.0分 托福：80分

续表

高校名称	申请时间	高考分数线	高考英语单科分数	国际生最低语言要求
香港理工大学	内地高考生： 暂未公示 国际生： 2023年9月21日—2023年11月16日（早轮） 2023年9月20日—2024年2月6日（主轮） 2024年2月7日—2024年5月15日（延期）	一本线+100—120分	125分及以上	雅思：6.0分 托福：80分
香港城市大学	内地高考生： 与2024年高考时间同步 国际生： 2023年9月28日—2023年11月15日（早轮） 2023年11月16日—2024年1月15日（常规轮）	一本线+100分	120分及以上，人文社科：125分及以上，法律学及兽医学：135分及以上	雅思：6.5分 托福：79分
香港浸会大学	内地高考生： 暂未公示 国际生： 2023年9月27日—2023年11月10日（早轮） 2023年11月11日—2024年1月31日（主轮） 2024年2月1日—2024年5月31日（延长）	一本线+80—90分	120分及以上	雅思：6.0分 托福：79分
岭南大学	内地高考生： 2023年10月4日—2024年6月10日 国际生： 2023年9月27日—2023年12月6日（早轮） 2023年12月7日—2024年5月15日（主轮） 2024年5月17日—2024年7月26日（逾期申请将进行滚动录取）	一本线+70—80分	120分及以上	雅思：6.0分 托福：79分

续表

高校名称	申请时间	高考分数线	高考英语单科分数	国际生最低语言要求
香港教育大学	内地高考生： 2023年9月29日—2024年6月12日 国际生： 2024年5月31日下午23:59（香港时间）截止	一本线+60—70分	120分及以上，中文为授课语言的专业:110分	雅思：6.0分 托福：80分

2. 澳门院校

申请部分澳门院校的要求见下表：

高校名称	申请时间	高考分数要求	高考英语单科分数	国际生最低语言要求
澳门大学	内地高考生： 2024年5月2日—6月25日 国际生： 2024年5月10—23日	一本线+50—80分	120分	雅思：6.0分 托福：79分
澳门理工大学	内地高考生： 2024年5月15日—6月30日 国际生： 2024年2月1日—6月15日	一本线+40—50分	110分	—
澳门科技大学	内地高考生： 医学、艺术、特长生：2024年1月24日—3月15日； 其他专业：2024年5月7日—6月30日 国际生： 2024年4月20日—5月31日	一本线+10—30分	110分	—
澳门城市大学	内地高考生： 2024年5月1日—7月3日 国际生： 2024年3月1日—7月3日	一本线	120分	—

续表

高校名称	申请时间	高考分数要求	高考英语单科分数	国际生最低语言要求
澳门旅游学院	内地高考生：2024年5月2日—6月30日 国际生：2023年10月9日—2024年6月30日	一本线	无明确要求	—
澳门镜湖护理学院	2024年1月2—31日	二本线	90分	—

费用开销

报考港澳高校的费用主要是学费、住宿费及日常生活费。例如，据部分院校公布的数据表明，香港大学非本地学生学费为每年18.2万港元，住宿费为每年1.729万—3.794万港元，每年生活费约为5万港元；澳门理工大学每年学费为11.2万澳元，每年住宿费为2万澳元。其他港澳高校略有不同，详细情况请参考所申请院校官网。

常见问题

1. 未来想在事业单位、国企单位任职，去港澳读书有影响吗？

去港澳院校就读的学生，毕业时所获学位是受教育部认可的，无论是在事业单位、国企求职，或是去外企、私企等均不受影响。

需要注意的是，不同于学生从内地高校毕业时获得的学历证书加学位证书，从港澳院校毕业时，学生只获颁学位证书，并没有学历证书。

因此，在正式求职前，同学们到国家智慧教育公共服务平台办理相应学位、学历的认证，获取认证书即可（线上也可办理）。

2. 港澳院校的申请时间是什么时候？需要高考后等成绩出来才能申请吗？

港澳高校开放本科申请的时间不同。总体上来说，香港高校开放本科申请的时间要早一些，基本上从上一年度的10月陆续开放申请，到入学当年的5—6月截止。个别香港院校，比如香港演艺学院申请截止时间较早，属于特例。

澳门高校开放本科申请的时间较晚，一般从当年的春节后开放申请，到高考结束后截止。另外，个别港澳高校有类似内地自主招生的提前面试和有条件提前录取。

在这里需要提醒大家的是，港澳院校官网均已写明择优录取、先到先得。港澳院校自主招生的录取难度不会低于内地高考，学生亦需要准备材料提交申请才有可能获得面试机会。

总结

港澳高校的优势与局限

港澳高校的优势在于其与国际接轨的教育制度、教学模式和师资队伍，为学生提供了更广阔的国际视野和丰富的国际交流机会。港澳地区的高校在国际上享有盛誉，其教学质量和师资力量均非常优秀，可以给学生提供更优质的教育资源。港澳高校注重实践教学和学生实际能力的培养，学生在学习过程中能够获得更多的实践经验和职业技能。此外，港澳地区经济发展迅速，拥有众多大型跨国公司，为学生提供了更多就业机会。相较于欧美国家，港澳地区的学费和生活费用相对较低，对学生家庭的经济负担相对较小。而且，港澳地区离内地较近，学生回家方便，同时方便了解内地的就业市场和文化环境。

港澳高校也存在一些局限。首先，由于港澳地区与内地存在较大的文化差异，包括教育理念、教学方式和生活习惯等，这可能会影响内地学生的适应和融入。例如，港澳地区的教育注重学生的自主学习能力和独立思考能力，而内地在高中阶段则更注重应试教育，这可能会让一些内地学生感到不适应。

其次，港澳地区的通用语言为粤语，对于不会说粤语的学生来说，这可能会对他们的学习和生活造成一定的困扰。由于语言障碍，这些学生可能需要花费更多的时间和精力来适应新环境。

再次，港澳地区的学科设置和内地有所不同，有些专业可能没有或者不够完善，这可能会限制一些内地学生的选择。对于一些想要选择特定专业的学生来说，他们可能需要考虑其他地区的高校。

最后，港澳地区的学费和生活费用相对较高，对于一些家庭经济条件有限的学生来说，可能会增加他们的经济负担。虽然港澳地区有一些奖学金和助学金政策，但是并不是所有学生都能够获得这些资助。因此，在选择港澳高校之前，学生应该充分了解当地的文化和教育制度，以便更好地适应新环境。

规划建议

如果考虑报考港澳院校,家长和考生需要注意以下几点:

第一点是费用问题。

港澳院校的学费相对于内地的高校学费要高。另外,很多在港澳院校就读的学生后期需要在外面找房子住,根据宿舍、公寓的不同性质,价格也从每月3000元到10000元不等,加上学费,算下来四年本科的费用大概需要100万元。

当然,成绩优秀的学生可以拿到奖学金。但是整体来说,就读港澳高校还是需要学生家庭有一定的经济基础的。

第二点是需要学生英语能力优秀、学习能力强,能独立学习和生活。

香港普遍采用英语授课,澳门的学校使用中文或者中英文混合授课的专业多一些。很多学校在初审的时候就对学生的英语分数提出了一定的要求,或者设置了英语面试来预考查学生的沟通能力。另外,港澳的国际化程度远远高于内地,学生要接触国际视野和国际规则,学习能力强的孩子能更快适应港澳的学习生活。

第三点是父母有远见,对孩子舍得放手。

中国式家长对于孩子多是圈养,很多家长对于孩子要去很远的地方求学是不舍得的,所以家长需要考虑好是否舍得孩子未来在港澳工作。据统计,在香港上学的内地毕业生,本科毕业生中48%选择留港就业,36%选择继续升学,仅仅16%因为各种原因回内地或者出国就业。

第十三章 保送生
不用高考直接录取

导语

保送生是指符合保送条件，由某些中学推荐保送的品学兼优、综合素质优秀的学生，经过有关普通高等学校的考察、同意，免予参加普通高等学校招生全国统一考试，也就是学生不用参加高考，就可以直接拿到大学录取通知书。

保送生这个政策是为了弥补统考对选拔人才的不足而推出的。高校保送生招生属于特殊类型招生。

根据《教育部办公厅关于做好2024年普通高等学校部分特殊类型招生工作的通知》和《2024年普通高等学校部分特殊类型招生基本要求》规定，中学生学科奥林匹克竞赛国家集训队成员、部分外国语中学推荐优秀学生、公安英烈子女、退役运动员等具备高校保送资格，高校可以从上述人员中招收保送生。

那保送生到底是什么意思？哪些考生可以被保送？未来的发展方向又如何？本章就来带你一探究竟。

外语类

语言类保送生是指由 16 所外国语学校推荐保送，经有关普通高等学校考察、同意，免予参加普通高等学校招生全国统一考试而直接被录取入学特定专业的学生。

招生要求

教育部发布《2024 年普通高等学校部分特殊类型招生基本要求》，有以下保送要求：

自 2024 年起，除北京外国语大学、上海外国语大学、外交学院可继续招收一定数量外国语中学推荐保送生安排在英语语种相关专业，单独编班，单独制订培养方案，选拔培养英语类拔尖人才，其他高校招收的外国语中学推荐保送生均安排在除英语以外的小语种相关专业，鼓励高校培养"小语种+"复合型人才。

高校招收外国语中学推荐保送生专业范围为外国语言文学类专业，应向国家"一带一路"建设发展所需语种专业及国家急需紧缺语种专业倾斜。根据往年的保送生情况，保送专业均为外语类专业。

保送至小语种相关专业的学生入校后不得转入小语种以外的相关专业。严禁高校以保送生的招生形式将外国语中学推荐保送的学生录取或调整到非外语类专业。

新政策实施意味着之后除北京外国语大学、上海外国语大学、外交学院3所学校保送生可以继续安排英语专业，其他所有高校均不能再录取保送到英语专业的学生，只能录取除英语之外的小语种的保送生。

具有保送资格的学校

只有天津外国语大学附属外国语学校、石家庄外国语学校、太原市外国语学校、长春外国语学校、上海外国语大学附属外国语学校（含浦东、浦西校区）、南京外国语学校、杭州外国语学校、厦门外国语学校、南昌市外国语学校、济南外国语学校、郑州外国语学校、武汉外国语学校、广东外语外贸大学附设外语学校、深圳外国语学校、重庆外国语学校、成都外国语学校具有保送生推荐资格，可通过外语保送。

值得一提的是，按照《教育部办公厅关于做好2024年普通高等学校部分特殊类型招生工作的通知》，上面的16所外国语中学推荐保送生的名额将逐步减少。

可报考的国内高校

从所属省市来看，北京市、上海市和江苏省可接收外语保送生的高校是最多的。北京以14所名列第一，其中6所为"985"高校；上海以12所名列第二，其中4所为"985"高校；江苏省以11所名列第三，其中2所为"985"高校，见下表（表中数据为不完全统计，部分保送生较少关注或该学校外国语学院只开设英语语种相关专业的学校未列入）。

从院校类型来看，具有接收外语保送生资格的高校包括综合类高校、外语类高校、理工类高校、财经类高校、师范类高校、政法类高校、农林类高校。

省市	院校
北京	北京大学、清华大学、中国人民大学、北京航空航天大学、北京理工大学、北京科技大学、北京化工大学、北京师范大学、北京外国语大学、北京语言大学、对外经济贸易大学、外交学院、中央财经大学、首都经济贸易大学
天津	南开大学、天津大学、天津外国语大学
辽宁	大连理工大学、大连海事大学、东北财经大学
吉林	东北师范大学
黑龙江	哈尔滨工业大学
上海	复旦大学、同济大学、上海交通大学、上海理工大学、华东理工大学、东华大学、上海海事大学、华东师范大学、上海外国语大学、上海财经大学、上海对外经贸大学、华东政法大学
江苏	南京大学、南京邮电大学、中国药科大学、南京航空航天大学、东南大学、南京农业大学、南京师范大学、河海大学、江南大学、苏州大学、南京信息工程大学
浙江	浙江大学
福建	厦门大学
江西	江西财经大学
山东	山东大学
湖北	武汉大学、华中科技大学、武汉理工大学、华中师范大学、中国地质大学（武汉）
湖南	湖南大学、中南大学、湖南师范大学
四川	四川大学、电子科技大学、西南财经大学
重庆	重庆大学、西南政法大学、西南大学、四川外国语大学
陕西	西安交通大学、西安外国语大学、西安电子科技大学
广东	中山大学、深圳北理莫斯科大学、华南理工大学、广东外语外贸大学、香港中文大学（深圳）
甘肃	兰州大学

1. 保送招考录取概况

2023年保送生名单共1917人，其中五大学科竞赛类保送生有265人，共有1643名外语类保送生最终选择到36所高校就读，这些学校以"985"院校和语言类、师范类、财经类的"211"院校为主。

36所高校2023年录取的保送人数详见下表[1]。

序号	学校名称	拟录人数
1	上海交通大学	138
2	上海外国语大学	133
3	南京大学	130
4	北京外国语大学	126
5	北京大学	83
6	武汉大学	83
7	南开大学	80
8	对外经济贸易大学	74
9	复旦大学	67
10	北京航空航天大学	67
11	清华大学	61
12	上海财经大学	61
13	北京理工大学	59
14	西安交通大学	57
15	浙江大学	43
16	厦门大学	40
17	北京师范大学	38
18	华中科技大学	36
19	东南大学	33
20	华东师范大学	28
21	华南理工大学	27
22	山东大学	25
23	同济大学	23
24	中央财经大学	18

---

[1] 数据来源于各大高校官方公布的保送生名单。

续表

序号	学校名称	拟录人数
25	华中师范大学	18
26	中山大学	17
27	外交学院	17
28	中国人民大学	13
29	四川大学	13
30	香港中文大学（深圳）	12
31	哈尔滨工业大学	9
32	东北师范大学	7
33	南方医科大学	3
34	大连理工大学	2
35	华东政法大学	1
36	华东理工大学	1
合计		1643

上述36所高校中，在2023年的招生简章中明确表示招收小语种高起点学生的学校有18所。

2. 保送院校种类

（1）综合类大学

综合类大学是指覆盖学科比较齐全，在文、理、工、管、法、医等不同学科中至少有3门主要学科，办学规模较大、招生数量多的学校。这类大学具有多学科性、科学研究性、基础性的特征。也就是说，综合类大学通常包含多个实力学科，在完成教学工作的同时注重科学研究工作，而且侧重研究基础科学，教学内容也偏向基础理论教育。但在实践教学方面，综合类大学通常不如同水平的专业类大学。综合类大学注重学科交叉性，更倾向培养"通才型人才"，代表院校有北京大学、清华大学、复旦大学、武汉大学、南京大学。

许多学生在保送阶段尚未明确将来的个人发展和就业方向，或者不打算从事与外语相关的工作，此时可优先选择排名靠前的综合类院校，而专业实力可作为次要考虑因素。

面对体制内非外语类岗位，排名靠前的"985"院校的毕业生具有定向选调的机会，可以通过相对较小的竞争进入公务员队伍。清华大学、北京大学、中国人民大学、复旦大学等顶尖院校的学生还有参加中央选调的机会，适合有意向进入中央部委工作的同学。至于体制外的工作，如果学生选择非语言相关的岗位，也建议选择综合类院校。从企业的需求出发，他们更倾向既具备语言功底又懂专业知识的复合型人才。

很多综合类大学设立辅修或双学位的人才培养项目，学科门类齐全，可供外语类保送生选择，学生在未来求职时可以说是锦上添花。毕业季的去向更多元化：选择读研，校内保研名额较多；选择出国深造，院校排名高且对均分要求低；选择考公，成为选调生的机会更多。

综合类大学一般规模较大，专业门类齐全。很多排名靠前的"985"院校虽然外语专业并不突出，但校内学术活动非常丰富，学生更容易受到多元化、多学科交融的校园学术环境的熏陶，有利于将来成为知识面更广的复合型人才。

（2）语言类大学

语言类院校，是指在语言相关的学科群方面具有突出优势的大学。语言类大学的学科分布比较集中，专业的覆盖面较小，教学以专业课为主，强调实际操作能力，更注重培养"专才型人才"。

语言类专业是文科生的热门报考专业，学校根据具体情况，会同时发展外交、经贸、新闻等专业方向，也有些学校会兼顾理工类特色专业，代表院校有北京外国语大学、上海外国语大学、广东外语外贸大学。

若是学生有明确的学术目标，有志于从事学术研究，目标专业的实力显然是重要考虑因素。在这种情况下，优先选择专业性强的语言类院校更有利于集中精力去专注本领域的学术知识，学生继续在本专业深耕发展的概率更大。

语言类大学的优势在于，学生能够学到外国语言文学学科博大精深的知识技能，也能学到成体系的知识理论。如果热爱语言、有学术理想、想得到优质权威的外语教育，那么语言类高校是不二之选。

相对来说，语言类大学更注重本专业的学习，学科分工更细，各类资源集聚度高，专业研究和教学内容更深入和全面，学校开设的小语种类别丰富，学生可以随心所欲学习第二外语、第三外语……比如，北京外国语大学是我国高校中教授语言最多的大学，其中有18个语言专业还是全国唯一的学科点，同时设有外国语言文学博士后科研流动站。

与此同时，语言类高校的国际化氛围也更为浓厚。一方面，外国留学生及外籍教师众多，可以为在校学生提供"浸入式"的外语学习环境；另一方面，对外交流机会丰富，例如北京外国语大学就与世界上84个国家和地区的299所高校和学术机构开展交流，是目前与国外教育机构开展交流最多的国内大学之一。

语言类大学可以说构建了国内的主流外语圈，并能参加世界的外语圈活动。例如，上海外国语大学的高级翻译学院经常承办联合国、国家政府等大型国际活动的翻译工作。其口译系的表现更加突出，是全国唯一一所名列世界"15强"的专业会议口译办学机构。

同时，学生在学校所接触到的老师和同学都专注于语言领域，有大量的实践经验和成功案例，也有比较明确的校友圈子，毕业生未来找专业对口的工作也更为容易。如果学生渴望进入外交部等外事部门工作，选择进入北京外国语大学、上海外国语大学这样的语言类顶级院校会有更多的机会。

考核录取

以中国人民大学 2023 年外语类保送生为例：

首先是初试。

文化课笔试包括语文、数学、英语三个科目，满分各 100 分。

学校视情况划定文化课笔试总成绩及格线和各个科目单科及格线。对于过线考生，根据初试成绩情况确定入围复试的考生名单。

其次是复试。

复试为英语综合能力面试，包括英语朗读、理解、表达、综合素质考察等，满分为 300 分。

多数学校的外语类保送生招生分为笔试和面试，而在笔试科目上，有的学校三科俱全，有的只考外语。以 2023 年笔试为例，详见下表：

笔试科目	学校名称
语文 + 数学 + 英语	清华大学、北京大学、中国人民大学、浙江大学、复旦大学、厦门大学、同济大学、华中科技大学、对外经济贸易大学、北京师范大学、华东师范大学
语文 + 英语	北京外国语大学、上海外国语大学、外交学院、北京航空航天大学
数学 + 英语	上海交通大学
英语	南京大学、武汉大学、上海财经大学

招收外国语中学推荐保送生的高校需在教育部公示相关保送资格学生名单后，在公示名单范围内组织该校外国语言文学类专业保送生文化测试及相关考核。

资格获取

想要成为保送生，意味着学生要提前进入高考的状态，所以学生和家长要尽早、合理地规划。

对于想走外语类保送途径的学生来说，在初升高的时候就要选择对应的外国语学校。在外国语中学学习期间，学生要保持优秀的成绩，尽早确认报考语言的种类，外语特长要突出，同时要提高自己的综合素质和能力。

学生在高三上学期便可根据校内排名前往各个大学参加笔试和面试，如果直接被高校录取，可提前半年毕业；如果保送考试落榜，仍可回校和高考生一起备战高考。

就业去向

在全世界几千种语言中，除去英语、汉语、法语、俄语、西班牙语、阿拉伯语这6种联合国通用工作语言，其余统称小语种。而在我国的高校招生中，大家习惯把除英语外的外语类专业统称为小语种。

像西班牙语、法语、德语、俄语、日语，虽然属于小语种，但是这些语言覆盖区域广，使用人数多，社会用工需求大，所以报考热度向来不低，竞争也非常激烈。据阳光高考信息平台数据显示，俄语、德语、法语、西班牙语、阿拉伯语等多个小语种专业的平均就业率在85%以上，就业渠道主要集中在政府公务员、外企和中外合资企业、外贸公司、新闻传媒机构等领域。

随着国家"一带一路"的发展和人类命运共同体的建设，我国倡导组建了一批新兴的国际组织，比如亚洲基础设施投资银行、上海合作组织，但我国还需要在联合国、在国际舞台上拥有更大的话语权，需要更多语言人才。旅游、跨国贸易、外交、外资及合资企业经营、航空、教育、文化交流、驻外企业交流、科技合作等领域都需要大量的小语种人才，最好是小语种复合型人才。

世界 500 强企业几乎全部在中国设有分支机构，具有国人身份又掌握外语的人才往往受到跨国公司的青睐。截至 2021 年，我国进出口规模已达到 6.05 万亿美元，首次突破 6 万亿美元关口，贸易涉及世界各地。东盟、东北亚、欧盟、独联体等经济体与我国的贸易往来日渐频繁，熟悉当地风土人情和语言的人才对于各种外贸公司的重要性不言而喻。

政府机关，尤其是中央机关，每年都会选拔大量的小语种人才进入公务员队伍。而且，我国驻世界各地的大使馆、国际性组织和外交部等机构对小语种人才的需求量在不断加大。由于小语种人才的稀缺性，在每年的"国考大军"里，满足报考条件的人是相对有限的，意味着竞争较小，小语种人才较为容易"上岸"。

事业单位，如中央电视台、中国国际广播电台、新华社、中国新闻社等也需要小语种人才。目前，中央电视台有法语、西班牙语、阿拉伯语、俄语 4 个小语种频道，中国国际广播电台每年都会有小语种人才的需求。

1. 英语

英语专业毕业生多集中在文化教育、大众传媒、对外交流、经济贸易、科学技术、公共事业等领域就业。多年以来，本专业毕业生一次就业率保持在较高水平，其中每年有 50% 以上的学生选择在国内或去往国外继续深造。除本专业外，还有较大比例的学生选择了其他学科的专业深造，展示了复合型人才培养的成效。

2. 德语

德语专业近年来发展迅速，成为小语种专业中较为受欢迎的专业之一。德语专业毕业生的去向大概分为三大类：

第一类是就业。部分优秀毕业生能进入世界500强企业或政府机构、四大会计师事务所、各大银行等。

第二类是赴国外继续深造。这类毕业生占大多数，他们遍布世界各地，除了到德国、瑞士、奥地利等德语区国家，也有同学选择去欧美国家的一流大学深造，许多同学在硕士阶段修读非外语专业，进行跨学科学习。

第三类是留在国内继续读研究生。除少数非常优秀的同学留在本专业，继续从事德语国家语言、文化、文学等相关领域的研究之外，更多优秀同学凭借辅修专业和交叉知识学习能力，被保送或考取本校或清华大学、北京大学、复旦大学、南京大学、中国人民大学等国内顶尖高校继续攻读法学、经济学、管理学、传播学、中国学、艺术设计等不同专业的硕士学位。

3. 法语

法语完全是一门国际性的强势"大语种"。世界上共有超过40个国家和地区使用法语，其中半数以上将法语列为官方使用语言，如比利时、瑞士、加拿大和许多非洲国家。在2018年时，全球讲法语的人数就已达3亿。法语是使用人口排名第五的世界语言，也是唯一与英语并行，在世界五大洲通用的语言。

法语专业毕业生是符合人才市场需要的高质量综合型外语人才，能适应中国与法语国家进行政治、经济、文化交流的工作。该专业历年来就业率高，毕业生进入包括联合国总部在内的国际组织、外交部和商务部等国家部委、知名国企、金融机构、媒体、高校、出版社等工作，深受用人单位的好评。众多法语专业毕业生进入国内外一流大学的经贸、金融、法律、文化、语言、传媒等多个专业继续深造。

4. 西班牙语

由于国家政治、经济发展的迫切需要，以及国内西班牙语人才缺乏的现状，西班牙语专业学生的就业情况和继续深造情况均较好。该专业学生的就业渠道较宽，深造机会较好。

以浙江大学西班牙语专业近两届的毕业生为例，去向分为三大类：第一类，境内升学占31%，深造高校均为"985"和"211"高校，包括北京大学、清华大学、复旦大学等；第二类，境外升学占31%，包括西班牙顶级大学马德里自治大学、马德里康普顿斯大学，以及世界排名前20的高校；第三类，境内就业占24%，就业单位包括国家部委和企事业单位，如外交部、中国建筑、阿里巴巴、腾讯等。

5. 日语

该专业学生知识全面、择业面广。学生毕业后可从事与日语、英语有关的对外经济贸易、会计、外事、管理、文秘、教育、旅游、新闻、法律等工作，也可在房地产、跨境电商等领域拓展渠道，还可赴国内外著名高校继续深造，攻读文、史、经、哲、法、农等学科的硕士学位。

日语专业毕业生历年来就业情况良好，升学率以及就业率稳定，就业实绩在国内处前列。国内就业单位主要有日企、进出口公司、会计师事务所、房地产公司、银行、跨境电商企业、学校等，就业地点多在北京、上海、广州、杭州等大中城市。近些年，随着日本少子化社会结构的变化，直接赴日本就业的人数在逐年增加，该专业的毕业生深受用人单位的好评。

6. 俄语

俄语专业学生毕业后继续深造的比例为30%—50%，深造学校既有国内的，也有国外的；深造学科既有俄语语言文学，也有传媒、法律、哲学、艺术等。

历年来，俄语专业毕业生就业情况良好。俄语能够敲开各个行业的大门，因为国家各个行业的俄语人才紧缺，军事、外交、金融、贸易、传媒、教育等都需要俄语人才，尤其是"一带一路"倡议的实施，更加大了对俄语人才的需求。外交部、商务部、新华社等各大部委每年都会招收俄语毕业生，从事与俄罗斯相关的工作；各大国企和民营企业均需不断拓展俄罗斯市场，如阿里巴巴、联想、中兴、华为、吉利集团等，非常需要俄语专业的人才。

此外，俄语毕业生也可以到私企从事中俄贸易的工作。另外，俄语专业毕业生若从事对口工作，其收入一般都高出平均水平。

规划建议

外语类保送适合以下条件的学生：首先，热爱语言学习并具有一定的天赋，保送考试更多考查的是学生对语言的敏感度和人际沟通能力，它更类似于素质教育，让学生对社会、世界的了解不仅停留在试卷上。其次，自身喜欢接触多元的文化，想通过语言这座桥梁去探索一个国家背后的故事。

竞赛类

在五大学科竞赛全国决赛获得金牌并入选国家集训队的队员，将获得清华大学、北京大学的保送资格。五大学科竞赛每年有260个国际奥林匹克学科竞赛国家集训队成员资格，其中含数学60人、物理50人、化学50人、生物50人、信息学50人。也就是说，每年有260名同学依靠学科竞赛被保送至清华大学、北京大学，他们一般选择了清华大学"姚班""智班""丘班"，以及北京大学数学英才班和物理学院等会集众多精英的地方。

招生对象

在五大学科竞赛中获得符合教育部规定的具有保送生资格的优秀应届高中毕业生。

报名方式

一般由在读学校统一报名。

录取原则

大学组织专家组对申请学生的资料进行综合评价，择优认定保送生候选人。认定结果由高校招生领导小组讨论通过，并按照教育部规定予以公示后生效。在该次保送生选拔中最终被认定为该校保送生的考生，无须参加其他选拔测试环节。

高校招收国际奥林匹克学科竞赛国家集训队成员保送生，原则上录取至与学生特长相关的基础学科专业。

每名学生高中期间只有一次进入国家集训队的资格。

五大学科竞赛

奥林匹克竞赛，包括数学、物理、化学、生物、信息学五个科目，也被称为五大学科竞赛。而参加任一学科竞赛的中学生想要进入奥林匹克竞赛级别的比赛，都需要经过预赛、复赛的双层选拔。

如果你足够优秀，想要参加国际奥林匹克级别的赛事，还需要经历决赛、国家集训队、国家队三个阶段的突围。

总体来说，五大学科竞赛在学习难度上为：数学≥物理＞化学≥信息学＞生物；五大学科竞赛奖项在自主招生中的认可度为：数学≥物理＞化学≥信息学、生物。

接下来，为大家分别介绍一下五大学科竞赛。

1. 数学竞赛

数学竞赛可以说是五大学科竞赛中最难、历史最久、竞争最激烈，也是发展最为成熟的。

全国中学生数学奥林匹克竞赛由中国数学会主办，一般由所在学校统一报名，从2019年开始，只有高中生才能参加。能在决赛中取得优异成绩的同学大部分是从初中开始学习数学竞赛的，甚至有同学从小学便开始接触奥数。

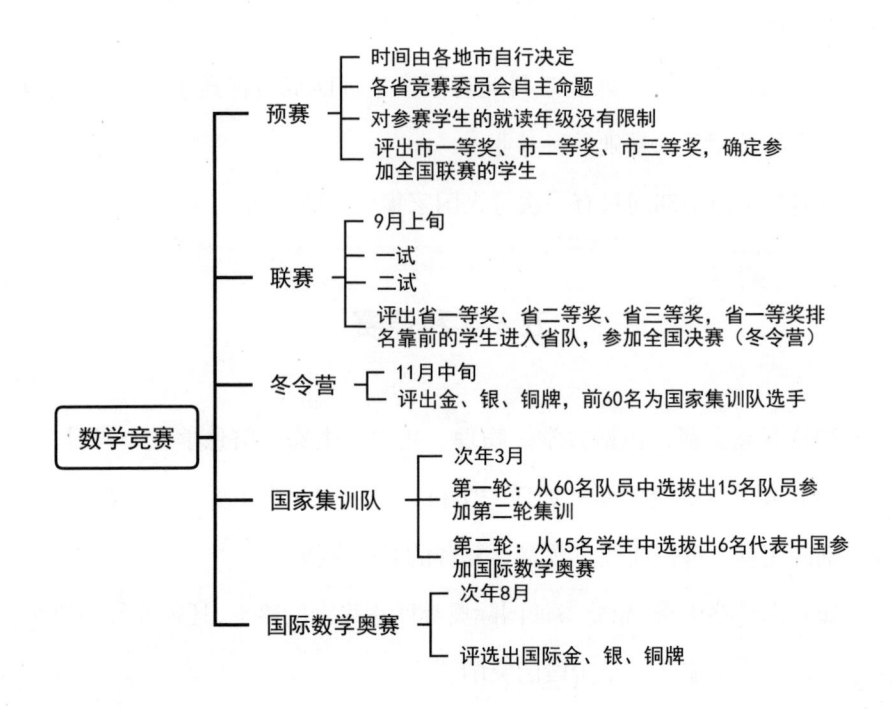

```
                    ┌── 时间由各地市自行决定
                    ├── 各省竞赛委员会自主命题
           ┌ 预赛 ──┤── 对参赛学生的就读年级没有限制
           │        └── 评出市一等奖、市二等奖、市三等奖，确定参
           │            加全国联赛的学生
           │
           │        ┌── 9月上旬
           │        ├── 一试
           │        ├── 二试
           ├ 联赛 ──┤
           │        └── 评出省一等奖、省二等奖、省三等奖，省一等奖排
           │            名靠前的学生进入省队，参加全国决赛（冬令营）
           │
           │        ┌── 11月中旬
数学竞赛 ──┼ 冬令营─┤
           │        └── 评出金、银、铜牌，前60名为国家集训队选手
           │
           │             ┌── 次年3月
           │             ├── 第一轮：从60名队员中选拔出15名队员参
           ├ 国家集训队──┤         加第二轮集训
           │             └── 第二轮：从15名学生中选拔出6名代表中国参
           │                       加国际数学奥赛
           │
           │              ┌── 次年8月
           └ 国际数学奥赛─┤
                          └── 评选出国际金、银、铜牌
```

2. 物理竞赛

物理竞赛的思维难度、知识难度也很大，与数学竞赛接近，但不像数学竞赛对基础有一定的要求，物理竞赛更注重知识框架的搭建。

大部分进入国家集训队的同学都是从初中或高一开始学习物理竞赛的，高三进入决赛代表队的同学居多，少数同学能在高一、高二进入决赛代表队并取得优异成绩。

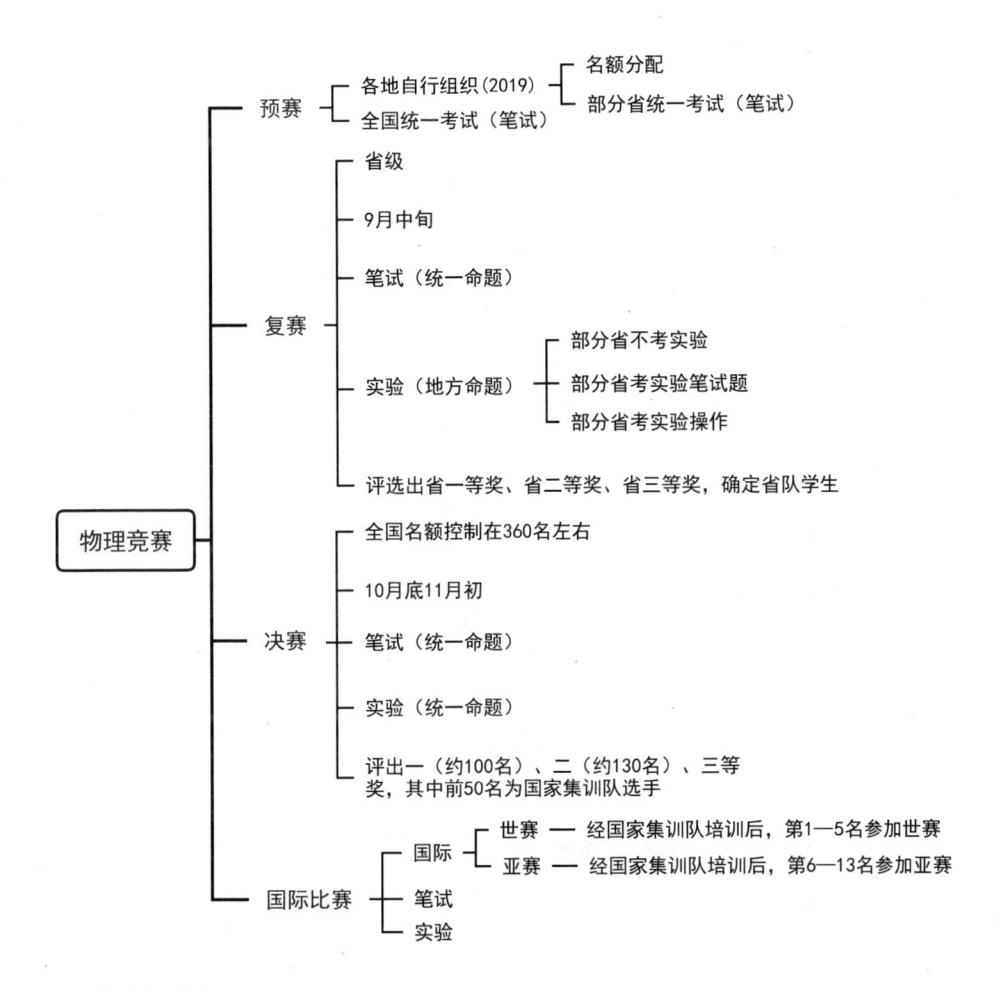

```
                          ┌─ 各地自行组织(2019) ──┬─ 名额分配
              ┌─ 预赛 ────┤                      └─ 部分省统一考试（笔试）
              │          └─ 全国统一考试（笔试）
              │
              │          ┌─ 省级
              │          │
              │          ├─ 9月中旬
              │          │
              │          ├─ 笔试（统一命题）
              │          │                      ┌─ 部分省不考实验
              ├─ 复赛 ───┤                      │
              │          ├─ 实验（地方命题）────┼─ 部分省考实验笔试题
              │          │                      │
              │          │                      └─ 部分省考实验操作
              │          │
              │          └─ 评选出省一等奖、省二等奖、省三等奖，确定省队学生
              │
              │          ┌─ 全国名额控制在360名左右
              │          │
              │          ├─ 10月底11月初
 物理竞赛 ────┤          │
              ├─ 决赛 ───┼─ 笔试（统一命题）
              │          │
              │          ├─ 实验（统一命题）
              │          │
              │          └─ 评出一（约100名）、二（约130名）、三等
              │             奖，其中前50名为国家集训队选手
              │
              │                   ┌─ 世赛 ── 经国家集训队培训后，第1—5名参加世赛
              │          ┌─ 国际 ─┤
              └─ 国际比赛┤        └─ 亚赛 ── 经国家集训队培训后，第6—13名参加亚赛
                         ├─ 笔试
                         └─ 实验
```

3. 化学竞赛

化学竞赛对知识框架的搭建以及运用能力要求较高，对逻辑思维的要求比物理竞赛略低，但是对于知识点的记忆要求明显强于物理竞赛，同时部分省份的学习起点基本上离开了中学化学知识体系的范畴，需要学生学习掌握大学化学的课程内容。

化学竞赛奖项虽不像数学竞赛、物理竞赛奖项那样有极高的说服力，但也能得到大部分高校的认可，在2023年强基计划校考中，清华大学的笔试科目就考查了数学、物理、化学三个科目。

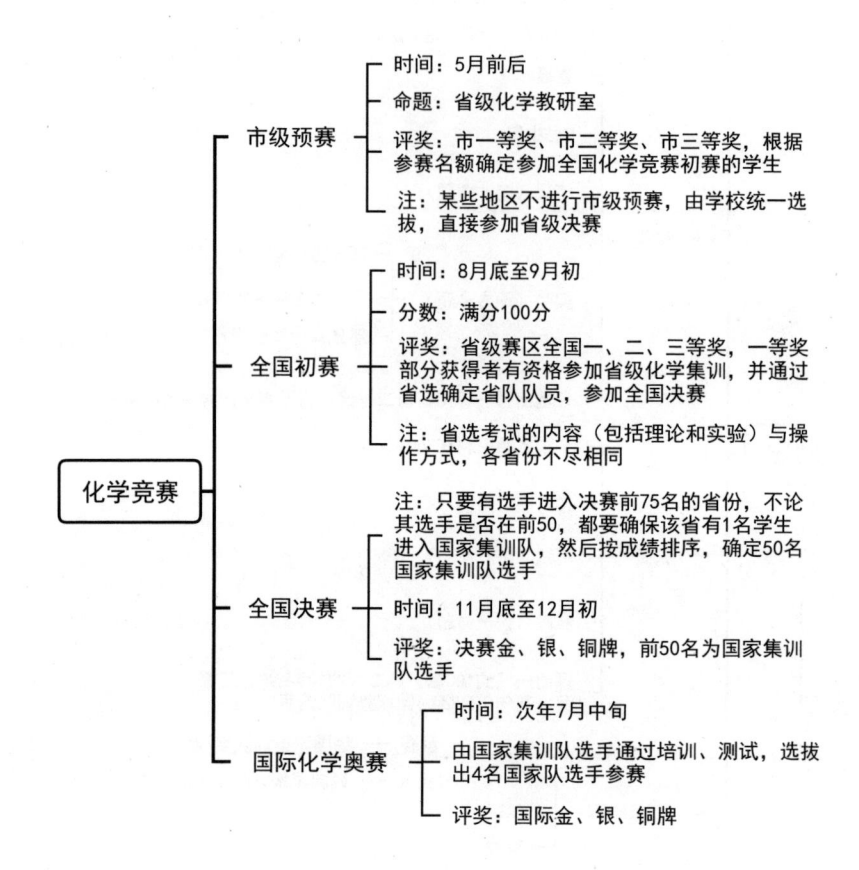

```
                    ┌─ 时间：5月前后
                    ├─ 命题：省级化学教研室
            ┌ 市级预赛 ─┼─ 评奖：市一等奖、市二等奖、市三等奖，根据
            │         │    参赛名额确定参加全国化学竞赛初赛的学生
            │         └─ 注：某些地区不进行市级预赛，由学校统一选
            │              拔，直接参加省级决赛
            │
            │         ┌─ 时间：8月底至9月初
            │         ├─ 分数：满分100分
            ├ 全国初赛 ─┼─ 评奖：省级赛区全国一、二、三等奖，一等奖
            │         │    部分获得者有资格参加省级化学集训，并通过
            │         │    省选确定省队队员，参加全国决赛
化学竞赛 ─┤         └─ 注：省选考试的内容（包括理论和实验）与操
            │              作方式，各省份不尽相同
            │
            │         ┌─ 注：只要有选手进入决赛前75名的省份，不论
            │         │    其选手是否在前50，都要确保该省有1名学生
            ├ 全国决赛 ─┤    进入国家集训队，然后按成绩排序，确定50名
            │         │    国家集训队选手
            │         ├─ 时间：11月底至12月初
            │         └─ 评奖：决赛金、银、铜牌，前50名为国家集训
            │              队选手
            │
            │         ┌─ 时间：次年7月中旬
            └国际化学奥赛┼─ 由国家集训队选手通过培训、测试，选拔
                      │    出4名国家队选手参赛
                      └─ 评奖：国际金、银、铜牌
```

4. 生物竞赛

　　生物一直以来都被看作理科中的文科，同样，生物竞赛也有许多需要记忆的知识点，需要学习很多大学生物的内容。

　　因为学习生物竞赛的人相对比较少，所以竞争相对较小。而且，因为考试时间的原因，学生在高中时代只能参加两次生物竞赛，机会相对来说更少。但与之对应的是，学生退役后有更多时间准备高考。

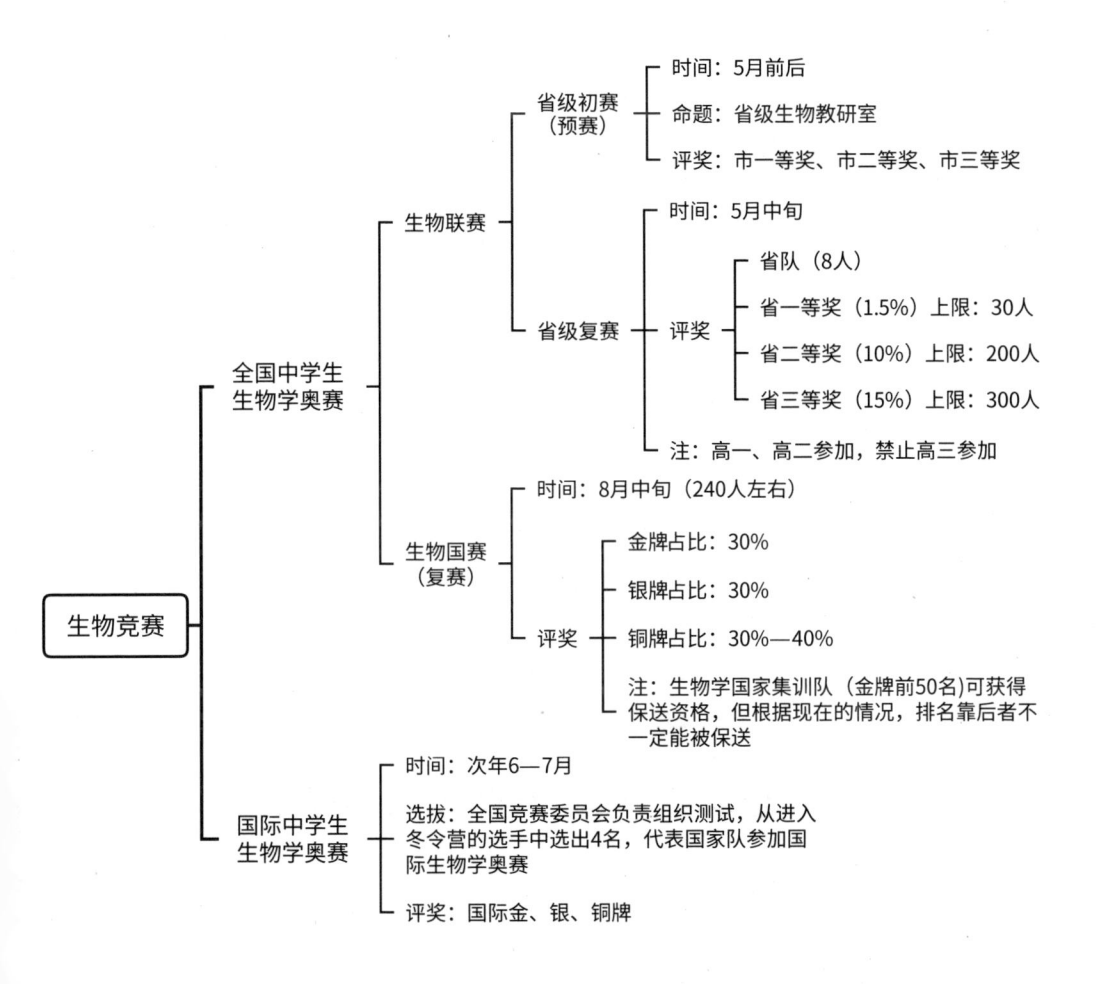

```
                                          ┌─ 时间：5月前后
                             ┌─ 省级初赛 ─┤
                             │   （预赛）  ├─ 命题：省级生物教研室
                             │            └─ 评奖：市一等奖、市二等奖、市三等奖
                  ┌─ 生物联赛 ┤
                  │          │            ┌─ 时间：5月中旬
                  │          │            │         ┌─ 省队（8人）
                  │          │            │         ├─ 省一等奖（1.5%）上限：30人
                  │          └─ 省级复赛 ─┤ 评奖 ─┤ 省二等奖（10%）上限：200人
                  │                       │         └─ 省三等奖（15%）上限：300人
   全国中学生 ─────┤                       └─ 注：高一、高二参加，禁止高三参加
   生物学奥赛      │
                  │                       ┌─ 时间：8月中旬（240人左右）
                  │          ┌─ 生物国赛 ─┤         ┌─ 金牌占比：30%
                  └──────────┤  （复赛）  │ 评奖 ─┤ 银牌占比：30%
                             │            │         └─ 铜牌占比：30%—40%
                             │            └─ 注：生物学国家集训队（金牌前50名）可获得
生物竞赛 ┤                                    保送资格，但根据现在的情况，排名靠后者不
                                               一定能被保送
                  ┌─ 时间：次年6—7月
  国际中学生  ─── ┤ 选拔：全国竞赛委员会负责组织测试，从进入
  生物学奥赛      │ 冬令营的选手中选出4名，代表国家队参加国
                  │ 际生物学奥赛
                  └─ 评奖：国际金、银、铜牌
```

5. 信息学竞赛

信息学竞赛是一个相对特殊的科目，它既要求学生有一定的数学思维能力，又要求其有计算机语言的实际运用能力，因此许多学生会选择数学、信息学双修。

信息学竞赛需要学生经常上机，熟悉编程语言，学习算法、数学建模等，因此学习门槛比较高，相对而言竞争不是非常激烈。

高校招生中，信息学竞赛的认可度在不同学校不同专业间有所不同，信息学、计算机科学非常强势的学校对信息学竞赛奖项的认可度很高，而偏人文类的学校对其认可度不太高。

中国计算机学会于1984年创办全国青少年计算机程序设计竞赛（简称 NOI），这是国内包括港澳特区在内的省级代表队最高水平的大赛，自1984年至今，在国内包括香港、澳门组织竞赛活动。每年经各省选拔产生5名选手（其中一名是女选手），由中国计算机学会在计算机普及较好的城市组织进行比赛。这一竞赛记个人成绩，同时记团体总分。

NOI 系列活动包括全国青少年信息学奥林匹克竞赛和全国青少年信息学奥林匹克网上同步赛、全国青少年信息学奥林匹克联赛、冬令营、选拔赛和出国参加国际信息学奥林匹克竞赛。[1]

参赛流程

参加五大学科竞赛的流程如下，具体时间点可参考相应竞赛科目官网。

（1）报名；

（2）初赛选拔，以学校为单位举行，各市自行出卷，按报名数量分配复赛名额；

（3）复赛（又称省赛、联赛）；

（4）设省级一、二、三等奖，之后参加省队选拔，省排名靠前的选手可以组成决赛代表队（省队）参加决赛；

（5）参加决赛（国赛），设金、银、铜牌，也就是我们常说的"国一""国二""国三"，金、银牌按照一定比例分配。决赛的全国前20名

---

[1] 更多详细信息请参考全国青少年信息学奥林匹克竞赛官网中系列活动简介，网址是 https://www.noi.cn/gynoi/jj/。

拿到入国家集训队资格，和清华大学、北京大学签保送协议；

（6）参加国家集训队培训，之后会有国家队选拔赛，选出国家队参加国际赛。

竞赛保送的优势与难度

在省赛和决赛中表现优异的选手可获得清华大学、北京大学的保送以及中国科学技术大学等高校的招生优惠（强基计划），那么这些选手具体有哪些特殊升学途径呢？

（1）选手初三可报名西安交通大学少年班（免中、高考+保研）；

（2）选手高一、高二于9月可报名中国科学技术大学"少创班"（降一本线录取）；

（3）选手高二、高三可报名清华大学"丘班"、北京大学数学英才班（降一本线录取）；

（4）选手高三可报名强基计划和综合评价（降10—30分）；

（5）选手初三至高三可报名清华大学创新领军工程、北京大学物理学科卓越人才培养计划（免高考，直博）。

中国科学技术大学"少创班"对于低年级的优秀竞赛生来说是一个不错的选择，获得省级一等奖或者铜牌奖项在初试环节可以加分，获得金牌或银牌可以免初试直接进复试；进入复试之后，最多可降至一本线被中国科学技术大学提前录取。

很多学生期待参加竞赛能保送清华大学、北京大学，但是想要通过五大学科竞赛国家集训队保送进入清华大学、北京大学的难度是非常大的，因为每年数万考生中只有260人能够入选国家集训队。从过往来看，大部分国家集训队的保送生从小就接触竞赛，拥有科学的训练与规划。同时，因为各省的竞赛实力不同，所以不同省份考生的学习策略也会存在差异。

其实对于竞赛生来说，很多级别的奖项能在升学中起到作用，有机会降分进入名校。

以数学联赛为例，有资格参加数学联赛的学生最大的特点是热爱数学、思维缜密、爱发问、爱钻研。走竞赛道路的学生，一般在小学阶段就已经自学完初中的数学教学内容，甚至接触到高中的数学教学内容，在初中阶段就已多次参加相关竞赛。

这类学生，通常会报考大学的强基计划，有很多可选择的专业，如数学与应用数学、物理学、化学、生物科学、信息与计算机科学、数理基础科学、化学、生物学、理论与应用力学等。毕业之后，他们可以进入相关的国家科研单位、知名的企事业单位，或者到高校从事教师一职。

竞赛生即使没有在竞赛中取得理想成绩，但锻炼了学习思维和学习方式，这些学生在综合评价考试中也有很拔尖的成绩。

以 2021 年清华大学、北京大学的保送数据来看：北京大学共保送 193 人，其中含奥林匹克竞赛国家集训队队员 121 人、外国语中学优秀生 72 人，奥林匹克竞赛保送占比 62.69%；清华大学共保送 178 人，其中含奥林匹克竞赛国家集训队队员 116 人、外国语中学优秀生 62 人，奥林匹克竞赛保送占比 65.17%。从这个数据来看，奥林匹克竞赛国家集训队队员几乎全部保送清华大学、北京大学。

2021 年至 2023 年，共有 652 名奥林匹克竞赛国家集训队选手成功被清华大学、北京大学两所高校录取，其中清华大学共 329 人，北京大学共 323 人。这 3 年间选择清华大学的国家集训队保送生比选择北京大学的要略多一些。而从单年的情况来看，在 2023 年选择北京大学的国家集训队保送生比选择清华大学的要略多一些。

2022年，108位被保送清华大学的国家集训队学生中，56位进入计算机类（姚班）、17位进入临床医学类、15位进入理科试验班类（化生类）；96位被保送北京大学的国家集训队学生中，31位进入理科试验班类（元培学院）、17位进入物理类、16位进入化学类。

2023年，99位被保送清华大学的国家集训队学生中，61位进入计算机类（姚班）、16位进入理科试验班类（化生类）、12位进入临床医学类。112位被保送北京大学的国家集训队学生中，36位进入理科试验班类（元培学院）、20位进入生物科学类、21位进入图灵班。

对比2022年和2023年清华大学、北京大学两校保送生人数排名前三的专业，我们可以发现，清华大学姚班和北京大学元培学院作为两校的王牌，自然也成了两校学科竞赛保送生最大的"栖息地"。北京大学图灵班近年的热度上涨，逐渐成为比较受保送生青睐的专业之一。

总之，想要通过保送进入清华大学、北京大学还是非常难的。

规划建议

奥林匹克竞赛并不是一条"康庄大道"，而是要进行自我挑战，去冲击高峰，其代价可想而知。

对于想走竞赛类保送的学生来说，一定要理性地思考，做出理性的选择，并有完善的训练培养计划来做保障。

学生判断自己是否适合学竞赛的标准有两个，一是自身是否对竞赛科目兴趣浓厚，二是在完成平时课业后是否还能继续学习，即学有余力。

公安英烈子女

政策介绍

符合公安部、教育部印发的《关于进一步加强和改进公安英烈和因公牺牲伤残公安民警子女教育优待工作的通知》规定的公安烈士、公安英雄模范和一级至四级因公伤残公安民警子女，志愿献身公安事业的，可保送至公安院校学习深造。

需要注意的是，公安英烈子女按有关规定只能保送至公安类院校。

符合应急管理部办公厅、教育部办公厅印发的《关于国家综合性消防救援队伍英烈和因公伤残等人员子女报考中国消防救援学院优待有关事宜的通知》规定的烈士、英雄模范和一级至四级因公伤残消防救援人员子女，可保送至中国消防救援学院学习。

报考原则

《关于进一步加强和改进公安英烈和因公牺牲伤残公安民警子女教育优待工作的通知》中规定了以下细则：

1. 优待对象范围

（1）全国公安系统烈士（以下简称"公安烈士"）的子女；

（2）全国公安系统一级、二级英雄模范（以下简称"公安英模"）的子女；

（3）全国公安系统因公牺牲民警的子女；

（4）全国公安系统一级至四级因公伤残民警的子女。

上述人员因公牺牲、伤残或被授予荣誉称号时，应为公安机关在职人民警察。

2. 教育优待措施

（1）在高等教育方面

公安烈士、公安英模和一级至四级因公伤残公安民警子女，志愿献身公安事业的，可保送至公安院校学习深造。

公安烈士子女报考普通高等学校的，可在有关高校投档分数线下降20分投档；公安英模和因公牺牲、一级至四级因公伤残公安民警子女报考普通高等学校的，在同等条件下优先录取。

（2）在普通高中、中等职业教育方面

公安烈士、公安英模和因公牺牲、一级至四级因公伤残公安民警子女报考普通高中、中等职业学校时降分录取，具体降分办法由地方教育行政部门根据本地实际制定。

西藏、新疆地区的公安烈士、公安英模和因公牺牲、一级至四级因公伤残公安民警子女，可以根据其父母或者其他法定监护人的意愿，对于符合内地西藏初中班、高中班、中职班和内地新疆班、中职班报考条件的，安排到内地西藏班、新疆班学习。

符合保送条件的公安英烈子女，可向烈士生前所在单位或英烈现工作单位提出书面申请，逐级报至省（区、市）公安厅（局）政治部审核，各省（区、市）公安厅（局）政治部再将推荐保送生的材料和审核意见报公安部下政治部审批。

符合保送生条件的公安英烈子女须参加公安部统一组织的考试。经复审达到要求的，有关公安院校须将拟录取名单报生源所在省级招生办公室备案并办理录取手续。各省（区、市）所属公安院校原则上只招收本地区的保送生。公安部直属院校面向全国招收符合保送生条件的公安英烈子女，其比例不超过当年全国公安英烈子女保送生总数的20%。

3. 申请材料目录

材料名称	材料形式	必要性及描述
符合政策考生优待申请表	电子	必要
身份证件	系统自动获取，无须申请者提交	必要
优待资格部门的审核意见	系统自动获取，无须申请者提交	必要

4. 办理申请流程

申请→受理→审核→公示→优待。

规划建议

从公安院校出来的学生可以通过公安机关录用人民警察专业科目考试进入省、市、乡镇的公安局、派出所、看守所、拘留所、戒毒所、监管场所工作，比如户籍警察、交通警察、刑侦警察、经侦警察等岗位。同时，学生可以通过国考、省考进入司法机关，比如法院、检察院，从事司法警察工作。

优秀退役运动员

符合国家体育总局、教育部等六部委（局）印发的《关于进一步做好退役运动员就业安置工作的意见》中有关保送要求的退役运动员，即曾获得全国体育比赛前三名、亚洲体育比赛前六名、世界体育比赛前八名和获得球类集体项目运动健将、田径项目运动健将、武术项目武英级和其他项目国际级运动健将称号的运动员，经教育部门推荐和高等学校考察，可以免试进入高等学校学习，高等学校还可以通过单独组织入学考试、开办预科班等形式招收运动员入学。

该政策的目的是解决退役运动员就业安置问题，在政策上鼓励退役运动员发挥专长，申请保送至高校体育学类本科专业。

保送条件（以 2024 年为例）

并非所有运动员都可以参加高校保送录取，以 2024 年为例，根据《体育总局办公厅关于做好 2024 年高校保送录取优秀运动员有关事宜的通知》，运动员获得保送资格须符合下列条件：

1. 基础要求

（1）拥护中国共产党领导，拥护社会主义制度；无犯罪记录，无兴奋剂违规记录。

（2）符合 2024 年高考报名条件，并取得生源所在地高考报名号。

（3）运动成绩优异，能够满足以下任一条件：

①奥运项目破世界纪录或亚洲纪录或全国纪录（不含青年纪录）；

②被授予国际级运动健将称号；

③足球、篮球、排球项目被授予运动健将称号；

④除足球、篮球、排球外的其他奥运项目的运动健将，和围棋、象棋、国际象棋、武术套路、武术散打项目的运动健将，均应参加《符合高校保送录取优秀运动员的竞赛项目及赛事名录（2024版）》中所列赛事和小项的最高组别比赛，且取得世界体育比赛前八名，或亚洲体育比赛前六名，或全国体育比赛前三名。

2. 报名方式

一般是在每年的2月初登录"中国运动文化教育网"[1]或"体教联盟"App的体育招生中的"运动员保送系统"（以下简称"保送系统"）进行报名。

3. 报名材料

（1）符合保送资格的比赛获奖证书（电子版）；

（2）身份证（正反面电子版），如有曾用名的，还应提交户口本本人页（电子版）；

（3）电子证件照。

以上材料通过保送系统提交，原件由运动员保存备查。

4. 办理流程和要求

申请保送的运动员需要按照以下要求办理保送：

（1）应按时参加生源所在地省级招生考试机构组织的高考报名（具体

---

[1] 网址是 http://www.ydyeducation.com。

按各省级招生考试机构要求执行）。

（2）应在报名截止前获得符合保送条件的运动员技术等级称号及相关运动成绩，相关信息可通过"运动员技术等级信息查询系统"查询。

（3）报名时通过保送系统选择学校和专业。鼓励优秀运动员发挥专长，申请保送至有关高校体育学类本科专业。如申请就读非体育学类本科专业，应按要求在保送系统内同时报名并参加2024年普通高校运动训练、武术与民族传统体育专业招生（简称"体育单招"）文化考试（具体考试安排见《2024年普通高等学校运动训练、武术与民族传统体育专业招生管理办法》）。所有保送运动员均应参加有关高校组织的综合考核。

（4）经高校初次审核，未通过初次审核的运动员可进行调剂。

（5）确保报名材料的真实性，一旦发现弄虚作假，一律取消保送资格，并通报生源所在省级招生考试机构处理。严格按照时间报名，逾期不予受理。

（6）运动员申请保送并被录取后，因个人原因放弃录取资格、主动退学或被开除的，原则上不得再次申请保送。

院校录取详情

2023年，包含清华大学、同济大学、北京体育大学在内共有67所高校有保送运动员的录取名额（具备保送资格的高校不止67所），共有820名优秀运动员通过相关招生院校、省级体育行政部门、体育总局运动项目管理中心、全国性体育社会组织、省级招生考试机构等审核，获得被保送上大学的推荐资格。其中，北京体育大学录取250人，占比超过30%，北京体育大学历年来是录取保送运动员的主力军；上海体育大学录取66人，成都体育学院录取49人。

保送项目和比赛（2024 版）

体育单招的绝大多数项目是可以参与保送的，还包括一些非体育单招非高水平运动队的项目，如冲浪、雪车、滑板等。

各高校可以报考的项目需要查看其最新发布的招生简章，并不是所有项目都可报考。一般体育单招院校以本校体育单招具体招收的项目为主，其他高校会有其他规定。

附录 6 是 2024 版的竞赛项目和赛事名录，供读者参考。

规划建议

如果是大学期间就读体育专业的退役运动员，毕业后多会去国家或者地方体育局，以及各个运动队从事管理或训练等工作，也可以担任教练、裁判、营养师、体育老师等，或者去一些体育品牌公司从事相关工作。

保送录取程序

具备保送资格的考生应向有关高校或部门提出保送申请，提交高中学业水平考试成绩和综合素质档案，经生源所在地省级教育行政部门、招生考试机构、其他有关部门及考生所在中学审核确认并通过多级公示后，参加有关高校组织的保送生综合考核。

高校根据综合考核成绩和高校选拔要求，确定拟录取保送生名单并进行公示，未经公示的考生不得被录取。各省级教育行政部门及有关部门应按照相关职责分工，严格执行不同类型保送工作文件要求，进一步加强对保送资格名单的审核、公示，并对审核结果负责。按照有关文件要求，及时规范信息公示公开，主动接受社会监督。省级招生考试机构应于高考前，对拟录取保送生信息进行审核确认，办理录取手续。[1]

第一步，考生提出保送申请。

考生需进行网上报名，在报名系统中填写申请表，经所在中学核实加盖中学公章后提交。考生申请材料应当清晰、真实、完整。

第二步，审核后公示，参加考核（初审）。

对于在规定期限内寄达且内容和形式符合要求的申请材料，学校将组织专家组对申请学生的资料进行综合评价和书面评审，确定通过初审参加保送生选拔测试的名单，择优认定为保送生候选人，认定结果按照教育部规定予以公示后生效。

选拔测试分为笔试（初试）和面试（复试）。

第三步，高校公示——认定（确定资格）。

高校将根据考生校考成绩确定预录名单。校考成绩＝初试成绩＋复试成绩。

第四步，办理录取手续（复审）。

高校将在教育部公示的保送生资格名单中复审预录考生的保送资格。未在公示名单内的考生不予录取。

保送名单将根据笔试和面试的综合成绩择优确定，认定结果由高校招生领导小组讨论通过，并按照教育部规定予以公示后生效。

需要特别说明的是，已确认保送录取的学生不再参加普通高等学校招

---

[1] 来源于《2024年普通高等学校部分特殊类型招生基本要求》。

生全国统一考试。

第五步，等待录取通知书。

保送生拟录取通知书一般在高考前发至考生手中。具体发送时间，各校情况不一，详情可咨询录取高校招生办公室。

总结

保送专业和考生进高校的路径相关。

保送的两条宽广大道——外语和五大学科竞赛，无论学生以什么方式进入，总之能不拼高考进名校的，都需要极高的天赋，都是"牛娃"中的"战斗娃"。

获得保送资格是非常艰难的，其艰难程度比学生直接考上清华大学还要高。而且，参加学科竞赛真的需要极强的天赋，以及一定的学习氛围，因为这是需要和队友一起参赛的，所以一般的家庭不要轻易认为孩子能通过奥林匹克竞赛保送，那样的孩子可以说是凤毛麟角。

规划建议

保送是一条通往名校的路，但是绝非捷径。

走竞赛这条路，需要学生有极高的天赋，而且最好来自竞赛传统强校。竞赛传统强校有哪些，大家可以参考历届拿过五大学科竞赛金、银奖牌的学校。

中学时代的每分每秒都是珍贵的，任何一个选择都能对未来起到决定性作用，做好未来学业和职业的长期规划，必然是能够在同龄人中实现弯道超车的前瞻性决定。

我们也要认识到，保送并不是万能的，高考仍然是进入名校的主要途径。因此，我们要注重全面发展，不仅要在竞赛中表现出色，还要在其他方面有所突破，才能更好地实现自己的人生目标。

第十四章 少年班

天才少年选拔计划

导语

少年班是针对早慧少年的一种特殊教育模式。中国大陆的少年班始于1978年,在诺贝尔奖获得者李政道的建议下,中国科学技术大学在国内首先创建了少年班。少年班从创立伊始,就光环与非议并存。发展至今,随着不断摸索,从入学选拔、课业安排到心理辅导,少年班已形成了相对完善的培养体系,且从毕业生就业情况来看,绝大多数学生能成长为各自领域的领军人才。中国科学技术大学少年班中诞生了诸如在石墨烯超导领域有重大研究成果的曹原、百度前总裁张亚勤、31岁即当选为哈佛大学正教授的尹希、阿里云前人工智能首席科学家闵万里、独角兽企业寒武纪创始人陈云霁和陈天石等一批大众耳熟能详的知名人士。对于天赋异禀的少年学子来说,报考少年班不失为拓展自身更多可能性的升学途径。

什么是少年班？

少年班是面向低年级考生特有的一种招生方式，从各高校的招生简章来看，主要对考生的年级和年龄有明确的要求。无须参加高考、"一考免三考"、直降一本线等招生优惠尤其吸引着广大考生及家长的注意。

有哪些学校开设少年班？

清华大学

1. 丘成桐数学领军计划

该班的招生范围特别广，突破了中考、高考限制，上至高三学生，下至初三优秀学生，直接录取至清华大学数学与应用数学专业（8年制），接受"3+2+3"培养模式，从本科连续培养至博士研究生阶段，学习期间不得转入其他专业。

该班的招生计划始于2020年12月，每年招生人数不超过100人。

报考流程是8月报名→9月中旬初审→9月下旬测试考核→10月下旬公布入围结果→次年3—6月进行预科培养及入学手续办理。

2. 丘成桐数学英才班

清华大学数学英才班成立于 2018 年 2 月，由丘成桐担任首席教授，报名英才班的考生须参加高考，成绩达一本线即可录取，录取专业为数学与应用数学。

该班的招生对象是符合当年统一高考报名条件的普通高中三年级毕业生，以及普通高中二年级在读学生；招生人数不超过 30 人。根据以往录取情况看，数学英才班生源绝大多数为高三生，竞赛奖项方面无特别限制要求，省一、省二等奖考生占多数。

报考流程往年是每年 1 月报名→1 月底公布初审结果→2—3 月测试考核→3 月公布入围结果→6 月参加高考→高考成绩达一本线录取。

3. "攀登计划"

该计划于 2023 年 4 月公布，由诺贝尔物理学奖得主、清华大学教授杨振宁先生提出，由中国科学院院士朱邦芬先生领衔，目标是提早发现有物理天分的学生。"攀登计划"学制 4 年，学生在本科期间原则上不能转到其他专业，但学生在本科阶段是本硕博贯通培养模式，选择在物理学科基础研究领域攻读研究生，或提前衔接到包括芯片、信息、材料、能源等国家重大需求领域攻读研究生。"攀登计划"为物理学科的拔尖创新人才培养计划，报考考生参加高考须选报理科综合或物理科目。

招生对象是崇尚科学、身心健康、成绩优秀、在物理学科表现出突出潜质特长并有志于终身从事科学研究的优秀高中生（选拔对象为高中二年级以上且能够满足毕业要求的高中生）；在物理等学科奥林匹克竞赛决赛中获奖并符合教育部规定保送资格的学生，经考察后可以入选"攀登计划"。

报考流程以 2024 年为例：

2023 年 12 月报名→12 月中旬公布初审结果→12 月下旬至 2024 年 1 月组织选拔营→2024 年 1 月中下旬公布入围认定结果。

北京大学

1. 数学英才班

该项目于 2018 年成立，隶属有"中国第一系"之称的北京大学数学学院。获得入选资格的考生须参加高考，成绩达一本线即可录取至北京大学数学类专业。

该班的招生对象，一是中国数学奥林匹克竞赛全国决赛一等奖获得者；二是有数学特长，并在国内外数学专业相关学习实践活动中取得优异成绩者。2022 年，该班招生数量从 30 人增加到 98 人。根据往年情况，北京大学数学英才班生源全部为数学竞赛一等奖及以上奖项的高二、高三考生。

报考流程是每年大约 12 月报名→公布初审结果→考核→6 月参加高考→高考成绩达一本线录取。

2. 物理学科卓越人才培养计划

该计划面向国内外选拔物理学科拔尖、综合素质优异、有志于冲击世界科技前沿、服务国家发展战略的中学生，获得物理学科卓越人才培养计划录取资格的国内学生无须参加高考，由该校报所在省（区、市）招生考试机构，按相关规定办理录取手续。2022 年首年招生计划不超过 100 人。该项目致力于为国家和民族培养家国情怀与国际视野、创新精神与实践能力兼具的领军人才，以及未来引领中国高水平科技自立自强乃至世界物理学和相关领域发展的学术大师。

招生对象是身心健康、品学兼优，对物理学科怀有强烈兴趣，表现出突出的物理学潜质和特长，有志于从事物理科学研究的优秀中学生；国内主要招收初中三年级至高中三年级的学生；海外主要招收九年级至十二年级或具有同等学力的学生。

报考流程以 2022 年为例：

2 月下旬报名→2 月底公布初审结果→3 月考查测试→3 月下旬公布入营资格→4 月至 5 月参加物理卓越营→通过物理卓越营综合评价后录取。

中国科学技术大学

1. 少年班

中国科学技术大学少年班创办于 1978 年，是历史最悠久的少年班，堪称中国高等教育少年班培养项目的典范，自创办以来，为中国培养了众多优秀的科学家。少年班选拔的首要条件是学生年龄，其次是高考综合成绩。考生需要参加高考，高考出分后确定校测名单，进行自主选拔考核，学生入围校测后一般通过率较高。

该班招收 15 周岁以下的高二及以下年级考生，历年招生规模在 40—50 人，如 2021 年招 45 人，2022 年招 47 人。

报考流程是每年 9 月报名→10 月公布初审结果→11 月高考报名→次年 6 月参加高考→高考出分后根据成绩确定复试名单→复试→录取。

2. 少年班及创新试点班

少年班及创新试点班（简称"少创班"）是在少年班成功开办的基础上开设的，在年龄要求上较宽松，招生数量较多，降分优惠幅度大（最高可降至一本线录取）。

材料评审通过的考生须参加入围考试，考试科目为数学、物理。

通过入围考试的考生参加少年创新科学营，根据考生的综合测试成绩（基础知识、学习能力、非智力因素），其录取资格档次分为 A 档、B 档和 C 档：

A 档：高考成绩达到所在省份当年特殊类型招生控制分数线（对于尚未开展高考综合改革的省份，参照该省本科一批次理科录取控制分数线）；

B 档：高考成绩达到所在省份科大当年本科批次投档分数线下 40 分且在当地特殊类型招生控制分数线之上（对于尚未开展高考综合改革的省份，参照该省本科一批次理科录取控制分数线）；

C 档：高考成绩达到所在省份科大当年本科批次投档分数线且在当地特殊类型招生控制分数线之上（对于尚未开展高考综合改革的省份，参照该省本科一批次理科录取控制分数线），在不超过招生计划的前提下，择优选入。

少创班的选拔首要条件是学生年龄，其次是学科竞赛特长和奖项，最后是高考综合成绩。考生需要参加高考，高考出分前确定资格生名单。

该班招收 16 周岁以下的高二及以下年级考生。根据历年招生情况来看，招生规模在 240—290 人。

报考时间流程是每年 9 月报名→10 月公布初审结果→11 月高考报名→次年 6 月参加高考→高考出分前测试（初试和复试）→资格生名单公示（高考出分前）→高考出分后录取。

西安交通大学

少年班

西安交通大学少年班是"一考免三考",已有近40年的历史。被录取的考生可免去中考,先进行预科学习。入选少年班的学生,进行两年预科学习(第一年委托西安交通大学附属中学、江苏省苏州中学、天津南开中学、浙江省杭州高级中学培养,第二年起在大学培养);预科期间学习成绩合格者,根据预科阶段的学习成绩和综合考评转入本科阶段,主要面向基础学科、新兴交叉学科和优势工科等专业进行专业选择,按照"基础通识+宽口径专业+创新能力"的模式培养;在大学本科学习期间达到学校相关管理规定要求者,直接保送为该校硕士研究生(或长学制博士研究生)。

该班面向15周岁以下初中应届毕业生及高一、高二在校生招生,每年计划招生200人左右。

报考流程是每年大约11月至12月报名→12月公布初审结果→次年1月测试→1月底预录取公布。

东南大学

少年班

东南大学少年班已有30余年历史,从少年班到强化班再到现在的吴健雄学院,培养了许多创新人才。东南大学少年班考生须参加高考,学校按照高考成绩(折算成100分)×70%+学校测试成绩(折算成100分)×30%的综合成绩择优录取。

招生对象是16周岁以下高二及以下年级的理科学生,招生计划数量偏少，由吴健雄学院进行管理和培养。

报考流程是每年 11 月启动报名→12 月公布初审名单→次年 6 月参加高考→7 月参加校考。

西湖大学

创新班

西湖大学创新班于 2022 年开始招生，首届招生人数不超过 60 人，于 2022 年 3 月开始报名，预计之后招生范围会进一步扩大，想报考的考生、家长可以重点关注。考生须参加高考并通过学校选拔测试，高考总分达到浙江省特殊类型录取控制分数线方可被录取。

以 2022 年招生对象为例：

（1）2022 年普通高中应届毕业生，综合素质评价均为 B 等及以上，通过各科目高中学业水平考试，A 等科目数达到 8 科及以上，物理、化学两科必须为 A 且为选考科目；

（2）已通过物理、化学、生物、思想政治、历史、地理 6 科学业水平考试的高二学生，且学业水平考试 A 等科目数达到 4 科及以上，物理、化学两科必须为 A；

（3）在全国高中数学联赛、全国中学生物理竞赛、中国化学奥林匹克（初赛）、全国中学生生物学联赛、全国青少年信息学奥林匹克联赛中获得省级赛区一等奖及以上奖项。其中高三学生选考科目须包含物理和化学。

报考流程是 3 月中旬至 4 月上旬网上报名→4 月中旬公布审查结果→4 月下旬公布学校初试及结果→4 月底至 5 月初复试确认→6 月参加统一高考→6 月中旬复试→6 月下旬公布复试结果→公布录取结果（根据高考成

绩公布时间确定）。

常见问题

1. 少年班需要竞赛成绩吗？

竞赛生参加少年班优势明显，以中国科学技术大学少创班为例。

考生在五大学科竞赛中获得省级赛区一等奖的，初试成绩加 10 分参与选拔；获得国家决赛三等奖的，初试成绩加 20 分参与选拔；获得国家决赛二等奖及以上的，经校专家组评审通过并推荐，经校招生工作领导小组核准，考生可直接进入复试环节。

在少年班的招生简章中，中国科学技术大学没有明确提及竞赛奖项的优势，但奖项对于初审是有帮助的，一般来说，有竞赛奖项的学生更容易通过初审。但是，需要注意的是，中国科学技术大学对于材料的审核要求每年都会有变化，有时会更加重视课内成绩，因此如果有报考少年班的意向，考生一定要提早开始准备，保证自己的课内成绩优秀。

2. 可以同时报名中国科学技术大学少年班和少创班吗？

中国科学技术大学少年班因为办学历史悠久，历来受到考生和家长的青睐，考生若符合少年班和少创班的报名条件，可同时报考这两类招生，但需要分别进行网上报名和邮寄报名材料，注意邮寄地址不同。

3. 少年班录取之后可以选择哪些专业？

少年班的专业政策相对比较灵活，会在尊重学生兴趣、特长的前提下，充分挖掘学生的潜力，给予充分的专业选择权。

以中国科学技术大学少年班和西安交通大学少年班为例。中国科学技术大学少年班的学生在本科期间都在少年班学院学习、生活，入学时不分专业。大部分同学第一年接受基础学科通识教育，第二年在全校本科学科中自主选择其一进行修读。针对大部分学生入学时专业待定的特点，也为了充分挖掘少年大学生的学习潜力，激发和巩固其学习兴趣，在各专业学院的支持下，少年班学院设计了分类式课程体系和课程升级模块，以满足学生的不同学习需求，有效对接了后期学生的个性化选择和发展。少年班学院的学生可以在多个时间点自主选择和调整专业：大二及以下可在全校所有本科专业中自主选择，大三可在修读学院内自主调整专业，大四可在本专业内自主调整方向。

西安交通大学少年班的学生按照"兴趣使然、择优录取、公正公平"的原则进行专业选择。预科二年级末，学生按照个人意愿结合综合成绩排名进行专业选择，确定本科专业大类。专业选择结束后，学生可参加相关试验班的选拔，如果被录取，学生可放弃原专业大类。专业选择具体方案随当年招生方案等政策适时调整，以专业选择前公布的具体实施方案为准。

4. 少年班的学费是多少？

少年班的学费和普通批专业的差别不大，奖学金设置的比例高于普通批专业，学校也有各项助学计划，家长们不用过于担心费用的问题。我们以个别院校为例梳理了学费情况，供大家参考。

中国科学技术大学少年班学费每年4800元，住宿费每年1000元，跟其他学院完全一样。如果少年班学院学生入选了其他英才班，还可以得到助学金，助学金金额为 5800 元和 4800 元两档。少年班学制也是 4 年，其中，少年班学院的交叉学科英才班实行 5 年制。

西安交通大学少年班预科以及本科期间未分专业阶段，学生按当年西安交通大学理工类一般专业收费标准（每年 4850 元）缴费；本科分专业后以及硕士阶段，学生按所在专业当年的收费标准缴费。

西湖大学 2022 年首年在浙江省试点招生，聚焦基础学科，实行导师负责制，以及小而精人才培养。该校首年开放物理、化学、生物科学、材料科学与工程、电子信息工程专业，学生可以自主选择专业，学校 20 位讲席教授全部参与培养，实行全员海外交流，学费每年 6000 元。

5. 少年班升学就业情况如何？

少年班整体的保研率、深造率相当高。以中国科学技术大学少年班为例，2021 届的保研人数是 141 人，保研率为 40.52%；考研人数是 19 人，考研率为 5.46%；国内升学人数为 160 人，境外留学人数为 118 人，深造率为 79.89%；协议就业 29 人，灵活就业 12 人，所占比例为 11.78%。40 多年来，少年班学院培养了一大批优秀的毕业生，有感动中国的"时代楷模"，有蜚声学界的国内外科学院、工程院院士，也有勇挑社会责任的企业家、金融家。历届毕业生到国内外教育科研机构继续深造的比例超过 80%，很多人在国内外著名学府、科研机构中脱颖而出，成长为国际一流的科学家；也有许多人在信息、金融、制造等行业取得了令人瞩目的成就，为社会经济发展做出重要贡献。

规划建议

根据考生的兴趣及特长，定位目标院校和专业

少年班招生院校较少，目前仅有清华大学、北京大学、中国科学技术大学、西安交通大学、东南大学和西湖大学 6 所高校开展少年班的招生工作。这要求家长在考生读初中甚至小学的时候就开始有意识地引导和培养，当然这些应建立在兴趣和爱好的基础上，帮助孩子提升自我认知，明确好目标院校及专业。除去中国科学技术大学少年班在往年招生简章中未提及的竞赛奖项外，其余 9 大少年班均有竞赛要求，在低龄孩子的培养中，家长的角色非常重要，不仅要照顾孩子的学业，还要关注研究升学政策。在少年班招生简章发布后再去了解政策，很容易出现临时抱佛脚、仓促准备的情况。因此，建议家长在明确考生报考意愿后，提前对往年政策进行熟悉了解，如报考条件、年龄要求、竞赛要求等。

竞赛能力培养

学习竞赛知识，意味着可以接触到更多升学的渠道，可参与少年班、强基计划、竞赛保送、卓越计划、英才班等计划的招生。

在少年班的报考条件中，竞赛的重要性不言而喻。竞赛能力的培养对于想要报考少年班的考生来说，几乎是不可或缺的。

重视高考备考，提高高考成绩

在 10 大少年班中，仅有清华大学丘成桐数学科学领军人才培养计划、北京大学物理学科卓越人才培养计划和西安交通大学少年班在严格的前提条件下免除高考。因此，高考成绩对于大多数想要报考少年班的学生来说依然至关重要。

提前备考校测

初审通过的考生需要参加校测，校测一般包含专业测试、体测及面试。专业测试环节重点考查学生的相关学科基础、逻辑思维能力，难度可参考对应的学科竞赛，建议钻研历年考题和招生简章中所提的考试范围，根据所涉及的知识进行系统备考。

总结

通过以上各个院校的招生情况，我们不难发现，适合走少年班之路的学生通常具备以下特点：

一是智力超常。少年班是针对智力超常学生的一种特殊教育形式，因此适合走少年班之路的学生通常表现出较高的智商和学习能力。

二是对数学、物理等基础学科有浓厚兴趣。少年班注重培养学生的基础学科能力，因此适合走少年班之路的学生通常对数学、物理等基础学科有浓厚的兴趣，并具备较好的学科基础。

三是有较强的自学能力。少年班的教学进度较快，需要学生具备较强的自学能力，因此适合走少年班之路的学生通常具备较强的自学能力和自主思考能力。

四是具备较好的心理素质。少年班的学生年龄较小，需要适应较高的学习压力和竞争环境，因此适合走少年班之路的学生通常具备较好的心理素质和抗压能力。

需要注意的是，每个学生的情况都不同，并不是所有学生都适合走少年班之路。家长需要根据孩子的兴趣、能力和意愿，结合少年班的招生要求，做出最适合孩子的选择。

第十五章 "三位一体" 浙江省专属政策

导语

"三位一体"招生是面向浙江省考生的一项高考改革政策，通过将学考成绩、高考成绩和高校综合素质测试成绩（校测成绩）按照一定比例折算成综合分，为考生提供更多机会读更好的大学和专业。

这个政策有点类似降分录取，这就等于给考生多上了一份"保险"，即使高考没发挥好，但只要比预期低 20 分以内，且在本科分数线以上，考生还有参加"三位一体"招生的机会，仍有希望被心仪的大学录取。

对于家长和考生来说，更加利好的消息是，参加"三位一体"招生不会影响后续统招的志愿录取。即使"三位一体"录取没成功，考生还可以继续参加其他志愿的填报。而且，考生还可以自由选择报考的学校数量，前提是这些学校的考试时间不冲突。

总的来说，"三位一体"招生政策是一个很好的升学途径，考生有更多机会和选择权展示自己的实力和能力，也有更大概率被心仪的大学录取。下面我们就来详细解读一下这个政策。

什么是"三位一体"?

"三位一体"即"三位一体"综合评价招生,由学生自主报名,可同时兼报多所高校(前提是校测时间不冲突)。

其中,"三位"指学考成绩、高考成绩和高校综合素质测试成绩,综合素质测试一般采用笔试和面试结合的考试方法;"一体"指上述三项成绩按一定比例折算得出的综合成绩,择优录取。例如,浙江师范大学的"三位一体"招生要求为综合成绩按"学考成绩(折算成满分100分)×15%+综合素质测试成绩(折算成满分100分)×25%+高考成绩(折算成满分100分)×60%"计算。

需要注意的是,这个政策只适用于浙江省的考生。

"三位一体"的报名流程

第一步:网上报名,准备初审材料。

根据往年经验,浙江省内学校通常在2—3月报名;省外院校通常在11月—次年5月报名。在这一环节,考生需要准备材料并上传、邮寄给学校。对于材料的要求,每个学校情况不同,学生和家长可前往各校官网查询。

第二步：初审通过后，准备参加学校考试。

初审通过后需要缴费，一般在 3 月 12—30 日，具体看学校规定。缴费成功后，学生即可打印准考证。

第三步：参加考试（具体时间看学校安排）。

第四步：成绩换算。

第五步：填写志愿，等待录取结果。

需要注意的是，"三位一体"录取要填写提前批第一志愿才有效，否则无效。

哪些学校有"三位一体"？

"三位一体"招生学校分为两个档次，分别是省属"三位一体"学校（由省内学校组成）和高水平"三位一体"学校。

2023 年浙江省"三位一体"综合评价招生试点高校（省属）			
浙江工业大学	宁波大学	浙江师范大学	杭州电子科技大学
浙江理工大学	浙江工商大学	浙江财经大学	浙江农林大学
杭州师范大学	温州医科大学	浙江中医药大学	中国计量大学
温州大学	浙江海洋大学	湖州师范学院	绍兴文理学院
浙大城市学院	浙江科技学院	浙江外国语学院	杭州医学院
浙大宁波理工学院	嘉兴学院	台州学院	宁波工程学院
丽水学院	衢州学院	浙江水利水电学院	嘉兴南湖学院
温州理工学院	湖州学院	浙江万里学院	宁波大学科学技术学院
宁波财经学院	浙江越秀外国语学院	温州商学院	宁波诺丁汉大学

续表

2023年浙江省"三位一体"综合评价招生试点高校（省属）			
温州肯恩大学	金华职业技术学院	宁波幼儿师范高等专科学校	浙江警察学院
浙江音乐学院	中国美术学院	—	—

2023年浙江省"三位一体"综合评价招生试点高校（高水平）			
复旦大学	上海交通大学	浙江大学	中国科学院大学
香港中文大学（深圳）	华南理工大学	南方科技大学	北京外国语大学
深圳北理莫斯科大学	上海科技大学	昆山杜克大学	上海纽约大学
西湖大学	—	—	—

参加"三位一体"需要满足什么条件？

各个高校对考生的要求主要有四个不同。

第一，对学考等级要求不同。 各校各专业要求有所不同。有些高校专业要求7A，有些只要D等或D等以上就可以。

第二，学考等级折算分数不同。 有些学校将A等折算成10分，有些折算成15分，有些学校规定D等不计分数，有些学校规定D等也算分数。

第三，不少高校实行等级计分制。

第四，专项条件（限高中阶段获得）不同。

一般来说，专项条件分为5类，即学科竞赛类、科技创新类、语言文学特长类、体育特长类和艺术特长类。

有的高校规定一个赛事类奖项相当于学考得A，这降低了"三位一体"的报考门槛。不过，各高校对专项条件的要求及内容不同，具体要看目标院校的招生简章。

浙江学生报考"三位一体"的优势

第一个优势是学生可以就读更高层次的院校专业。

由于"三位一体"是由学考、高考、校测三者成绩按一定比例折算成综合分,因此可以在不同程度上达到降分录取的效果,一般能降 10—20 分。以《浙江师范大学 2021 年"三位一体"综合评价招生章程》中的计算公式为例,综合成绩按"学业水平考试成绩 ×15%+ 综合测试成绩 ×25%+ 高考总分(折算成满分 100 分)×60%"计算。

第二个优势是学生多一次降分录取的升学机会。

它可以给考生多一种选择,即使在高考中发挥"小有失常",没能达到相应批次的分数线,但只要学生在高校自主主持的综合素质测试中表现良好,仍有机会在提前批次中被心仪的学校录取。而且,未通过"三位一体"录取也不影响浙江学生最终在高考统考统招中的录取。

第三个优势是学生有更多选择的机会。

考生的选择变多了,在高考同等分数下,有机会选择更高档次的院校。

第四个优势是"三位一体"与统招无异。

"三位一体"与统招对应的学费以及毕业证并无区别,学生和家长不用担心。

哪些学生适合报考"三位一体"?

凡符合浙江省高考报名条件及各"三位一体"招生高校要求的高中毕业生,包括应届生、往届生、普通类、艺术类、体育类考生,皆可报考。

但符合以下情况的考生在报考"三位一体"时,有望冲刺更好的学校。

第一类是徘徊在分数线边缘的考生。

考生成绩在分数线上下浮动,但想就读更好的院校,可以去尝试报考"三位一体",因为有可能其校测或者面试发挥较好。

第二类是考试发挥不稳定、成绩波动大的考生。

有些考生考试发挥不稳定,成绩忽高忽低,不能确定高考发挥得如何。那么,这样的考生报考"三位一体"相当于多一次考试机会,增加了被相应高校录取的可能性。

第三类是学考成绩比高考成绩占优势的考生。

这样的考生可报考院校范围更大,选择更多。因为学考等级也会折算成分数计入综合成绩,所以其更有优势。

第四类是综合素质好、有面试准备的考生。

省内高校的综合素质测试一般是以面试为主的,如果平常加以练习,考生在面试环节有较大可能获取高分,则高考成绩可以相对低10多分,甚至可能达到降几十分的效果。

第五类是专业意向明确的考生。

根据各高校公布的"三位一体"招生简章,如果想就读的专业有招生,考生就可以进行报考。

常见问题

1. 浙江"三位一体"可以报几所学校？

数量没有限制，学生想报几所报几所，但要看面试时间是否冲突。

2. 浙江考生报名"三位一体"后会被锁档吗？

根据往年经验，高水平院校如中国科学院大学、浙江大学、上海交通大学、复旦大学，会对通过的考生进行锁档，考生在报考院校时需要跟高校招生老师进一步确认。

随后考生在提前批、普通批的志愿还是可以正常进行填报，走高考志愿填报流程，但如果考生通过了这几所大学的"三位一体"招生，其档案就会被提走，该生就不再参与后续其他高校及批次招生。有些高水平院校的"三位一体"招生要求考生必须将其填报在提前批的第一志愿才有效，考生后续才会被该院校录取。

而通过省属院校的招生考试后，考生可以自由选择是否填报志愿。如果一位考生通过了浙江师范大学的"三位一体"招生考试，但是他最后又不想报考浙江师范大学了，只要他在提前批的第一志愿没有填报浙江师范大学，那么他就不会被浙江师范大学录取，可以继续填报普通批高考志愿。

总结

"三位一体"招生是浙江特有的升学机制，类似于综合评价招生，它针对各个分段都有相应的学校与专业可供选择，高分段可以选择高水平"三位一体"学校，中低分段可以选择省属"三位一体"学校，综合来说，这项机制还是非常不错的。

对于学考成绩不错的同学来说，报考"三位一体"非常有优势，学有余力的同学也可以尝试，毕竟多一次录取机会。

第十六章 上海春考

上海市专属政策

导语

春考即春季高考,是中国教育体系中一种重要的考试形式,通常在每年的春季举行。在大多数省份,春考主要服务于专科层次的升学。然而,此处介绍的上海春考与众不同,它专为本科层次的升学而设。

上海春考作为上海特有的升学渠道,为本地考生提供了更多的高等教育机会。与其他省份通常只设立一次高考(集中在每年的6月)不同,上海实行双高考制度。其中,春季高考,安排在每年的1月,秋季高考则定于每年的6月。值得一提的是,如果上海考生在春考中未能被录取,这并不会妨碍他们继续参加后续的秋季高考,这为上海考生提供了更多选择和机会。

总的来说,上海春考对于上海考生而言,无疑是一个极为有利的机遇。它不仅为考生额外开辟了一条通往高等教育的道路,大大增加了他们的升学机会和选择范围,还为考生提供了更充裕的备考时间,有助于减轻备考压力和心理负担。下面我们就来详细解读一下这个政策。

什么是上海春考？

上海春考（下文简称"春考"）是从 2000 年起在上海市春季举行的高考，也被称为"春招"。这是上海市特有的高考形式，旨在缓解秋季高考对考生造成的压力，为考生提供更多接受高等教育的机会。

春考的文化课部分包括语文、数学、外语这大三门，不包括小三门的成绩。此外，考生还需要参加各个学校组织的自主测试。春考的总分是 600 分，其中自主测试占 150 分，大三门文化课各占 150 分。如果被春考录取，考生可以在 9 月与秋季高考的同学一起入学，没有任何不同。但请注意，一旦被春考录取，学生将失去参加 6 月秋季高考的资格。

上海春考的报名流程

统一文化考试

此考试通常安排在每年的 1 月初，如 2024 年春考文化考试就安排在 1 月 6 日至 8 日。

统一文化考试科目为语文、数学、外语三门，成绩总分为 450 分，其中每科目总分为 150 分。

其中，外语科目考试包括笔试(含听力)和听说测试，笔试分值为 140 分，听说测试分值为 10 分，总分是 150 分。外语科目的考试语种分设英语、俄语、日语、法语、德语、西班牙语 6 种，由报考学生任选 1 种。值得注意的是，春考的外语成绩可以替换秋考的外语成绩，即考生可以选择春考和秋考中外语成绩最好的一次进行计算。

网上报名，填报志愿

根据往年经验，上海春考的志愿填报一般安排在 2 月中旬，如 2024 年就安排在 2 月 19 日到 2 月 20 日，考生可以登录"上海招考热线"网站填报志愿。值得注意的是，每名具有志愿填报资格的考生最多可以填报两个专业志愿，可以是同一所院校的两个专业，也可以是不同院校的各一个专业。

院校自主测试

一般情况下，报名截止后不久，各招生院校就会在本校网站公布自主测试资格线、测试时间和地点。获得相应试点院校自主测试资格的考生须登录相关院校网站，按院校规定的时间节点和方式进行自主测试考试时间和地点的选择。

接着，一般在 2 月底至 3 月初，各招生院校进行自主测试。院校自主测试原则上为 1 门科目，采用面试或技能测试的方式，总分为 150 分。

考生网上办理录取专业信息登记

招生院校会按规定在学校网站公示预录取考生名单和候补录取考生名单。预录取考生和候补录取考生需要按时在网上办理录取专业网上信息登记。取得两个专业预录取资格、取得一个专业预录取资格和一个专业候补录取资格、取得两个专业候补录取资格的三类考生，须在规定时间内登录"上海招考热线"进行确认。只取得一个预录取资格、只取得一个候补录取资格的两类考生，无须上网确认。

哪些学校有春考？

2024年参加上海市春季考试招生的普通高校为26所，具体见下表：

26所上海市春季考试招生高校名单	
上海理工大学	上海第二工业大学
上海海事大学	上海电机学院
上海戏剧学院	上海商学院
华东政法大学	上海政法学院
上海海洋大学	上海健康医学院
上海电力大学	上海外国语大学
上海大学	上海杉达学院
上海中医药大学	上海建桥学院有限责任公司
上海师范大学	上海兴伟学院
上海对外经贸大学	上海立达学院有限公司
上海工程技术大学	上海中侨职业技术大学
上海应用技术大学	上海师范大学天华学院
上海立信会计金融学院	上海外国语大学贤达经济人文学院

各个高校对于春考校测的内容和时间安排有所不同,所以有意愿参加上海春考的考生需要关注目标院校的春考招生简章。下面以上海理工大学2024年的春考招生简章为例,带大家进一步了解上海春考。

招生计划及说明

2024年,上海理工大学春季考试招生专业如下表:

专业(类)	层次	学制	计划数
工科试验班 (电子与信息类)	本科	4年	35人
机械设计制造及其自动化 (中德合作,合作高校为德国汉堡应用技术大学)	本科	4年	25人

其中有三点需要特别说明:

第一,工科试验班(电子与信息类)包含系统科学与工程、测控技术与仪器、电气工程及其自动化、电子信息工程、电子科学与技术、通信工程、光电信息科学与工程、医学信息工程、人工智能、自动化、计算机科学与技术、智能科学与技术、数据科学与大数据技术、新媒体技术、医学影像技术、智能医学工程共16个专业;

第二,录取进入工科试验班(电子与信息类)的学生,入学第一学年不分具体专业,原则上第一学年末根据学校相关规定进行专业分流,确定专业;

第三,无男女比例限制。

专业培养对入学外语考试语种的要求

入学外语考试语种不限；工科试验班（电子与信息类）入学后教学外语语种为英语，机械设计制造及其自动化（中德合作，合作高校为德国汉堡应用技术大学）专业入学后教学外语语种为德语。

自主测试办法

2月19日至20日，统一文化考试成绩达到市教育考试院公布的志愿填报最低控制线的考生通过"上海招考热线"网站填报志愿。其中，根据相关规定，应届高中毕业考生7门科目（思想政治、历史、地理、物理、化学、生物学、信息技术）的高中学业水平考试成绩须全部合格。

2月22日，该校按照不超过招生计划数的两倍划定各专业自主测试资格线，并向社会公布。考生须在规定时间内登录上海理工大学本科招生网选择测试时间和地点，具体安排详见该校本科招生网相关通知。

3月2日至3日，统一文化考试成绩达到该校自主测试资格线并填报该校专业志愿的考生参加该校的自主测试。

该校自主测试为面试，包含英语应用能力测试和学习与综合能力测试两个环节，重点考查考生接受工程教育所必需的知识面、学习能力、理解能力和语言能力，考生须参加两个环节的测试。自主测试满分值为150分。考生若缺考该校自主测试，则相应测试成绩按零分计入春考总分，并参与后续录取排序。

录取规则

1. 录取分数要求

作为录取依据的春考总分＝统一文化考试成绩（含政策性加分）＋自主测试成绩。

2. 预录取及候补录取规则

同一专业志愿考生按春考总分从高到低排序（总分相同则按统一文化考试数学成绩、语文成绩、外语成绩依次比较排序），按招生计划的100%公布预录取考生名单，按不超过招生计划的50%顺位公布候补录取考生名单。预录取和候补录取考生须于3月13日至14日进行网上专业信息登记，相关登记程序按市教育考试院有关实施办法执行。候补录取考生按顺序依次候补。

参加上海春考需要满足什么条件？

第一，符合上海市高考报名条件，统一文化考试成绩（含语文、数学、外语3门科目）达到市教育考试院公布的志愿填报最低控制线的考生方可填报春考志愿。

第二，应届高中毕业考生的思想政治、历史、地理、物理、化学、生物学、信息技术7门科目高中学业水平考试成绩须全部合格。其中，本市户籍外省市学籍应届高中毕业考生，须在规定时间内向高考报名所在区考试招生机构提交申请，填写《外省市普通高中学业水平考试成绩认定申请表》，由市教育考试院统一核准认定，经认定 7 门科目高中学业水平考试成绩全部合格者方可填报。

上海春考的优势

第一，试卷难度相对较低。春季高考只考语文、数学、外语，不计选科的小三门成绩，这对于小三门成绩不太好的同学来说是优势。

第二，招生名额逐年增加。近年来，上海春考的招生名额逐年增加，为更多考生提供了录取机会。

第三，英语考试取分机制灵活。春考高考在英语考试中的取分机制相对灵活，考生可以选择春季高考和秋季高考中分数高的一次作为最终成绩。

第四，增加升学机会。春季高考和秋季高考可兼报，学生参加春季高考后，如果未被录取，可以继续参加秋季高考，共有两次高考和多次录取机会。

第五，有利于选科是物理但不包括化学的考生。2024 年，新高考省份将进行选科改革，考生想报理学类、工科类、医学类、农学类的专业必须同时选择物理和化学这两门小科。实际上，许多理工类专业，如计算机、统计学、电子信息等并不需要化学知识作为学习的基础。参加春季高考就有利于那些物理好但迫于化学差而无法在秋季高考中选择理工类专业的考生，从而为他们提供了更多的升学选择和机会，使他们能够更自由地追求自己心仪的专业方向。

哪些学生适合报考上海春考？

主科成绩好、小科不理想的学生

上海春考的考试科目主要集中在语文、数学、外语3门主科上，与秋季高考相比，它更加注重考查考生对这些核心科目的掌握和应用能力。因此，对于那些主科成绩优秀，但在其他小科目上表现不佳的学生来说，春考提供了一个可以突出自己的优势、避免劣势被过分放大的机会。

选科为文，却想报理工类专业的学生

2024年，新高考省份将迎来选科制度的重大改革。这一变革意味着，对于那些未将物理和化学作为选考科目的学生来说，他们将无法选择计算机、电子信息、自动化等理工类专业作为未来的学习方向。这一规定无疑给部分学生带来了选择和职业规划上的困扰。

然而，在这股改革的潮流中，上海的春考制度为这批学生打开了一扇希望之窗。它允许即便选科偏向文科，如选考历史、政治和地理的考生，在春考的志愿填报中，依然有机会选择理工类专业作为自己的求学之路。这一制度设计，不仅体现了上海高考制度的灵活性和包容性，更为那些有志于理工类专业的考生提供了另一条可行的升学路径。

只想留在上海就读的学生

上海春考作为上海市特有的高等教育招生考试方式，其录取的院校和专业主要集中在上海市内。这意味着，通过春考被录取的考生将有机会在繁华的上海继续学业，无须远赴他乡。对于那些热爱上海，习惯了这里的生活节奏和文化氛围的考生来说，这无疑是一个巨大的优势。

常见问题

1. 已参加春考并具备志愿填报资格的考生可以选择不填报春考志愿吗？是否会影响参加秋季高考等其他类别考试？

参加春考并具备志愿填报资格的考生可以选择不填报春考志愿。考生若不填报春考志愿，后续仍可参加本人已报考的普通高校招生其他各类别考试（专科层次依法自主招生、秋季高考等）。

2. 考生如果被春考预录取了，是否还能参加后续的普通高校招生考试？

根据上海市教委文件规定，预录取考生（含列入候补资格名单并最终被预录取的考生）无论是否与院校确认录取，一律不得参加专科层次依法自主招生、秋季高考等。

3. 获得院校自主测试资格的考生，如果没有参加院校自主测试，是否仍然有可能会被院校录取？

根据上海市教委文件规定，考生获得院校自主测试资格后，若缺考院校自主测试（包括未选择院校自主测试时间和地点并缺考、选择院校自主测试时间和地点后缺考等情况），其院校自主测试成绩均按零分计入春考总分，并参与院校后续录取排序。

在此提醒考生，在填报春考志愿时需依据自己的兴趣和意愿，理性谨慎填报。填报志愿后如因故未能参加院校自主测试，若总分（统一文化课成绩+院校自主测试成绩）在综合排序中靠前，也存在被院校录取的可能。

4. 若考生成绩同时达到两个专业志愿的自主测试资格线，可否参加两个专业的院校自主测试？填报同一所高校两个专业志愿的考生是否只需参加一次自主测试就可以了？

若考生同时达到了所报考的两个专业志愿的自主测试资格线，可根据自身情况合理选择自主测试时间，参加两所院校（或同一院校的两个专业）组织的自主测试。

填报同一所高校两个专业志愿的考生，若两个专业自主测试方式及内容不同，须根据招生院校的安排分别参加两个专业的自主测试。考生在参加自主测试前务必仔细对照招生院校公布的招生简章和自主测试实施方案了解相关信息。

5. 已被春考招生院校预录取和候补录取的各类考生如何办理录取专业信息登记？

被春考招生院校预录取和候补录取的考生有五类：第一类，取得两个专业预录取资格；第二类，只取得一个专业预录取资格；第三类，取得一个专业预录取、一个专业候补录取资格；第四类，取得一个专业候补录取资格；第五类，取得两个专业候补录取资格。

以上五类考生，尤其是取得两个资格的考生，必须做出选择，如最终取得预录取资格，则无须操作，默认被预录取。具体操作如下（时间以2024年为例）：

·取得两个专业预录取资格的考生，须于3月13日在网上选择一个专业进行录取专业信息登记。

·只取得一个专业预录取资格的考生，无须操作，默认被预录取。

·取得一个专业预录取、一个专业候补录取资格的考生，可于3月13日在网上直接选择预录取专业进行录取专业信息登记，也可选择候补录取专业进行网上候补资格确认。其中，选择候补录取专业资格确认的考生，如院校确认其最终取得该专业预录取资格，无须操作，默认被预录取；如最终未能取得该专业预录取资格的考生，无须操作，也将被原预录取专业预录取。

·取得一个专业候补录取资格的考生，需等待候补录取专业院校确认其是否取得预录取资格。若取得预录取资格，无须操作，默认被预录取（需要注意的是，确认候补资格的考生不一定会被录取，要根据该校预录取考生的录取确认情况而定）。

·取得两个专业候补录取资格的考生，须于3月14日在网上选择其中一个专业进行候补资格确认，如院校确认其最终取得预录取资格，无须操作，默认被预录取（需要注意的是，确认候补资格的考生不一定会被录取，要根据该校预录取考生的录取确认情况而定）。

总结

说了这么多，相信大家对上海春考这一政策有一定的了解了，前文介绍过对于那些在语文、数学和外语这3门核心科目中表现出色，但在选修的3门小科目上稍显不足的学生，以及那些选科为文却想学理工类专业的学生来说，上海春考是一个很好的机会。不过，需要注意的是，虽然上海春考为学生提供了更多机会，但面对每一次考试，学生仍需要认真准备，付出努力。因此，对于那些在学习上缺乏自律性或规划能力的学生来说，春考可能并不是最佳选择。

总的来说，上海春考作为一种独特的升学方式，为学生提供了更多机会和选择。但学生在选择春考时，也需要根据自己的实际情况和兴趣爱好做出明智的选择，并为之付出努力。同时，家长和学生也需要对春考的填报要求、招生院校及优劣势等方面有充分的认知，从而确保做出最适合自己的升学选择。

第十七章

"双培计划""外培计划"

北京市专属政策

导语

"双培计划""外培计划"是北京市实施的高校招生形式，旨在培养优秀的学生。其中"双培计划"招生是指由北京市属高校与在京中央高校共同培养优秀学生，"外培计划"招生是由北京市属高校与海外、境外知名高校共同培养优秀学生。

这两种招生形式都安排在提前批录取，对于考生来说等于多一次升学的机会，也就是说如果你不满足提前批中"双培计划"或"外培计划"的招生要求，仍然可以继续参加普通批的志愿录取。

同时，"双培计划"和"外培计划"也不可避免地存在一些弊端，由于它属于特殊的培养模式，因此教育部所提供的招生名额相对有限，且这两种招生举措并非适用于所有考生。

总的来说，"双培计划""外培计划"是针对北京市的两种特殊招生形式，家长和考生必须知道它，了解它，并且准确判断自身的适配性。下面我们就来详细解读一下这两种招生形式。

什么是"双培计划"和"外培计划"？

"双培计划"和"外培计划"是北京市高等教育领域的两项重要举措。

其中，"双培计划"是由北京市属高校与在京中央高校共同合作，每年按照"3+1"或"1+2+1"等培养模式，选拔2000名左右市属高校优秀学生，送往20多所在京中央高校进行为期2—3年的中长期访学，旨在提升学生的综合素质和专业能力。

"外培计划"则是北京市属高校与海外、境外知名高校合作，每年输送部分学生赴海外、境外进行为期2年左右的访学活动，以拓宽学生的国际视野和提升其跨文化交流的能力。

参与这两项计划的学生，其学籍保留在北京市属高校，完成学业后也将取得该市属高校的学历与学位证书。这两项计划按照北京市教育考试院的安排，均设置在本科提前批B段录取。

值得注意的是，从2023年开始，凡是被"双培计划""外培计划"录取后但放弃入学资格或退学的考生，将不再具有相应专项计划的报考资格，以确保教育资源的公平分配和有效利用。

哪些学校有"双培计划"和"外培计划"？

"双培计划"和"外培计划"是北京市独有的招生模式，参与这两项计划的学校一共有 14 所，见下表：

北京 14 所"双培计划"高校名单	
首都体育学院	北京第二外国语学院
北京工业大学	首都经济贸易大学
首都医科大学	北方工业大学
首都师范大学	北京工商大学
北京服装学院	北京信息科技大学
北京印刷学院	北京石油化工学院
北京建筑大学	北京农学院

北京 12 所"外培计划"高校名单	
首都体育学院	北京第二外国语学院
北京工业大学	北京建筑大学
首都医科大学	北方工业大学
首都师范大学	北京工商大学
北京服装学院	北京信息科技大学
北京印刷学院	北京石油化工学院

以首都医科大学为例，为大家进一步介绍"双培计划"和"外培计划"。

2023 年，首都医科大学推出了两个"双培计划"专业和两个"外培计划"专业。其中，护理学专业的"外培计划"是与美国匹兹堡大学携手合作的，该计划采取独特的"2+1+1"模式，即学生将在首都医科大学度过第一学年、第二学年和第四学年，而在第三学年，他们将前往美国匹兹堡大学进行深入学习。为了确保学生能适应这一国际化的学习环境，该计划对学生的英语水平有特定的要求，即高考英语单科成绩必须达到 100 分以上。

此外，由于护理工作的特殊性，该计划对学生的身体条件也有一定要求，包括身高不低于155厘米，且不得有色盲、色弱、斜视、弱视等视觉问题。这一计划旨在为北京市各区的学生提供宝贵的学习机会，但每个区仅分配一个名额。

该校的生物医学工程专业的"双培计划"采取了与北京航空航天大学联合培养模式，实行"3+1"的教学安排。具体而言，学生将在北京航空航天大学度过前三年的学习时光，而在最后一年，他们将转至首都医科大学进行深造。值得注意的是，由于生物医学工程专业的特殊性，该计划不招收色盲、色弱、斜视和弱视的学生。在名额分配方面，北京市的各个区都获得了相应的名额：朝阳区有2人，东城区、西城区、丰台区、海淀区、房山区、通州区、顺义区、大兴区、怀柔区、平谷区和密云区各有1人。

"双培计划"和"外培计划"的优势与局限

优势

1. 考生享有进入更优质高校就读的机会

"双培计划"和"外培计划"为部分在高考中失利的考生提供了一次进入更优质高校就读的机会。以北京印刷学院的"双培计划"为例，一旦被这一计划的新闻学专业录取，考生们前三年是在中国传媒大学就读，后一年回到北京印刷学院。这一特殊的教育模式为考生们提供了与中国传媒大学本校学生相同的待遇，他们能够充分融入优秀的高校环境，享受到与之相匹配的教育资源和学习机会。

在这三年里，"双培计划"的学生们将与中国传媒大学的学生一起生活和学习，共同参与学校的日常活动。这种与本校学生平等的待遇让"双培计划"的学生能够更好地融入中国传媒大学的学术氛围中，拓宽自己的视野，提升自己的综合素质。

2. 考生多拥有一次升学机会

参与"双培计划"和"外培计划"的考生需要在提前批 B 段进行填报，但这并不意味着如果他们没有被"双培计划"或"外培计划"录取，就会失去其他普通批次的填报和录取机会。事实上，参与"双培计划"的填报并不影响考生在后续普通批次的正常填报和录取。这意味着，考生们既可以尝试争取进入"双培计划"的机会，也可以为自己在普通批次中储备更多其他的选择，确保了多样和灵活的填报策略。

局限

1. 学习压力大

参与"双培计划"的学生所面临的学习压力相对较大。以北方工业大学为例，学生虽然以北方工业大学的录取分数线进入该计划，但在前三年，他们实际上是在北京理工大学进行学习的。这意味着他们需要适应并应对与北京理工大学本校学生相同的学术要求和标准。

具体来说，他们不仅要接触与北方工业大学不同的课程内容和教学方式，而且要面对北京理工大学的试卷和评分标准。这种高标准、严要求的学习环境使得他们的绩点可能不太理想，甚至存在挂科的风险。

2. 保研率低

在保研过程中,"双培计划"的学生可能会面临一些不利因素。由于"双培计划"的特殊性,即学生需要由两所高校共同管理,这可能导致学生在保研过程中遇到一些"两边都不讨好"的问题。具体来说,学生在保研时可能会发现,无论是他们原来的学校还是合作高校,都不会特别倾向于为他们提供资源或支持。

首先,原来的学校可能会认为,学生已经通过"双培计划"获得了更多的机会和资源,因此不需要额外给予其保研方面的倾斜照顾;而合作高校则可能会认为,学生并不是他们的正式学生,因此不应该享有与正式学生相同的待遇。这种双重边缘化的现象,使得"双培计划"的学生在保研时可能感到处境艰难。

其次,由于两所高校之间的合作和管理机制目前不够完善,学生在保研过程中可能会遇到沟通不畅或协调困难的问题。例如,当学生在申请保研时需要提交材料或寻求推荐信时,可能会因为两所高校之间的协作不够紧密而导致流程延误或材料不全。

3. 不得转专业

参与"双培计划"的学生在中央高校学习期间不得转专业,这一规定旨在确保学生能够专注于所选专业的学习和研究,充分利用"双培计划"提供的优质教育资源和学术环境。

4. 出国留学受限

参与"双培计划"的学生在出国留学方面可能会受到一些限制。

首先,由于"双培计划"的学习强度较大,学生需要同时适应两所高校的学术要求，因此可能会对他们的绩点产生一定的影响。在申请海外高校时，绩点通常是一个重要的评估标准，因此，参与"双培计划"的学生可能会发现自己的绩点无法达到一些海外顶尖高校的录取要求。

其次，参与"双培计划"的学生在申请出国留学时，通常只能以他们原学校的背景进行申请。这意味着，即使他们在"双培计划"期间取得了优异的成绩和丰富的经验，但这些成果可能无法完全反映在他们的申请材料中。海外高校在评估申请者时，通常会考虑其原学校的声誉和排名，这可能会对"双培计划"学生的申请造成一定的不利影响。

常见问题

1. 入选"双培计划"是否意味着脱离了原来所在的市属高校？

不是。参加"双培计划"的学生，尽管获得了在中央高校进行访学的宝贵机会，但他们的学籍仍然保留在最初通过高考进入的市属高校。这意味着他们的培养方案是由市属高校和中央高校共同精心制订的，而授课教师则来自这两所高校，确保学生既能接触到中央高校的先进教育资源，又能充分利用市属高校的原有教育资源。

尽管他们在访学期间身处中央高校，但期满后仍需回到市属高校继续大四年级学业。在顺利完成毕业论文（设计）并满足学校要求后，他们将获得学籍所在市属高校的学历与学位证书。

因此，参与"双培计划"并不意味着学生完全脱离了原来所在的高校，而是一种将市属高校与中央高校教育资源紧密结合的教育模式。

2. "双培计划""外培计划"的费用如何？

参与"双培计划"的学生在学费及相关费用方面，与他们在市属高校学习的费用保持一致。简而言之，学生在入选"双培计划"的这几年里，需要按照市属高校的规定缴纳相应的学费，并不会因此产生任何额外的费用。

而对于入选"外培计划"的学生，他们在海外、境外高校访学期间的学费将得到政府专项经费的全力支持。除此之外，政府还会为他们提供一次往返的旅费，确保他们能够顺利往返于国内和访学地之间。值得一提的是，对于符合相关规定的贫困家庭学生，学校还会给予一定的生活补助，以确保他们能够在海外访学期间得到充分的关照与支持。

3. "双培计划""外培计划"是如何分配招生名额的？

"双培计划"和"外培计划"的名额被纳入市属高校的年度招生计划中，并根据各区的情况进行名额分配，适当照顾远郊区县的需求。

需要注意的是，同一所高校内不同区域、不同专业之间的"双培计划"和"外培计划"名额是不能相互调整的。因此，在提档录取的过程中，考生并不是按照全市范围内的成绩排名进行投档，而是根据所在区县的名额进行排队录取。这也导致了同一所高校、同一专业下的"双培计划"和"外培计划"在提档时，可能会因为不同区县的考生竞争情况，产生不同的投档分数线。

4. 报考"双培计划"和"外培计划"需要注意哪些特殊要求？

第一，在"外培计划"的招生过程中，学校通常会对考生的高考英语成绩设一定的要求。举例来说，北京建筑大学在2022年的招生简章中明确指出,参与"外培计划"的学生,其外语单科成绩必须达到或超过110分;而首都师范大学在同年的"外培计划"中,也规定学生的外语单科成绩须不低于120分。

第二,对于"双培计划"和"外培计划"的招生,其录取控制线须遵循特殊类型招生的最低控制分数线。以2023年北京高考为例,特殊类型招生的控制分数线设定为527分,这意味着任何未能达到这一分数线的考生,将不具备报考"双培计划"和"外培计划"的资格。

总结

说了这么多,相信大家对"双培计划"和"外培计划"有一定的了解了,那哪些考生适合选择这两种升学方式呢?

首先,对于那些怀揣着进入在京中央高校深造梦想,但可能在学习成绩上尚未达到理想水平,或是在高考中未能完全发挥出自身潜力的学生来说,"双培计划"无疑是一剂"强心针"。它提供了一个难得的机会,让这些学生能够在市属高校与中央高校的合作培养模式下,通过访学的方式接触到中央高校的优质教育资源,从而助力他们实现学术追求和职业发展目标。

不过需要提醒大家的是,对于那些"宁做鸡头,不做凤尾"的学生来说,需要慎重选择"双培计划",因为"双培计划"存在着学习压力大、保研率低等不足。从编者的角度考量,"双培计划"更加适合文科生报考,因为文科类学习往往被视为相对"软化"的学科领域,其学习难度相较于理科或工科来说较小；文科学习常常涉及广泛的社会交往和人际沟通，需要学生具备出色的人际交往能力和团队协作精神。"双培计划"为文科类考生提供了一个难得的机会，他们能够与中央高校的师生进行深入交流，建立紧密的联系。这不仅有助于拓展他们的社交圈子、建立广泛的人脉网络，还能为他们未来的学术研究和职业发展奠定坚实的基础。

其次，对于那些希望在大学期间能够拥有短期出国（境）学习经历、拓宽国际视野、增强跨文化交流能力的学生来说，"外培计划"则是一个理想的选择。它为学生们搭建了一座通往海外知名高校的桥梁，使他们能够在海外的学术环境中学习、生活，从而丰富个人的学术背景和人生经历。

总的来说，北京家长对于"双培计划"和"外培计划"的填报要求、报考批次及优劣势等方面一定要有充分的认知，在此基础上确定孩子与该两项升学计划的适配性。

第十八章 民族班与民族预科班

两种班,一家人

导语

随着社会的进步和民族团结的加强,民族班和民族预科班成为越来越热门的话题。这些班级为少数民族学生提供了更多的机会和资源,帮助他们更好地融入大学教育体系,培养自己的才能和潜力。民族班和民族预科班是促进民族团结、培养多元化人才的重要途径。本章将探讨民族班和民族预科班的重要性和优势,希望引起更多人对这一话题的关注和讨论。

什么是民族班？

民族班是指专门为当年参加高考的少数民族学生单独设立的教学班,该教学班共有三类：第一类，中等学校民族班，即在普通中学、中等专业学校为少数民族学生设立的教学班；第二类，高等学校民族班，即在普通高等学校为少数民族学生设立的教学班；第三类，党校、团校民族班，即在党校、团校为少数民族学生设立的教学班。

以上几类民族班是为了培养少数民族学生而设立的教育班级，旨在保护和传承少数民族的语言、文化和传统。这些班级招收的主要是来自特定少数民族的学生，他们可能具有特殊的民族背景和文化需求。

什么是民族预科班？

民族预科班是普通高校或民族院校根据少数民族学生的特点，采取特殊措施，着重提高文化基础知识，加强基本技能的训练，为其在高等院校本科、专科进行专业学习打下良好基础所开设的一种教学班。这是党和国家为提高少数民族文化水平，加速发展少数民族地区和边远地区社会主义现代化建设，更多地培养少数民族各类专门人才而采取的一项特殊措施。

民族预科班只招收少数民族考生，招生科类主要有文科和理科，录取标准不得低于有关高校在录取省同批次统招最低分数线下 80 分。新疆等个别自治区、省、市有汉考民两年制预科，要求汉族考生用少数民族语言考试。

学生在民族预科班毕业时，高校会自行组织预科毕业考试并进行专业分配。

招生来源

民族预科班、民族班生源限定为当年参加高考的少数民族考生，重点招收边远农村、高寒地区、山区、牧区的考生，并适量招收散杂居地区的少数民族考生。

1. 招生条件

民族预科班招生的条件：考生须符合普通高等学校报考条件，热爱家乡，立志为建设家乡做贡献的边疆县、执行边疆政策的县、省人民政府确定的贫困县、少数民族自治县及行署、州人民政府确定的贫困乡的少数民族考生或汉族考生。父亲（或母亲）在上述地区乡一级（含乡级）以下的单位工作的城镇户口的少数民族考生和汉族考生均可报考普通高等学校少数民族预科班。

2. 录取标准

民族预科班和民族班的录取标准是不一样的。

本科民族预科班： 本科民族预科班录取分数线不得低于在有关省、自治区、直辖市本科相应批次各有关高校提档分数线以下 80 分。

专科民族预科班： 专科民族预科班录取分数线不得低于在有关省、自治区、直辖市专科相应批次各有关高校提档分数线以下 60 分。

民族班： 民族班录取分数线不得低于在有关省、自治区、直辖市的本科、专科相应批次各有关高校提档分数线以下 40 分。

民族班和民族预科班的区别

学制不同

民族班是定向招生，鼓励学生毕业后回生源地就业，不需要多读一年预科，学制与正常的本科、专科相同。

民族预科班学生在正常的本科教学或者专科教学前，要多读一年高中的文化课，就读院校一般是被录取院校委托培养的其他院校。

降分幅度不同

民族班招生的相关专业在批次线上完不成招生计划的，可降分投档，降分幅度一般在 40 分左右。

民族预科班若在批次线上完不成招生计划，可在规定的降分范围内降分投档（本科的降分幅度在 80 分左右，专科的降分幅度在 60 分左右）。

填报志愿、录取不同

报考民族班的考生不需要单独填报志愿，在同批次相关院校中为正常录取。

民族预科班的录取是在相应批次院校录取结束后单独进行的，考生需要在相应批次后面单独填报民族预科志愿。

专业安排

民族班的招生院校在招生计划中会列明招生专业名称，考生填报志愿时可选择未来要学的专业。

民族预科班的专业安排分为两种：

（1）先不确定专业，在预科阶段结束，升入本（专）科阶段前，由招生院校结合本校本年度招生计划及相关文件，参照考生本人志愿，确定可选择专业范围及各专业计划数，如大连民族大学。

（2）在考生填报志愿前，招生院校已公布预科生预科阶段结束升入本（专）科阶段可选择专业的范围及具体计划数，如吉林大学、中国民航大学。

学习过程

考入民族班的考生直接进入本（专）科阶段学习。

民族预科班的学习分为预科和本（专）科两个阶段，预科生先集中进行一年或两年预科阶段的学习，重点学习汉语文、数学、外语等基础课程及其他相关课程。预科结业考核合格后，由预科班招生院校颁发录取通知书，预科生持录取通知书到招生院校报到。

人才培养模式与管理模式

民族班考生入学后与其他考生享受同等待遇。

民族预科班有两种人才培养模式：

（1）招生院校自己培养。预科生预科阶段和本（专）科阶段都在本校学习，如中央民族大学、大连民族大学等；

（2）招生院校委托其他院校进行预科代培，预科生预科阶段在代培院校学习，预科结束考试合格后再转入本校。比如，大连外国语大学的代培单位是辽宁石油化工大学，长春理工大学的代培单位是吉林省教育学院。

民族预科生预科期满升入本（专）科阶段后，与当年的大一新生混合编班，待遇与其他同学完全一样。

特别提示

一是报考民族预科班、民族班的考生必须通过少数民族资格审查。

二是同时符合两种以上加分投档政策的少数民族考生，只能享受其中分值最高的一种，不可兼得。以下是有关加分政策的例子：

根据最新公布的政策，由于云南省2025年实行新高考政策，因此2024年的考生不管是在加分、报名及后续的安排中都会和以往有所不同。云南省2024年的高校招生加分政策将执行过渡期政策，规定中提到如果考生符合加分条件，就可申报享受加分政策，但是考生如果在规定的时间内没有进行申报，将视为放弃加分资格。

云南省共有25个世居少数民族，根据政策变化显示，目前云南的哈尼族、傣族、苗族、傈僳族、拉祜族、佤族、景颇族、瑶族、布朗族、怒族、阿昌族、普米族、德昂族、独龙族、藏族、蒙古族、基诺族、水族、布依族在内地的考生只能够加5分。

此外，还有一些满足加分条件的考生，如下所述：

（1）应届高中毕业的农业人口独生子女报考云南省内普通高等学校时可加10分进行投档。

（2）云南省边疆及执行边疆政策县的少数民族考生和汉族考生可加10分进行投档，高中阶段学籍或实际就读不在户籍所在县区高中的考生（含内地民族班等）可加5分进行投档。

（3）云南省内地出生时户口登记落户为农业户口的彝族、壮族考生加5分进行投档。

（4）各州、市人民政府确定的内地高寒贫困山区的云南省少数民族考生可加10分进行投档，高中阶段学籍或实际就读不在户籍所在县区高中的考生可加5分进行投档。

（5）归侨、华侨子女、归侨子女及台湾省籍考生（含台湾户籍考生）可加5分进行投档。

（6）烈士子女可加20分进行投档。

（7）自主就业的退役士兵可加10分进行投档。

（8）在服役期间荣立二等功以上或被战区（原大军区）以上单位授予荣誉称号的退役军人，可加20分进行投档。

边防军人子女预科班

边防军人子女预科班是 2011 年 5 月由中国人民解放军总政治部会同教育部共同制定的，这是主要针对边防军人子女的一种高考优惠方式。入选学生由烟台大学、桂林电子科技大学、长春工程学院、西安邮电大学、西华大学 5 所学校负责组织培养。

招生背景

加分、优先录取等措施给予了这些军人子女，特别是边防军人子女最深也是最实在的关爱。而在关爱边防军人子女教育方面，最值得说的是边防军人子女预科班。

《关于进一步做好军人子女教育优待工作的若干意见》明确规定，优化边防军人子女预科班招生报考条件，适度扩大招生规模，为艰苦边远地区和特殊贡献军人的子女上大学提供更多更好的机会。

边防子女学习成绩较差，其实有很多的无奈和现实因素。

一方面，边防部队自然环境较差，气候恶劣，交通不便，加上远离城市，教育设施不配套，师资力量缺乏，教育水平相对较低，这些是造成一些边防子女学习成绩较差的主要原因。

另一方面，边防军人的工作性质也是影响军人子女高考录取率的一个重要因素。军人岗位调动频繁，造成子女经常转学，加上长时间分居两地，军人对子女不能进行必要的学习辅导和教育管理。

既然边防军人因为工作原因无法兼顾孩子的教育问题，那么这个事情其实就交给了家属，而且要依靠政策。于是我们欣喜地看到，现在有很多关于边防军人子女优待的好政策、好做法，为边防军人子女的教育提供了最好的帮助和支持。

军人子女报考普通高级中学，可按照下列规定给予优待：驻国家确定的三类（含三类）以上艰苦边远地区和西藏自治区、解放军总部划定的二类（含二类）以上岛屿部队军人的子女，中考时可以按照录取分值10%的标准，降低分数录取。

作战部队、驻国家确定的一类、二类艰苦边远地区和解放军总部划定的三类岛屿部队军人的子女和因公牺牲军人的子女，中考时可以按照录取分值5%的标准，降低分数录取。

驻国家确定的三类以上艰苦边远地区和西藏自治区、解放军总部划定的二类以上岛屿工作累计满20年的军人子女，在国家确定的四类以上艰苦边远地区或者解放军总部划定的特类岛屿工作累计满10年的军人子女，在飞、停飞不满1年或达到飞行最高年限的空勤人员子女，从事舰艇工作满20年的军人子女，在航天和涉核岗位工作累计满15年的军人子女，参加高考并达到有关高等学校投档线的，应予优先录取。

招生对象

符合普通高校招生条件，在驻边疆国境的县（市）、沙漠区、国家确定的三类以上艰苦边远地区或解放军总部划定的二类以上岛屿工作累计满20年的军人子女；在国家确定的四类以上艰苦边远地区或解放军总部划定的特类岛屿工作累计满10年的军人子女；在飞、停飞不满1年或达到飞行最高年限的空勤军人子女；从事舰艇工作满20年的军人子女；在航天和涉核岗位工作累计满 15 年的军人子女，可报考前文所述 5 所学校的边防军人子女预科班。

其他情况

分数要求是边防军人子女预科班生源地高考二本线以下 80 分以内，或按照生源地边防军人子女预科班控制线。

该预科班学生在大学会学习部分公共课，如语文、高等数学、近现代史纲要、大学英语、思想道德修养与法律基础等。

边防军人子女预科班学业合格并结业后，学生按所在学校具体要求升入本科专业；边防军人子女预科生在校期间不得参与国防生选拔；边防军人子女预科生本科毕业后，军队不负责安置；边防军人子女预科生由所在学校国防生学院统一管理，集中住宿，集中上课，按所在学校要求参与日常训练；边防军人子女预科生本科阶段毕业后享受普通本科生待遇。

总结

符合民族班及民族预科班条件的学生较少，其注意事项在以上内容中都有详细介绍，但每年政策都有可能发生变化。对于高分段的学生来说，如果非常注重部分专业的选择，建议慎重报考民族班和民族预科班，因为高校给予的专业选择稍有受限，也需要学生和家长关注高校对于民族班和民族预科班的详细转专业限制。

第十九章 定向培养军士

专科也能从军行

导语

选择决定了未来的方向。如果你有一个军人的梦想，但是分数不是很理想，除了军校，还有什么方式能让自己圆梦呢？下面我们一起来探讨一个独特的选择——定向培养军士（俗称"定向士官生"）。在这个充满挑战和机遇的时代，定向培养军士作为国家的重要人才储备，将在未来的国防事业中发挥更加重要的作用。如果学生对军事技术和国家安全感兴趣，希望在大学期间锻炼自己的团队合作精神和领导能力，那么定向培养军士或许是你的不二选择。定向培养军士，充满了挑战和机遇，为有志于国家安全事业的年轻人提供了一个广阔的发展平台。在这个平台上，你将有机会接受系统化的军事训练和技能培训，为国家的发展和繁荣贡献力量。如果你具备相关的兴趣和才能，不妨考虑成为定向培养军士，为国家的事业添砖加瓦，同时在个人成长和发展方面迈出坚实的一步。定向培养军士能圆学生的军人梦，也能提供一份稳定的工作。

本章接下来会详细介绍定向培养军士的报考流程、招生院校、指导建议，方便大家了解这个特殊的招生形式。

什么是定向培养军士？

定向培养军士，是指依托普通高等学校招录高级中等教育学校毕业生，为军队培养储备军士。招收定向培养军士，是依托国民教育资源选拔培养军士人才的重要途径，是促进军士队伍现代化的重要举措。定向培养军士学制为3年，学生毕业后取得大专学历。

定向培养军士的报考流程

定向培养军士的报考流程为志愿填报、体检、政审和面试、录取。考生只需要填报高考志愿即为报名，属于专业提前批。考生在6月会进行相关的报名工作，7月高校进行体检，录取工作由填报相应高校定向培养军士专业有关部门负责。定向培养军士面试主要是考官根据考生个人情况来交流，对考生的报考动机、心理素质、语言表达、逻辑思维、形象气质、反应能力进行评价，考生无须参加任何培训。

定向培养军士体检、政审、面试在省征兵办公室的统一组织下，由各地市、县（区）征兵办公室在指定地点进行。考生可以从省教育招生考试院查询录取情况。

定向培养军士和直招军士的区别

定向培养军士和直招军士有两点区别。

第一点是招生对象不同。定向培养军士的对象是当年参加高考的普通高中毕业生，未婚，不超过20周岁；直招军士是直接招收普通高等学校毕业生入伍，作为志愿兵到部队服现役。直招军士面向的对象是普通高校应届毕业生、往届毕业生，未婚，不超过24周岁。

第二点是报名方式不同。定向培养军士通过填报志愿的方式报名，在专科提前批志愿栏内选择高校"定向培养军士"专业填报；直招军士登录全国征兵网后点击"招收军士报名"。

定向培养军士可以选择哪些学校？

以下列举部分定向培养军士的院校，仅供读者参考。

省（区、市）	定向培养军士院校
辽宁	辽宁省交通高等专科学校、渤海船舶职业学院
江苏	江苏海事职业技术学院、江苏信息职业技术学院、南京信息职业技术学院
浙江	浙江交通职业技术学院、浙江建设职业技术学院
安徽	安徽交通职业技术学院、阜阳职业技术学院
江西	江西航空职业技术学院、江西信息应用职业技术学院、南昌工程学院、东华理工大学

续表

省（区、市）	定向培养军士院校
山东	山东交通职业学院、山东信息职业技术学院、潍坊工程职业学院、潍坊科技学院、威海职业学院、滨州职业学院、泰山职业技术学院
河南	河南交通职业技术学院、河南医学高等专科学院
湖北	湖北交通职业技术学院、武汉交通职业学院、武汉船舶职业技术学院、武昌职业学院
湖南	湖南国防工业职业技术学院、湖南汽车工程职业技术学院、湖南体育职业学院、长沙航空职业技术学院、张家界航空工业职业技术学院
重庆	重庆机电职业技术学院、重庆医学高等专科学院、重庆航天职业技术学院、重庆交通职业学院
四川	四川邮电职业技术学院、成都航空职业技术学院
陕西	西安航空职业技术学院、西安航空学院、延安职业技术学院
甘肃	兰州资源环境职业技术学院
宁夏	宁夏职业技术学院、宁夏工商职业技术学院
北京	北京电子科技职业学院、北京工业职业技术学院
新疆	新疆石河子职业技术学院
西藏	西藏职业技术学院

总结

如果考生想要选择定向培养军士，首先要了解清楚这项政策的优势与局限。首先，考生入学学费是可以减免的。入学两年半以后，顺利的话，学生可以征兵入伍直接成为士官，毕业即就业，干满12年退伍可以安排工作，退伍津贴和补助在不同地区的标准不一样。退伍之后，他们可以免试专升本、考公务员、考研究生，参加其他考试还有加分，详情可以参照全国征兵网中的具体政策。

大家可以看到，定向培养军士确实有很多好处，但是绝大部分只会招男生，而且学生上了大学之后就要接受军事化管理。除此之外，定向培养军士生在地方院校上专科的时间不算军龄，只算工龄。其中需要注意的是，上了定向培养军士院校，学生入伍仍有淘汰率，通过部队各种有关成绩、体测、体检的相关考核，授衔之后才能算是正式入伍，无法入伍的需要自己找工作。大家可以结合自身实际情况考虑。

第二十章 『高本贯通』
低分保本新思路

导语

在一些高考压力大的省份，比如山东，本科投档人数和录取人数比例为1.2∶1，这意味着如果考生的分数刚过本科线，可能会出现无本科学校可上的局面，或者只能去民办学校的冷门专业。对于这部分考生，最终的归宿不光只有专科和未来结果不可控的专升本，还有一些专本协作的办学模式可以考虑，例如广为人知的专本"3+2"连读，即3年的专科学习和2年的本科学习，虽然多了一年的学习时间，但学生最终可以获得全日制本科学历，因此这种模式在每年报考季也都备受家长和考生的追捧，但录取分数居高不下，让有意报考的家长和考生望而却步。

其实，除了专本"3+2"连读，在招生计划中还有极为特殊的一类政策，即"高本贯通"，同样的5年学习周期，学生毕业也可以获得全日制本科学历，录取分数还略低一些，但是它和专本连读之间存在许多区别。希望本章的内容能带大家了解清楚这一政策，给低分段考生多提供一条升学路径。

什么是"高本贯通"？

"高本贯通"的全称叫高职高专院校与普通本科高校开展对口贯通分段人才培养，在高职高专学校上3年，在本科院校上2年。

"高本贯通"培养，学生首先要通过前3年的专科学业考试，再通过所接收试点本科院校的转段考试，考试合格后，学生方可进入本科院校学习。

"高本贯通"培养在统招时选择专科院校就已确定所能选择的本科院校了，相当于定向培养，学生不可选择其他没有对接协议的本科院校。

"高本贯通"的报名条件

对于广大考生来说，达到当年统一高考专科控制分数线，即可在报志愿阶段填报"高本贯通"专业。各省的"高本贯通"招生计划院校会有差别，具体以对应省份的教育考试院的招生计划为准。以浙江省为例，2023年在浙招生的"高本贯通"专科学校包括上海科学技术职业学院、上海农林职业技术学院、上海民航职业技术学院、上海东海职业技术学院、上海工商外国语职业学院、上海济光职业技术学院、上海思博职业技术学院、上海工商职业技术学院、上海震旦职业学院等9所，对应的本科院校有上海中侨职业技术大学、上海师范大学天华学院等7所学校。同时，需要注意部分学校的单科成绩要求，据每年志愿填报数据显示，部分专业会有单科成绩要求。比如，上海民航职业技术学院航空旅游服务专业的"高本贯通"招生计划注明色盲、色弱考生不宜报考，外语考试语种仅限英语，且英语高考成绩不低于80分。

"高本贯通"和专升本的异同

相同之处

- 报名资格条件相同：转段都需要通过英语四级和计算机一级考试；
- 考试时间相同：二者考试时间在同一天；
- 通知书相同：所发录取通知书一致；
- 所享待遇相同："高本贯通"考生与专升本考生在升本之后所享受的待遇是一样的（助学金、奖学金、评优评干）；
- 学位证和学历相同：跟专升本一样，"高本贯通"考生的毕业证上面也会标注"专科起点，本科学习"；
- 学信网标注相同："高本贯通"考生的学信网学籍、学制跟专升本一样，标注为2年制本科；
- 享受权利相同：二者都享受免试、面试、保送、加分的权利。

不同之处

· "高本贯通"就是一对一，固定升本科对口院校和专业，学生不能自己选择院校和专业；专升本的学生可以根据自己专业的对口情况和意愿自行选择升本院校；

· 招收"高本贯通"的本科院校专业都不会参与专升本招生，参与专升本招生的专业也不会参与"高本贯通"招生；

· "高本贯通"和专升本的分数线不一样；

· "高本贯通"的录取率比专升本高；

· "高本贯通"没有调剂；

· 所有高职院校都可以参加专升本，但不是所有院校都有"高本贯通"资格；

· "高本贯通"单个专业的招生名额比专升本多；

· 目前在"高本贯通"招生中，公办院校是主力；在专升本招生中，民办院校是主力；

· 入学两年后对不符合"高本贯通"考核要求的学生，予以转入平行专业或相近专业学习，不再进行贯通培养，也就是说贯通生身份有可能被取消。部分全国排名很靠前的专科院校会对学生连续两个学期或三个学期的专业课成绩、课堂出勤、小组任务、个人作业等有要求，排名长期垫底或专业课挂科超过3门左右的学生，予以淘汰至普通专科生身份，取消大三直接参加"3+2"校内专升本考试的资格。

常见问题

1. "高本贯通"学生一定能拿到本科毕业证吗？

学生被"高本贯通"高校录取两年后要进行"高本贯通"资格考核，如果考核未通过，学生则被分配到相近专业继续就读专科，直至专科毕业；如果考核通过，学校将对学生进行统一校内专升本的考试，考试通过后学生即可继续就读两年本科教育，直至最后拿到本科毕业证书、学位证书。

2. "高本贯通"的本科毕业证和普通批的本科毕业证在学历层次上有差异吗？

通过"高本贯通"培养取得的毕业证书与四年制本科的毕业证书均为本科学历，在升学过程中具有同等效力。

总结

对于专科线考生来说，专升本和"高本贯通"都是获得本科学历的途径，在分数足够的情况下，是非常值得考虑的升学路径。但事实上，通过这两所"独木桥"顺利提升学历的概率，并没有想象中那么高。究其原因，一方面，这条赛道的竞争越来越"卷"；另一方面，进入专科学校后，很多学生会忘记学历提升的初心，逐渐被突然获得的"自由"麻痹。在报考之初，家长一定要向孩子强调，它不是升学捷径，而是升学的救命稻草，一定要正视并在未来不断为之付出努力。另外，专业的重要性日益凸显，报考"高本贯通"同样要重视专业选择。

第二十一章 高职单招

低分也有好选择

导语

每个家长都想让自己的孩子读到一所很好的大学，但是有些孩子的分数可能不是很理想，难道他们就没有一个好的出路了吗？其实，高职单招也是一种可供选择的升学途径。在当今社会，职业教育越来越受关注和重视。高职院校开设的职业教育其实就是专科。作为职业教育的一种形式，高职单招逐渐成为越来越多人的选择。高职单招政策的意义在于，它为考生提供了一个展示自己才华的平台。与普通高考不同，高职单招更加注重专业技能的考核，而不仅仅是学术知识的考查。这使得考生在高职单招中可以充分展示自己的特长和优势，从而得到更好的发展机会。当然，高职单招政策也存在一些挑战和风险。由于各高校自主命题、自行组织考试和录取，因此标准可能不统一。此外，由于高职单招一般在高考之前进行，如果考生同时报名了高考和高职单招，可能会面临时间冲突和精力分配的问题。本章会详细介绍家长比较关心的政策详情、招生专业、招生流程，并给出指导建议。

什么是高职单招?

读者对于高职单招可能会感到很陌生,那么什么是高职单招呢?

高职院校单独招生简称"高职单招",是指高等职业学校为高中毕业生单独举行的招生考试,如果被高职院校录取,学生就不用再参加高考了。

高职单招是为贯彻落实《国务院关于大力发展职业教育的决定》精神,全面推进素质职业教育,建立健全现代职业教育体系,适应我国经济社会发展需要,突出高职教育特色,积极推进高考招生制度改革,选拔综合素质高和具有创新能力、实践能力、特殊才能的优秀高中毕业生进入高职院校学习而推出的重大政策,即高等职业教育院校根据自身专业教学需要设置考试科目、自主命题、考试、评卷、面试、录取。

高职单招的报考条件

家长比较关心的是哪些学生能参与高职单招。那么,哪些学生可以报考呢?报考高职单招需要符合普通高校招生统一考试报名条件,或符合普通高校对口招收中等职业学校毕业生考试报名条件。

如果你是想出省读书的毕业生——不适合。因为高职单招只能报本省的学校。

如果你是中等职业学校的毕业生，或是没法过本科线的普通高中毕业生——适合，多一个机会，比统考更容易进更好的学校。

如果你是刚过本科线不多的普通高中应届毕业生——慎重，如果坚定地放弃报考本科，可以考虑报考高职单招，但是一旦被高职单招录取，就不能参加高考了。

哪些类型的学校可以招收高职单招的考生呢？大部分普通高职（专科）院校都可以，还包括部分普通本科高校的高职（专科）专业。有别于普通高考的是，高职单招按专业类别进行考试，而非文理科。以重庆市为例，高职单招分为13大类，分别是商贸管理类、财经类、政法类、师范教育类、文秘类、工艺美术类、旅游类、机械类、计算机类、电子电气类、建筑类、农学类、医学类。

高职单招的报考流程

全国各省的高职单招流程都不一样，以安徽省的招生流程为例，仅供读者参考。

高职单招流程

1. 网上报名：考生在指定时间登录安徽省教育招生考试院，选择拟报考院校报名页面，阅读招生简章，进入该校网上报名系统填报信息，然后需要做现场资格审查及信息确认，最后进行网上缴费。

2. 单招考生相关安排：
①文化素质测试：包括语文、数学、英语三科内容。卷面分值为300分，其中语文、数学每科120分，英语60分。
②院校考试：报考分类考试的普通高中毕业生、具有高中阶段学力或同等学力及以上的社会人员采取"文化素质测试＋职业适应性测试"的考试评价方式；中职学校、中等技工学校等中等职业学校毕业生采取"文化素质测试＋职业技能考试"的考试评价方式。

3. 成绩查询：文化素质测试成绩由省教育考试院统一发布，具体在省教育考试院网站及微信公众号查询，学校校测成绩由报考高校官网发布。

4. 分数线公布：根据招生计划、考生数和考试成绩等因素，划定文化素质测试合格分数线。院校组织的考试、测试的合格分数线由各校自行确定。

5. 院校录取：被预录取的考生登录省教育考试院进行录取确认，考生只能选择一所院校确认录取，一经确认，任何人不得更改，确认录取的考生不得再参加普通高校招生统一考试，已被预录取但在规定时间内未进行网上确认的考生视为放弃录取资格。放弃录取资格和未被录取的考生，可参加普通高校招生统一考试。

总结

高职单招算是统招的捷径，学生入校后和统招生没有任何区别，只是入学的时间和途径不一样，而且单招考试要比高考容易很多。当然，这并不意味着人人都可以进好的学校、好的专业，竞争还是比较大的，不过单招有一个好处，即如果你没有通过单招考试，还可以继续复习参加高考。

规划建议

因为大部分省份的高职单招只能报省内的高职院校，而且考生一旦被录取就不能再参加高考了，所以那些没有想好到底是参加高考还是参加单招考试，或者有强烈的高考情结的考生建议不要报高职单招，因为你们最终还是会决定参加高考，这样会影响和耽误你们的复习。而那些成绩一般的考生，确定自己通过高考考取自己中意的学校和专业无望，而恰好该校又有单招，不妨一试，也是给自己增加一次机会，说不定就能走上捷径。大部分高职单招学校规定学生不可以转专业。

第二十二章 体育生

四肢发达，头脑不简单

导语

2023年1月《中华人民共和国体育法》实施，这意味着体育将成为每一位学子升学的必经之路。对体育生来说，体育不仅是升学的基础，也让其在未来的升学、就业方面有更多选择。

作为体育生，你知道体育统招、高水平运动队、体育单招和体育留学的区别吗？你知道哪条路对你来说更容易、更有优势吗？你知道体育生还有哪些升学途径吗？下面就一一为你解答这些疑问。

体育生升学途径

体育生有四种升学方式，简单来说就是体育统招、高水平运动队、体育单招和体育留学。

体育统招

体育统招，指普通高校体育类专业的招生。凡符合普通高校招生报考条件，具有一定体育专长的体育统考考生，都可报名参加体育类专业招生。这是国家为喜欢体育，有志于从事体育教育、社会体育，且无体育专业技术等级的考生设立的另一个体育生高考模式。考生可报考体育教育、社会体育指导与管理、休闲体育等体育类专业，许多综合类大学都设有此类专业。换句话讲，体育统招其实也算是体育生的特殊类型招生。

1. 报考条件

体育统考是由招生学校的专家评审委员会制定考试标准和选拔办法，对符合本校条件的考生进行专项体育测试。体育专项测试合格的体育统考考生，按规定的时间和方式报名参加全国统一高考并填报志愿；高考报名资格确认后，向报名单位申请体育教育、社会体育及休闲体育等专业。体育统招是高等学校根据学生的体育特长，通过综合考核的方式招收优秀的体育人才。

（1）招生对象

热爱体育事业、身体健康、综合素质好，男生高于170（含）厘米，女生高于160（含）厘米，具有一定体育运动基础的高考学生。

具备参加当年普通高考资格，高级中等教育学校毕业或具有同等学力，不需要国家二级运动员证书。

（2）报名时间

考生须参加按教育部规定各省统一组织的体育术科考试[1]，即体育专业考试（具体内容各省不同），由各省划定术科合格线。在高考报名资格确认后，考生向报名单位申请。

（3）体育专业考试时间

一般是每年的3—4月底，由各省、市自行安排。

（4）文化考试时间

同高考时间（每年的6月7—9日）。

（5）文化课考试内容

部分学校对于统招文化课要求比较高，因而对广大体育生来说通过文化课考试不是一件容易的事情。

（6）分数计算

综合成绩=体育类专业考试成绩（满分100分）×3.75+文化课考试成绩（满分750分）×0.5（各省略有差别）。

（7）录取方式

各高校自主安排，主要按体育专业成绩排名、文化课成绩排名、综合

---

[1] 各省市参考《2024年普通高等学校招生统一考试体育类专业考试科目和要求》，实行全省统一考试、统一评分标准、集中考点分项目分批考试：

成绩排名进行录取。分数线由招生学校在此基础上自行确定。

（8）招收专业

主要是体育教育、运动训练、社会体育指导与管理、休闲体育、体能训练等专业。

（9）招生院校

各省具体招生院校数量及文理科的招生院校数量有所区别。

体育统考进行体育专项统一测试的省（区、市），其所在地招生学校体育专项测试的要求不得低于本省（区、市）制定的统一测试标准。体育统考体育专项测试合格的考生须按规定时间和办法，参加全国统一高考的报名及填报志愿。

2．考试

体育统招考试涵盖了丰富多样的体育项目，每个省份的具体项目可能会有所不同，但通常包括有氧耐力、灵活性、力量、速度等方面的测试项目。

体育统招考试内容分为身体素质项目和专项素质项目。其中身体素质项目的分值占总分值的60%，专项素质项目占总分值的40%。考生须参加包含100米跑、800米跑、立定跳远、原地向前投掷实心球这4项身体素质项目中的3项或全部考试，以及11个专项素质项目中的一项测试项目在内的术科考试。

体育统招考试设有11个专项素质项目，包括篮球、排球、足球、乒乓球、羽毛球、网球、艺术体操（女）、健美操、武术、游泳（100米蝶泳、100米仰泳、100米蛙泳、100米自由泳）、田径（200米、400米、1500米、100米栏、110米栏等）。

以田径项目的跑、跳、投为主，考核考生的速度、弹跳、爆发及耐力，相关考试项目各省不一样，一般是100米跑、800米跑、原地推铅球、立定三级跳远，一些省份会增加专项测试，如足球、武术、篮球等。

除了艺术体操、100米栏、110米栏，其他项目不限男女。如果体育生选择游泳作为考试项目，只需要在100米蝶泳、100米仰泳、100米蛙泳、100米自由泳中选择一项，而选择田径的只需要在200米、400米、1500米、100米栏、110米栏、跳高、跳远、三级跳远、铅球、铁饼、标枪中选择一项。

省（区、市）	模式分值	分值占比	具体考试项目
天津	3+1模式[1] 分值100	身体素质70分	100米跑、原地推铅球、立定跳远
		专项技术30分	田径、篮球、排球、足球、乒乓球、网球、武术、跆拳道、游泳、健美操
北京	4+1模式[2] 分值100	身体素质60分	100米跑、绕杆跑、立定跳远、原地推铅球（男5公斤，女4公斤）
		专项技术40分	田径、篮球、排球、足球（男）、体操、艺术体操（女）、武术、游泳、乒乓球
山东	3+1模式 分值100	身体素质60分	100米跑、立定跳远和原地推铅球
		专项技术40分	田径、篮球、排球、足球、乒乓球、体操、武术
陕西	4个必考项目，无专项	按原国家体委《1989年普通高校体育专业招生考试评分标准与办法》执行	100米跑、立定跳远、原地推铅球、800米跑
云南	4+1模式 分值100	身体素质60分	100米跑、立定跳远、原地推铅球、800米跑
		专项技术40分	田径、体操、游泳、篮球、排球、足球（男）、武术

[1] 通常称为测试四项（3项身体素质项目，1项专项素质项目，如100米跑、800米跑、立定跳远三级跳、原地推铅球）。
[2] 通常称为测试五项（4项身体素质项目，1项专项素质项目）。

续表

省(区、市)	模式分值	分值占比	具体考试项目
甘肃	3+1模式 分值300	身体素质210分	100米跑（70分）、立定三级跳远（70分）、原地推铅球（70分）
		专项技术90分	田径、篮球、排球、足球、体操、武术
湖南	2+1+1模式 分值300 不得选择与其所报专项相近的项目	身体素质150分	100米跑（90分）、5米三向折回跑（60分）
		专项技术100分	田径（100米除外）、篮球、排球、乒乓球、足球、羽毛球、网球、武术、游泳、体操、艺术体操、健美、跆拳道
		辅助技术50分	篮球往返运球、单手低手投篮、排球传球垫球、足球运球绕杆射门、游泳
湖北	固定5项	每项100分，共计500分	100米跑、二级蛙跳、原地推铅球、800米跑、5米三向折回跑
河北	4个必考项目，无专项	每项100分，满分400分	100米跑、800米跑、立定三级跳远、原地推铅球
辽宁	3+1模式 分值100	身体素质60分	100米跑、原地推铅球和立定三级跳远
		专项技术40分	200米跑、400米跑、1500米跑、男子110米跨栏（栏高1米），女子100米跨栏（栏高0.84米）、铅球、铁饼、标枪、跳高、跳远、三级跳远、体操、篮球、排球、足球、武术、乒乓球、艺术体操、健美操和游泳
吉林	3+1+1模式 分值300	身体素质（每项60分，满分180分）	100米跑、800米跑、5米三向折回跑
		专项技术（满分75分）	考生可在田径（除100米、800米外）、篮球、排球、乒乓球、足球、羽毛球、网球、武术、游泳、体操、艺术体操、健美操、跆拳道中任选一项
		辅助技术（满分45分）	篮球往返运球、单手低手投篮、排球传球垫球、足球定位球传准与颠球、体操预摆分腿腾越纵箱（男）或分腿腾越横箱（女）
黑龙江	4个必考项目，2021年起取消专项	4项考试每项25分，满分100分	100米跑、二级蛙跳、原地推铅球和800米跑

续表

省（区、市）	模式分值	分值占比	具体考试项目
内蒙古	4个必考项目，无专项	满分100	100米跑、立定三级跳远、原地推铅球、800米跑
	分值100	评分参照《体育专业试评分标准与办法》	
安徽	4个必考项目，无专项	满分100，每项25分	100米跑、立定三级跳远、原地推铅球（男5公斤，女4公斤）、800米跑
河南	3+1模式	身体素质每项40分，满分120分（2023）；每项50分，总分150分（2024）	立定跳远、100米跑、原地推铅球
	分值150	通知考生的专业成绩为整数，总分合成后，保留小数点后2位	田径、足球、篮球、排球、乒乓球、武术、体操
		专项技术满分30分	
福建	4个必考项目	满分100分，每项25分	100米跑、立定三级跳远、原地推铅球、800米跑
浙江	分值100	术科考试每项各占25%分值	100米跑、立定三级跳远、原地推铅球、800米跑
江苏	4+1模式	身体素质（每项25分，满分100分）	100米跑、立定三级跳远、800米跑、原地双手从头后向前掷实心球
	分值150	专项技术（满分50分）	田径、篮球、排球、足球、乒乓球、体操、武术、健美操、羽毛球
江西	4+1模式	5项考试各占20分	100米跑、立定三级跳远、原地推铅球、800米跑
	分值100		篮球、足球二选一
广东	3+1模式	身体素质225分	100米跑（75分）、立定三级跳远（75分）、原地推铅球（75分）
	身体素质占75%，专项技术占25%	专项技术75分	足球运球绕杆射门、篮球运球绕杆定点投篮、排球隔网定向垫传球、乒乓球左推右攻（发球机发球）和游泳（分蛙、蝶、仰、自由泳4种泳式），任选一项

续表

省（区、市）	模式分值	分值占比	具体考试项目
广西	4+1模式	身体素质60分	100米跑、800米跑、立定跳远、后抛实心球
	分值100	专项技术40分	篮球、排球、足球、乒乓球、羽毛球、田径、体操、武术、游泳、举重
重庆	4+1模式	身体素质60分	100米跑、800米跑、立定跳远、原地向前掷实心球
	分值100	专项技术40分	篮球、排球、足球、乒乓球、羽毛球、网球、艺术体操（女）、健美操、武术、游泳、田径
贵州	4个必考项目，无专项	每项40分，总分160分	100米跑、800米跑、原地推铅球、立定三级跳远
上海	3+1模式	身体素质考试共三项，每项满分25分，三项总分为75分	100米跑、原地推铅球、800米跑
	分值100	专项技术考试一项，满分为25分	田径、篮球、排球、足球、网球、羽毛球、乒乓球、体操、武术、游泳
宁夏	4个项目	每项25分，总分100分	100米跑、800米跑、立定跳远、原地推铅球
新疆	4个项目	每项25分，总分100分	100米跑、立定跳远、原地推铅球（男5公斤，女4公斤）、800米跑
西藏	4个项目	每项25分，总分100分	100米跑、立定跳远、原地推铅球、800米跑
山西	4个项目	每项25分，总分100分	100米跑、800米跑、立定跳远、一分钟杠铃连续挺举
山东	3+1模式	身体素质60分	100米跑、立定跳远、原地推铅球
	分值100	专项技术40分	田径、篮球、排球、足球、乒乓球、体操、武术
四川	3+1模式	身体素质60分	100米跑、立定三级跳远、原地推铅球
	分值100	专项技术40分	田径、篮球、排球、足球、乒乓球、体操、健美操、游泳、艺术体操（女）、武术
青海	4个项目	每项25分，总分100分	100米跑、立定跳远、原地推铅球、800米跑
海南	3+1模式	身体素质60分	100米跑、立定跳远、原地推铅球
	分值100	专项技术40分	田径、篮球、排球、足球、游泳、羽毛球、乒乓球、体操、武术

3. 录取原则

高等学校体育专业参加提前录取。录取新生要坚持德、智、体、美全面考核，以及综合评价、择优录取的原则，在突出体育专业特点的同时，还要注重政治思想表现和文化课成绩。体育教育、社会体育指导与管理专业录取新生的文化课最低控制分数线按略多于招生计划数（1:1.3）的原则，由市高校招生委员会按文、理科分别划定。运动人体科学、公共事业管理（体育管理方向）、新闻学（体育新闻方向）专业的录取最低控制分数线与单纯的理工类或文史类相同。

高水平运动队

高校高水平运动队招生是指学校根据教育部办公厅关于做好普通高校部分特殊类型招生工作的文件精神和招收高水平运动队的规定，并依据本校当年高水平运动队项目建设的需要，招收一定数量的高水平运动员。

高水平运动员是普通高校为了活跃校园生活、提高体育竞技水平，并满足大学生运动会的组队需要招收的具有体育方面特长的考生，他们被录取到高校后就读于体育类或非体育类专业，在学习本专业的同时利用业余时间参加学校的体育训练和比赛。

1. 招生项目范围

在奥运会、世界大学生运动会项目（包括足球、篮球、排球等）范围内，按照教育部评估确定的项目，各高校结合自身实际情况，根据自身运动队建设规划，确定运动队招生项目和招生计划，重点安排群众基础好、普及程度高、竞技性强的体育项目。对于不具备相关师资、设备、场地等组队条件，以及学生入校后退队率超过20%的高校，还有非奥运会或世界大学生运动会项目、未设运动员技术等级标准、生源严重不足且连续两年录取人数为零的相关项目，两者都不再安排高水平运动队招生。原则上连续3届奥运会、世界大学生运动会没有学生参赛的项目，各高校不再安排高水平运动队招生。涉及运动训练、武术与民族传统体育专业的运动项目，一般不安排高水平运动队招生，要大力加强从在校生中选拔培养运动队成员。

2. 报考条件

从2024年起，符合生源省份高考报名条件，获得国家一级运动员（含）以上技术等级称号者方可以报考高水平运动队。

从2027年起，符合生源省份高考报名条件，获得国家一级运动员（含）以上技术等级称号且近三年在国家体育总局、教育部规定的全国性比赛中获得前八名者方可以报考高水平运动队。[1]

（1）报考要求（以2023年西南交通大学为例）

符合普通高校年度招生工作规定的报名要求且具备以下条件之一者方可参加高水平运动员招生考试报名：

①高级中等教育学校毕业，获得国家二级运动员（含）以上证书且高中阶段在省级（含）以上比赛中获得集体项目前六名的主力队员或个人项目前三名者；

②具有高级中等教育毕业同等学力，获得国家一级运动员（含）以上证书者，或近三年内在全国（或国际）集体项目比赛中获得前八名的主力队员。

---

[1] 教育部、国家体育总局发布《关于进一步完善和规范高校高水平运动队考试招生工作的指导意见》。

考生和家长需要注意以下三点：第一点，凡以同等学力报考的考生必须提供与高级中等教育相当的学习证明和成绩单，由省级教育行政部门协助招生院校对其资格进行认定，未经资格认定的同等学力考生不得报考。第二点，试点高校根据教育部要求确定本校报名条件，考生所持本人运动员技术等级证书中的运动项目应与报考高校的运动项目一致。第三点，从2021年开始，在满足报考条件的同时，高水平运动队的招生对象不限年龄。

（2）学历要求

应届生一般要求由所在中学出具加盖公章的学籍证明信；对于往届生，部分学校会要求考生提供高中毕业证书及复读所在学校出具的学籍证明信；而具备高级中等教育毕业同等学力的考生，一般须提供与高级中等教育相当的学历证明和成绩单，且需省级教育行政部门协助招生院校对其资格进行认定。

3. 政策和趋势

2024年是高水平运动队重大改革实施元年，改革后第一年的招生工作即将开始。

2021年9月，教育部、国家体育总局联合印发了《关于进一步完善和规范高校高水平运动队考试招生工作的指导意见》，高校高水平运动队考试招生自2024年起会发生重大变化。

在2024年高水平运动队改革的环境下，高水平运动队招生院校数量进一步减少及招生人数大幅降低将成为新趋势。

从高水平运动队历年的招录情况来看，计划人数与公示人数的差额一直存在，也就是说很多院校都存在没有招满的情况。这其中还不包括此前兼报体育单招和高水平运动队的考生被体育单招先录取的情况，这就导致了高水平运动队实际录取的人数会比公示的人数少。值得一提的是，在2024年，很多高校会主动了解公示考生的体育单招录取情况，如果被体育单招录取的话，学校规定可以把名额替换给其他考生，这在一定程度上增加了其他考生的录取机会。

4．招生录取流程

报名方式分两步：第一步是参加普通高考报名；第二步是参加高水平运动队报名。

（1）普通高考报名

时间点：10月至11月。

普通高中应届生或往届生，学籍还在学校的按照学校高考报名流程报考即可；无学籍有高中毕业证书或者相关同等学力证明的直接在当地教育局（招生办）报名。

所有高水平运动队考生必须参加普通高考报名，需要提前准备高考报名材料，复读的考生如果有高中毕业证或者其他同等学力证明，可不挂学籍。

（2）高水平运动队报名（以2024级考生为例）

① 2024年高水平运动队招生工作通知发布

时间点：2023年11月中下旬。

这是针对2024年高水平运动队的考试要求和通知，该通知主要包括招生办法、资格审核、测试和录取要求等方面。

②高水平运动队招生简章发布

时间点：2023年12月初。

各校的招生简章陆续发布，涉及各校的报名方式、报考要求、招生项目、招生人数，以及对应的招生变化，这和大家报志愿息息相关。

在学校发布招生简章后，按照简章的要求进行报名，各个学校报名起止日期不同，请仔细确认好报名时间以防过期。

统考项目或一级运动员考生还需要在"体教联盟"或"中国运动文化教育网"再次注册报名，冬季项目一般注册时间为12月，报名时间为12月底；其他项目一般注册时间为2024年2月，报名时间为2024年3月初（具体请以最新招生管理办法中通知的时间为准）。

关注自己所要报名的学校的招生简章中的报名方式，一般有以下几种类型，详情需要查看学校招生简章的要求。

类型一：网上报名

考生须通过教育部阳光高考特殊类型招生报名平台进行网上报名[1]，按系统使用说明进行注册后，根据要求准确完整地填写申请表，并经签字确认后扫描或拍照上传，完成网上报名。

部分院校会要求在自己本校官网报名，详情方式请参照学校当年的招生简章。

类型二：其他方式报名

除网上报名外，还有部分学校是以现场报名、邮寄资料报名、电子邮件报名等方式进行报名。考生需要按照该校的招生简章要求，准备好报名所需要的材料或图片到现场或邮寄报名，学校会按要求对所提交的资料进行审核。

需要注意的是，不管通过何种方式报名，如果是运动技术等级证书为一级（含）以上或者体育项目为全国统考项目的考生均需要在"体教联盟"上再次进行报名，非统考项目的二级运动员考生则无须在"体教联盟"上再次报名。

---

[1] 网址是 http://gaokao.chsi.com.cn/zzbm。

③公布初审合格名单

时间点：2023年12月中下旬起。

各学校在报名时间截止后会针对报名考生提交的报名材料进行资格审核，审核通过后，学校会公布初审合格名单，名单内考生方可参加专项测试。

④专项注册报名及测试

冬季项目注册开始的时间点是2023年12月。所有报名高水平运动队的冬季项目考生均需要在规定时间内在"体教联盟"上注册报名，最多可选择10所高水平运动队院校确认报名。冬季项目注册报名比较早，相关考生需要及早申请运动等级证书。

夏季项目注册开始时间点是2024年2月。注意拿证比赛和个人运动等级证书的申报时间，证书一般1—3个月内可以审批下来，同时需要避免身份证过期，尽早更换临过期身份证。

夏季项目报名时间点是2024年3月上旬。次年的3月1—10日，所有报名高水平运动队的夏季项目（其他项目）考生均需要在规定时间内在"体教联盟"上注册报名，最多可选择10所高水平运动队院校确认报名。

夏季项目专项考试时间点是2024年3—5月上旬。专项考试具体流程和准备的材料、考区都会提前发布2024考试须知等说明，具体参考最新专项考试安排。

⑤2024年普通高考体检

时间点：2024年3—5月。

⑥专项成绩查询和复核

时间点：2024年5月中旬。

在"体教联盟"上查询和复核。

⑦公示专项测试合格名单

时间点：2024 年 6 月初。

在专项考试结束后，学校会根据考生专项成绩排序对比确定专项考试合格名单。各学校专项测试合格名单最终统一在阳光高考网发布，名单中会注明考生各类信息，如姓名、测试专项、证书等级、测试成绩、合格规则、合格分数标准、录取优惠政策等，考生达到相应要求即具备录取资格。

⑧高考

时间点：2024 年 6 月 7—10 日。

各省份时间安排不同，最晚在 6 月 10 日结束高考。

⑨高考成绩查询

时间点：2024 年 6 月下旬。

各省份 6 月下旬即可陆续开始查询自己的文化课成绩。

⑩填报志愿及专业

时间点：2024 年 6 月底开始。

文化课成绩达到学校要求可在本省高考志愿填报系统中找到高水平运动队对应的志愿填报批次填报志愿。

⑪等待录取通知书

时间点：2024 年 7 月中旬—8 月初。

高水平运动队录取通知书会按照各省份高水平运动队录取批次时间依次进行发放，一般在 7 月中旬到 8 月初，各学校会陆续邮寄录取通知书。

体育单招

体育单招是部分体育专业单独招生的简称，是指经教育部、国家体育总局批准的部分有关普通高校可以对运动训练、武术与民族传统体育专业实行单独招生，所以体育单招仅限这两个专业。

1. 报名条件（2023 版）[1]

体育单招的招生对象是报考运动训练、武术与民族传统体育专业的考生。

（1）符合 2023 年普通高考报名条件，且已参加生源所在地省级招生考试机构组织的普通高考报名（具体按各省级招生考试机构要求执行）。

（2）具备《2023 年普通高等学校运动训练、武术与民族传统体育专业招生管理办法》所列运动训练、武术与民族传统体育专业招生项目的二级（含）以上运动员技术等级称号或二级武士（含）以上技术等级资格。考生运动员技术等级以"国家体育总局运动员技术等级系统"公示的数据信息为准。

（3）2023 年报名考生的等级证书审批日期：冬季项目为 2023 年 1 月 1 日至 2023 年 12 月 31 日；夏季项目（含武术与民族传统体育专业项目）为 2023 年 1 月 1 日至 3 月 10 日。

2. 注册报名

（1）普通高考报名

参加体育单招考试的同学一定要先参加本省的高考报名，报名时间一般是前一年的 11 月至 12 月。2024 年的考生需要在 2023 年 11 月左右先参加本省的高考报名。按照教育部规定，考生参加单独招生考试，若被正式录取，无须参加全国统一高考，未被录取考生可继续参加全国统一高考。参加单独招生考试录取的考生与参加全国统一高考录取的考生享受同等待遇，全部通过教育部电子注册，收费标准、毕业证发放等全部相同。

---

[1] 来源于《体育总局办公厅关于发布 2023 年体育单招考生指南的通告》。

（2）体育单招考试报名

①报名地址

"中国运动文化教育网"或"体教联盟"上的"普通高等学校运动训练、武术与民族传统体育专业招生系统"（以下简称"体育单招系统"）。考生本人的运动员技术等级项目应与报考的招生项目一致，考生如具备所报考项目的多个运动员技术等级证书，报名时需填报所有符合报名要求的运动员技术等级证书。

②注册

考生应在规定时间内通过"体育单招系统"完成注册，校验运动员技术等级信息。

冬季项目注册时间为2022年12月1日至31日。

夏季项目注册时间为2023年2月1日至3月10日。

考生在注册过程中，如发现本人运动员技术等级信息有误，应及时联系等级证书授予单位进行信息更正，确保在注册报名截止日期前完成报名。

③报名

已完成注册的考生应通过"体育单招系统"签订《反兴奋剂承诺书》、填报志愿并缴纳考试费。拒不签订《反兴奋剂承诺书》的考生，视为主动放弃考试资格。考生依据院校招生简章，在规定时间内通过"体育单招系统"进行注册报名，报名时应合理选择不超过2所招生院校，并确定志愿顺序。考生应认真阅读相关招生院校招生简章，确定考生本人符合相关招生院校招生条件后再通过"体育单招系统"进行报名。考生完成缴费视为报名成功，完成缴费后，考生不得再对报名信息进行修改。省级招生考试机构在对考生生源地信息进行审核后，考生生源地如有变化，考生应根据审核后的生源所在地文化考试收费标准，办理文化考试费补缴或退费手续，未按规定时间补缴文化考试费的考生将被取消考试资格或录取资格。

冬季项目报名时间为 2022 年 12 月 22 日至 31 日。

夏季项目报名时间为 2023 年 3 月 1 日至 10 日。

3. 考试（体育专项考试）

（1）考试安排

冬季项目考试为 2023 年 1 月 4 日—5 月 10 日。

夏季项目考试为 2023 年 3 月 20 日—5 月 10 日。

（2）考试项目

体育专项考试分项目采用全国统考和分区统考的模式进行，体育总局科教司委托有关院校（以下简称"组考院校"）组织实施。

（3）体育专项考试将进行兴奋剂检查

兴奋剂违规的考生，视为考试作弊，取消考试资格或录取资格，并通报生源所在地省级招生考试机构，按照有关规定严肃处理。

（4）考生操作步骤

①考生可通过"中国运动文化教育网""体教联盟"或组考院校官网，查询体育专项考试具体安排、考生须知、考试防疫要求等信息，按要求参加体育专项考试。

②考生应按照体育总局科教司公布的《普通高等学校运动训练、武术与民族传统体育专业体育专项考试方法与评分标准》（2023 版）相关要求备考，并依据报名项目参加体育专项考试，不得跨项参加考试。

③考生应独立应考，除考生本人外，其他人员不得进入考点。

④考生可对体育专项考试中相关技术问题提出申诉，相关申诉应在考试期间当场提出，由组考院校组成专家组进行处理。专家组的处理意见即

为最终决定，考试结束后不再接受此类申诉。

⑤如考生在体育专项考试中发生违规行为，由组考院校对违规考生做成绩处理并报体育总局科教司，科教司将体育专项考试违规考生情况通报生源所在省级招生考试机构处理。

⑥考生可于 2023 年 5 月 14 日后通过"体育单招系统"查询体育专项成绩，对成绩有疑义的考生可于 2023 年 5 月 14 日至 15 日通过"体育单招系统"提交复核申请。成绩复核只对成绩是否存在加分错误、登记错误等情况进行复核，不对考生考试情况重新评价打分。

4. 文化课考试

（1）考试时间

时间	上午	下午
4月第三个周六	语文 150 分	数学 150 分
4月第三个周日	政治 150 分	英语 150 分

（2）考试考点

文化课考试由各省级招生考试机构指定标准化考点，按照普通高考相关要求组织考试。

文化课考试由国家体育总局科教司委托教育部出题，每年 4 月的第三个周末考试。

（3）考试科目

考试科目为语文、数学、政治、英语；分值为每科 150 分，总分 600 分，使用国家通用语言文字作答。

（4）操作步骤

①考生应按照体育总局办公厅发布的《普通高等学校运动训练、武术与民族传统体育专业招生文化考试大纲（2021版）》准备文化课考试。

②考生需提前登录"体育单招系统"打印文化课考试准考证。

③考生依据准考证上的考点信息于相应日期参加文化课考试。

④考生可于5月14日后通过"体育单招系统"查询文化课成绩，对成绩有疑义的考生可于5月14日至15日通过"体育单招系统"提交复核申请。成绩复核只对成绩是否存在加分错误、登记错误等情况进行复核，不重新评阅答卷。

5. 录取

（1）录取原则

根据体育单招相关规定，"体育单招文化分及体育专项分"必须双双过线，才能进入综合分排名。全国体育单招院校则根据最终综合分排名择优录取。

文化课成绩录取控制分数线一般不低于180分，体育专项成绩录取控制线不低于40分。

目前，已公布文化分、专项分、综合分的体育单招院校有75所，其中文化控制线最高的为同济大学（≥300分），其余学校有浙江大学（≥230分）、陕西师范大学（≥220分）、上海体育大学（≥210分）、内蒙古大学（≥200分），最低为华中科技大学（≥150分）、河海大学（≥150分）。

（2）文化分降分规则

对持有一级运动员技术等级证书的考生，可在院校文化课成绩最低录取控制线下降低30分录取；持有运动健将技术等级证书的考生，可在院校文化课成绩最低录取控制线下降低50分录取。

有能力的同学，还是应尽量去拿更高等级的运动员证书，如果遇到文化分不足的情况，就能派上用场。

体育单招在录取时，考生文化课考试最低录取控制分数线和专项最低录取控制分数线在不低于国家体育总局规定的最低录取分数线基础上，由招生院校根据招生计划及考试成绩来确定。招生院校根据学校确定的各项目招生人数，分项目按综合成绩由高到低排序，不同院校录取原则有所区别。

（3）计算方式

在达到院校文化和体育专项成绩最低录取控制线的基础上，将根据考生的文化课成绩（折合成百分制后）和体育专项成绩按3:7的比例进行综合评价，计算考生录取综合分。具体公式为：综合分 = （文化课成绩÷6）×30% + 体育专项成绩×70%。综合分在计算时保留小数点后两位，采用四舍五入计数保留法。

对于达到院校文化和体育专项成绩最低录取控制线的考生，招生院校依据上线考生填报的志愿梯次顺序，分项目按照综合分由高到低进行录取。

考生如已报名运动训练、武术与民族传统体育专业志愿并被录取，不得放弃录取资格，同时不再参加普通高考及高校高水平运动队的录取。

具体录取细则以招生院校官方网站公布的信息为准。考生可通过"体育单招系统"关注录取情况。

体育留学

随着高考成绩陆续放榜，莘莘学子面临着人生路上一大重要抉择——填志愿。这不仅是对学生的考验，还是对家庭的考验。面对国内越来越"卷"

的情况，许多人选择了海外留学，以不同的道路实现理想。

与国内对体育生"头脑简单，四肢发达"的刻板印象不同，许多体育大国十分欢迎体育留学生。为什么会出现这种现象？

据 WEsport 体育留学专家分析，这种差异现象一方面源于国内外的大环境和教育文化不同。在运动职业体系较为发达的国家，大学的筛选体系比较透明，学生只要成绩好，就有机会进入更好的平台，还可能成为全国明星。这种环境让每一个参加体育运动的孩子都能够公平竞争、公平追梦。

另一方面，体育大国中全民热爱体育的文化也让体育行业和体育教育行业蓬勃发展。

另外，国外院校比赛机会多，负责组织管理的机构已经形成了一套人才培养体系，为社会不断输出体育人才。

近年来，体育生留学在国内逐渐升温，尤其是一些已经建立了健全的体育制度与体育人才培养制度的国家，以明显的优势吸引了许多海外人才。

院校推荐

综合类高校

综合类大学的学科设置比较全面，会招收各种专业的学生。特别是顶尖的综合性大学，可以拓宽学生的视野，帮助学生获得与其他专业同学交流的机会，扩大学生的交友范围，帮助学生学习了解其他相关的专业，以便以后拓展人脉或者继续深造。但其缺点也是很明显的，相比于体育类高校，综合类大学的体育氛围不浓厚，体育学术交流与体育赛事机会较少，能够对学生进行专业指导的体育名师较少，对于体育的认知和能力提升帮助有限。

师范类高校

师范类高校有自己的优势，学生在师范大学可以接触到体育专业以外的事物，而且师范院校中女生多，学体育的男生应该很受欢迎。根据以往的情况来看，大部分考上北京体育大学、上海体育大学、北京师范大学、华东师范大学、华中师范大学、东北师范大学、陕西师范大学和西南大学的体育专业学生，等于考上了编制。

建议考生首选以上8所高校，然后是其他招收体育专业的"985"和"211"高校，成绩达不到的话，省属师范类院校、武汉体育学院、成都体育学院、首都体育学院等高校也可以报考。

体育类高校

北京体育大学、上海体育大学、成都体育学院、武汉体育学院等老牌的体育类院校可以进一步为学生学习体育知识和提高体育技能提供较大的平台和空间。

在体育类高校，学生可以学习更为系统的体育专业知识，获得更多与一级运动员、二级运动员交流的机会，能够从中学习到许多训练经验、训练心得，有利于提高自身的专业技术。

在体育类高校，学生有考取裁判员证书（应用于篮球、排球、羽毛球、网球、田径等项目）以及其他体育相关证书的机会，获得更多体育学术、体育比赛的参与机会，更了解体育领域。

体育类高校是体育专业院校，运动设施完善，体育生多，训练氛围好，还能经常看比赛，遇见冠军、球星。相较来说，体育类高校不如综合类高校及师范类高校的地方在于，其学生能够学习与接触到的事物相对单一。不过体育类院校无论是体育设施还是运动教学，都比综合类院校好一大截，这是因为综合类院校需要资金投入的地方太多，无法做到面面俱到。

体育专业

根据教育部2023年公布的《普通高等学校本科专业目录》，体育学类专业属于教育学门类，截至目前包括体育教育、运动训练、社会体育指导与管理、武术与民族传统体育、运动人体科学、运动康复、休闲体育、体能训练、冰雪运动、电子竞技运动与管理、体育旅游、智能体育工程、运动能力开发13个专业。除了体育学下的体育专业，其他学科门类下也有与体育相关的专业，例如管理学下还有体育经济与管理等。

在这些体育专业中，冰雪运动、电子竞技运动与管理、体能训练、体育旅游、运动能力开发都是在2017—2019年增加的。体育教育、社会体育指导与管理、体能训练、冰雪运动，以及休闲体育等专业都可以通过各省的体育统招进入大学学习；运动训练、武术与民族传统体育专业需要通过体育单招进入大学学习；很多高水平运动队招生院校也会给予考生进入体育教育、社会体育指导与管理及运动训练等专业学习的机会。而其他专业一般则需要学生通过参加高考进入，无须参加体育术科考试。

体育教育

1. 培养目标

本专业培养具备现代教育与体育教育学科基础理论知识，能够在各级各类学校从事体育教学、课外运动训练与竞赛工作、体育科学研究、学校体育管理等方面工作的复合型人才。

2. 培养要求

本专业学生主要学习学校体育教育教学方面的基本理论和基本知识，接受作为体育教师所必备的运动技能的基本训练，掌握体育教学、训练、竞赛、科研的基本能力。

3. 就业方向

一是在中小学校从事体育教学工作；二是在体育、健身类企业工作，比如体育运动教练、体育运动训练、健身指导。

运动训练

1. 培养目标

本专业培养具备竞技体育基本理论、知识及较高的专项技能，能在专业和职业队、体校和学校代表队、体育俱乐部等部门从事训练、教学、竞赛、管理等方面工作的复合型人才。

2. 培养要求

本专业学生主要学习竞技体育方面的基本理论和基本知识，接受运动训练、竞赛和教学方面的基本训练，具备从事运动训练与教学、竞赛组织与裁判等方面的基本能力。

3. 就业方向

一是成为各体育协会或运动项目管理中心的管理、训练竞赛人员；二是成为大中小学校体育教师、教练员；三是成为社会各类健身、健美俱乐部教练员及其他体育相关从业人员。

社会体育指导与管理

1. 培养目标

本专业培养具备适应社会发展需要，掌握社会体育指导与管理基础理论、知识和技能，能在社会体育活动中从事健身咨询、技术指导、组织管理等方面工作的应用型人才。

2. 培养要求

本专业学生主要学习社会体育指导与管理方面的基本理论和知识，接受社会体育活动相关运动技术与技能的基本训练，掌握从事社会体育活动的基本能力。

3. 就业方向

一是体育类机构，比如从事休闲体育产品策划与设计、户外休闲运动、体育管理、市场营销；二是健身类机构，比如操课教练、健身舞蹈私人教练、健身教练。

武术与民族传统体育

1. 培养目标

本专业培养具备武术与民族传统体育的基本知识、技术和技能，能在学校体育教育、运动训练、社会体育健康指导等领域从事武术、体育养生及民族民间体育教学、训练、科研等方面工作的复合型应用人才。

2. 培养要求

本专业学生主要学习武术与民族传统体育方面的基本理论和基本知识，接受武术、体育养生、民族民间体育的基本训练，掌握组织教学、训练、科研、裁判等方面的基本能力。

3. 就业方向

在武术馆（学校）从事武术教练、武术指导工作。

运动人体科学

1. 培养目标

本专业培养掌握体育学、生物科学、基础医学和教育学专业知识与技能，能够在各级体育科学研究、运动训练、体育教学、健康教育管理等机构，从事人体机能监控、运动健身指导、运动营养指导、体育教学及科学研究等方面工作的高素质复合型人才。

2. 培养要求

本专业学生主要学习体育学、生物科学和基础医学的基本理论和基本知识，接受体质健康测量与评价、运动风险评估、运动伤病的预防与处理等运动人体科学方面的基本训练，掌握人体机能监控、医务监督、运动营养指导的基本能力。

3. 就业方向

在体育、健身类企业从事体育保健、运动指导、健身技能咨询、运动伤害防护等工作。

运动康复

1. 培养目标

本专业培养重点掌握从事本专业领域实际工作的基本能力和基本技能，适应康复治疗技术生产、建设、管理、服务第一线需要的德、智、技全面发展的高素质康复治疗技术技能型专门人才。

2. 培养要求

本专业学生主要学习运动康复学的基本知识和理论，接受运动康复学的基本训练，具有处理基本疾病的能力。

3. 就业方向

在各级运动队、科研机构、医院、社区、学校、健身机构等从事运动损伤康复、肌肉骨骼康复、心肺及慢性疾病康复、神经受损康复治疗和运动防护等方面的工作。

休闲体育

1. 培养目标

本专业旨在培养德、智、体全面发展，适应新世纪社会发展需要，具有休闲体育的基本理论、知识与技能，能够从事休闲体育研究、体育旅游、休闲体育产品策划与设计工作的高素质应用型专门人才。

2. 培养要求

系统掌握休闲体育学基本理论和基本知识，能够运用所学的理论与知识分析和解决本专业各种实际问题，了解国内外休闲体育科学研究的前沿理论和发展动态，初步掌握休闲体育科学研究方法。具有较强的休闲体育专项技能，具备两个以上户外运动项目的职业资质，能够从事户外探险教育活动的组织与领导，户外体验教育活动的教学与管理，户外运动项目设计与规划，具有较丰富的户外探险活动经验和户外教育领域的研究能力。

3. 就业方向

一是在政府部门、事业单位和研究机构等领域任职；二是在规划公司、设计单位、体育旅游目的地等工作；三是自主创业。

体能训练

1. 培养目标

培养具有体能训练专业的基本理论及技能、良好的素质、职业道德、创新精神,能够在各级各类运动队、学校、科研机构、健身机构中从事体能指导工作的高水平复合型应用人才。

2. 培养要求

掌握从事体能训练相关工作所需的体育学、教育学的基本理论;掌握体能训练的基本知识和基本技能,具备设计体能训练计划的能力;具有体能训练相关的科研能力;熟悉国家有关竞技体育和大众健身领域的相关方针、政策和法规;了解运动训练的前沿理论和发展动态;具有一定的批判思维与创新精神。

3. 就业方向

在运动队、学校、健身机构从事体育教学、体能训练、体能指导工作。

冰雪运动

1. 培养目标

本专业培养具备冰雪运动基本理论知识及突出的专项运动技能,能在各级专业或职业队、体校和学校代表队、体育俱乐部等相关单位,从事冰雪运动训练、教学、竞赛和场地运营管理等方面的工作,富有国际视野、创新精神的高素质应用型人才。

2. 培养要求

掌握从事冰雪运动相关工作所需的运动科学、人体科学、教育科学、心理科学的基本理论和基本知识；熟练掌握某一冰雪运动项目的技术、战术；具有从事冰雪专项运动训练与教学、竞赛组织与裁判、场地运营管理的基本能力和实际工作能力；熟悉国际奥林匹克运动的基本理念和发展趋势，熟悉国家有关竞技体育的方针、政策和法规；了解冰雪运动训练、运动竞赛，以及运动训练管理的理论前沿和运动专项的发展趋势；初步具备发现和解决专项运动中实际问题的能力；具有较好的人文科学素养、较强的社会责任感和良好的职业道德，有一定的国际视野和跨文化交流能力。

3. 就业方向

一是各相关体育协会和运动项目管理中心的训练、竞赛及管理人员；二是学校体育教师、教练员；三是社会各类冰雪运动俱乐部等单位的训练、教学和竞赛组织及其他体育相关从业人员。

电子竞技运动与管理

1. 培养目标

本专业主要研究游戏品种研发、IP赛事活动打造、专业战队运营、衍生产品开发、关联产业服务发展等，培养承担电竞产业中的教育培训、赛事组织、企业管理、俱乐部管理等工作的专业复合型人才。

2. 就业方向

在电竞类企业，从事运动员、教练员、裁判员、职业经理人、赛事策划与执行、俱乐部运营与管理、电竞主持与主播等工作。

体育旅游

1. 培养目标

本专业培养德、智、体、美、劳全面发展，掌握体育旅游管理和技术指导的基本理论与方法，具备体育旅游工作所需的经营、管理、服务、策划、咨询、培训和休闲运动项目技术指导等综合实践能力，具有良好的职业道德、开拓创新精神、国际化视野的高素质应用复合型人才。

2. 培养要求

本专业学生需要具有较强的体育专项运动能力，掌握体育学、教育学、旅游学、管理学、经济学等学科的基本理论和方法，具备体育旅游行业管理、项目策划与营销、咨询与培训、休闲运动项目技术指导等综合实践能力。

3. 就业方向

在企事业单位工作，比如政府旅游管理部门、相关旅游企业、体育赛事组织与经纪公司、体育休闲度假中心、国家公园、主题公园等。

智能体育工程

1. 培养目标

培养符合数字化时代体育产业需要的新型体育科技人才；注重学科交叉和创新实践，培养掌握体育学、计算机科学、信息科学相关基础理论知识，具备信息处理与控制相关应用能力和较强的实际动手能力，能在智能体育、体育大数据、互联网、计算机技术及其他电子技术等方面从事教学、科研和管理的高层次复合型人才。

2. 就业方向

在政府管理部门、科学研究机构、设计院、咨询公司、建筑工程公司、物业及能源管理企业、建筑节能设备及产品制造生产企业等单位从事建筑节能的研究、设计、施工、运行、监测与管理工作。

运动能力开发

1. 培养目标

运动能力开发是对人体运动或训练过程中的综合运动能力进行测量、分析与调控的科学体系，具有明显的学科交叉融合特征。该专业着力于培养"晓理论、懂体育、会监控、善反馈"的运动训练监控师和"懂数据、能分析、善运动、会转换"的运动技能战术表现分析师这样的体育专业人才，以满足当今社会发展对新型体育人才的巨大需要。

2. 就业方向

体育教学、健身教练、竞技体育、体育管理、体育商品销售等。

常见问题

1. 体育生、运动员的技术等级评选标准是什么？

具体可以参考国家体育总局竞技体育司下发的《运动员技术等级标准》。运动员技术等级从高到低分别为国际级运动健将、运动健将、一级运动员、二级运动员、三级运动员。

2. 证书三年就过期了，无法报考体育类招生？

有这种疑惑，有很大概率是你混淆了证书要求和比赛成绩时间要求。证书本身并无过期这一说法，即一级、二级运动员证书没有有效期限制，报名高水平运动队不仅需要考生达到相应的运动等级，而且要有符合学校招生要求中的在近三年或高中阶段的省级及以上比赛成绩要求。

首先，对于比赛成绩的时间要求，大部分学校会要求必须是近三年内的省级及以上比赛。如《贵州大学2023年高水平运动队招生简章》中要求游泳项目的二级运动员考生需要高中阶段在省级及以上比赛中获得个人项目前三名，比赛成绩有效时间是2020年9月之后。如果学生仅有符合要求的证书，却没有达到相应时间的比赛成绩要求，也将无法报考（每个学校对于比赛成绩的时间要求不同，请以招生简章内规定的时间为准）。对于往届生，部分学校也会放宽限制，将比赛成绩时间调整为近四年。

其次，只有极少部分院校会规定运动员证书必须是在高中阶段或近三年内获得。如天津大学要求考生的证书需要在高中阶段获得，而大多数学校对于证书获取时间并没有要求。如对证书获取时间有明确规定，学校会在招生简章中说明。

3. 参加体育单招时可以在运动训练的基础上选修其他专业吗？

目前，按照高考改革省份和未改革省份来说有两种情况：尚未高考改革的省份，报考类型分为文史类、理工类、体育类（文、理）、艺术类（文、理）等；已经高考改革的省份，报考类型分为普通类（物理）、普通类（历史）、体育类（历史、物理）、艺术类、单考单招类等。

以下是针对各省普通高考报名时的报考类型讲解，请结合个人情况一一对应选择查看，或者等所在省份普通高考网上报名开始后比对查看。

只报考单项类型，不兼报的情况

（1）仅报考体育统招

在报考类型中按照个人选考情况选择体育类（文、理）或者体育类（历史、物理），如果有勾选专业测试的选考主项，需要勾选。

（2）仅报考体育单招

在报考类型中按照个人选考情况选择文史类、理工类或者普通类（物理）、普通类（历史）。

如果有"单考单招类"选项，并且"单考单招类"是包含运动训练、武术与民族传统体育专业考试，那就可以选择单考单招类（如果需要兼报其他类型考试，就不要选择）。

完成上述报名后，后续在体育单招相关报名系统参加注册、报名和填报志愿即可。

（3）仅报考高水平运动队

在报考类型中按照个人选考情况选择文史类、理工类或者普通类（物理）、普通类（历史），如果还出现勾选兼报"高水平运动队"的情况，就把这个选项勾选上。

完成上述报名后，等待各招生院校发布招生简章，然后按照各校招生简章的要求逐个报名。

三种体育类型考试兼报情况

（1）兼报体育单招、体育统招、高水平运动队

在报考类型中按照个人选考情况选择体育类（文、理）或者体育类（历史、物理），如果还出现勾选兼报"高水平运动队"或者"运动训练、武术与民族传统体育专业"的情况，就把这些选项勾选上，没有兼报的选项就不用管。

上述完成后，后续再分别参加体育单招和高水平运动队的报名。

（2）兼报体育单招、高水平运动队

在报考类型中按照个人选考情况选择文史类、理工类或者普通类（物理）、普通类（历史），如果还出现勾选兼报"高水平运动队"或者"运动训练、武术与民族传统体育专业"的情况，就把这些选项勾选上，没有兼报的选项就不用管。

上述完成后，后续再参加各校高水平运动队的报名。

（3）兼报体育单招、体育统招

在报考类型中按照个人选考情况选择体育类（文、理）或者体育类（历史、物理），如果还出现勾选兼报"运动训练、武术与民族传统体育专业"的情况，就把这个选项勾选上，没有兼报的选项就不用管。

上述完成后，后续再参加体育单招的报名。

（4）兼报高水平运动队、体育统招

在报考类型中按照个人选考情况选择体育类（文、理）或者体育类（历史、物理），如果还出现勾选兼报"高水平运动队"的情况，就把这个选项勾选上，没有兼报的选项就不用管。

上述完成后，后续再参加各院校高水平运动队的报名。

需要注意的是，个别省市可能会出现其他类型的选报方式，后续在操作过程中如有疑问，请以当地教育考试院及各学校发布的招生简章为准。

总结

政策解读

体育是和平年代的战争！体育强则国强，国运兴则体育兴。未来，国家将不断加强学校体育综合改革，探索培养高水平优秀体育人才，推进竞技体育改革和建设体育强国。体育承载着国家强盛、民族振兴的梦想，既是国家强盛应有之义，也是人民健康幸福生活的重要组成部分。

体育教育离不开专业的人才，随着体教融合工作的实施和推进，体育教师所传授的专业知识将影响学生对体育的认识。

从现在体育改革动向来看，未来孩子的体育教育不再只是以体育竞技为主，更多的是注重青少年的成长发育，以及身心的全面健康，通过体育教育培养孩子受益一生的能力和健康的体魄。[1]

这就要求我们通过体教融合的方式，在促进青少年体质提升和1—2项运动技能的掌握之外，也为竞技体育后备人才在德、智、体、美、劳全面发展的短板方面做出有力的补充。而这也对教练、体育教师的专业性提出了要求。

---

[1] 国家体育总局和教育部联合印发《关于深化体教融合 促进青少年健康发展的意见》中提出的具体要求。

同时，我国教练员储备也有着巨大的缺口，无法满足基层体育教育的需求。那么，这个巨大的专业教练人才缺口该如何来填补？目前，优秀教练除了来自优秀的退役运动员，更大一部分来自专业的体育院校毕业的优秀学子，他们在促进体教融合、提升青少年体质和运动技能掌握方面已经成为中坚力量。

规划建议

规划问题涉及两个层次：第一个层次是生涯规划，第二个层次才是体育生涯规划。永远不要盲目从众做任何一件事情。任何一个运动项目，想要达到大学录取特长的水准，都需要一个人很多年的训练积累，部分项目可能至少要积累10年之久。

从接触一项运动之时，你就需要对其有大致的了解和思考，了解能通过某项运动获得什么——是强健的体魄，多方位的思考方式，还是"拿得出手"的特长，抑或世界冠军？虽不必把每个问题想得太明白，但还是要大致知道达成你所期望的目标，大概需要付出多少时间、金钱和努力，当然还有运气。

下面给出一些具体建议。

高水平运动队更适合已经拥有一级运动员及以上级别、天赋异禀、专项水平出色的考生。

如果你拥有二级运动员证书且文化课成绩不理想，但在体育方面非常有天赋，走体育单招路线更为稳妥。

如果你的文化课成绩不错，有一定的体育天赋，打算把体育作为职业发展考虑，推荐考虑体育统招路线。

体育行业虽是朝阳行业，但是我们也要认识到体育专业的就业前景肯定不如热门专业，所以专业方向和个人技能很重要，努力提升自己才是最要紧的。

附　录

附录1：
2022—2025学年面向中小学生的全国性竞赛活动名单

竞赛名称	主办单位	竞赛面向学段
自然科学素养类		
全国青少年人工智能创新挑战赛	中国少年儿童发展服务中心	小学、初中、高中、中专、职高
全国中小学信息技术创新与实践大赛	中国人工智能学会	小学、初中、高中、中专、职高
世界机器人大会青少年机器人设计与信息素养大赛	中国电子学会	小学、初中、高中、中专、职高
全国青少年科技教育成果展示大赛	中国下一代教育基金会	小学、初中、高中、中专、职高
全国青少年无人机大赛	中国航空学会	小学、初中、高中、中专、职高
全国青年科普创新实验暨作品大赛	中国科协	初中、高中、中专、职高
宋庆龄少年儿童发明奖	中国宋庆龄基金会、中国发明协会	小学、初中、高中、中专、职高
全国中学生天文知识竞赛	中国天文学会	初中、高中、中专、职高
"地球小博士"全国地理科普知识大赛	中国地理学会	高中
全国中学生水科技发明比赛	生态环境部宣传教育中心、水利部宣传教育中心	小学、初中、高中、中专、职高
全国中学生地球科学奥林匹克竞赛	中国地震学会、中国地球物理学会、中国灾害防御协会	高中
全国中学生数学奥林匹克竞赛	中国数学会	高中
全国中学生物理奥林匹克竞赛	中国物理学会	高中
全国中学生化学奥林匹克竞赛	中国化学会	高中

续表

竞赛名称	主办单位	竞赛面向学段
全国中学生生物学奥林匹克竞赛	中国植物学会、中国动物学会	高中
全国中学生信息学奥林匹克竞赛	中国计算机学会	高中
全国青少年科技创新大赛	中国科协	小学、初中、高中、中专、职高
全国青少年航天创新大赛	中国航天科技国际交流中心	小学、初中、高中、中专、职高
"北斗杯"全国青少年空天科技体验与创新大赛	中国科学院空天信息创新研究院、中国光华科技基金会	小学、初中、高中、中专、职高
蓝桥杯全国软件和信息技术专业人才大赛	工业和信息化部人才交流中心	小学、初中、高中、中专、职高
丘成桐中学科学奖	清华大学	高中
全球发明大会中国区	中国友好和平发展基金会	小学、初中、高中、中专、职高
中国"芯"助力中国梦——全国青少年通信科技创新大赛	中国通信工业协会	小学、初中、高中、中专、职高
人文综合素养类		
全国青少年禁毒知识竞赛	中国禁毒基金会	小学、初中、高中、中专、职高
世界华人学生作文大赛	中华全国归国华侨联合会	高中
"外研社杯"全国中学生外语素养大赛	北京外国语大学	高中
叶圣陶杯全国中学生新作文大赛	中国当代文学研究会	高中
全国中学生科普科幻作文大赛	中国科普作家协会	高中、中专、职高
高中生创新能力大赛	中国老教授协会	高中
全国中学生创新作文大赛	中国写作学会	高中
"语文报杯·时代新人说"全国中学生征文大赛	中国语文报刊协会	高中、中专、职高
全国中学生环境保护优秀作文征集活动	中华环保联合会	高中、中专、职高
全国版图知识竞赛(中小学组)	自然资源部宣传教育中心	小学、初中、高中、中专、职高
全国青少年劳动技能与智能设计大赛	中国自动化学会	小学、初中、高中、中专、职高

续表

竞赛名称	主办单位	竞赛面向学段
全国青少年文化遗产知识大赛	中国文物保护技术协会	小学、初中、高中、中专、职高
艺术体育类		
全国中小学生绘画书法作品比赛	中国儿童中心	小学、初中、高中、中专、职高
"我爱祖国海疆"全国青少年航海模型教育竞赛	中国航海模型运动协会	小学、初中、高中、中专、职高
"驾驭未来"全国青少年车辆模型教育竞赛	中国车辆模型运动协会	小学、初中、高中、中专、职高
全国青少年模拟飞行锦标赛	国家体育总局航空无线电模型运动管理中心	小学、初中、高中、中专、职高
"飞向北京·飞向太空"全国青少年航空航天模型教育竞赛活动	中国航空运动协会	小学、初中、高中、中专、职高
全国青少年传统体育项目比赛	中国青少年宫协会	小学、初中、高中
"致敬英雄"全国青少年文化艺术创作主题教育竞赛	中国少年儿童文化艺术基金会	小学、初中、高中、中专、职高
"希望颂"——全国青少年书画艺术大展	中国国际书画艺术研究会	小学、初中、高中、中专、职高
全国青少年音乐素养大赛	中国音乐文学学会	小学、初中、高中、中专、职高

附录 2：
省属公费师范院校目录

省（区、市）	批次	省属公费师范学校名
上海	本科提前批	上海师范大学
天津	本科提前批 A 段	天津师范大学
重庆	本科提前批 B 段	重庆师范大学
		长江师范学院
		重庆文理学院
		重庆第二师范学院
		重庆三峡学院
河北	本科提前批 B 段	河北师范大学
山东	普通提前批	济南大学
		山东师范大学
		曲阜师范大学
		聊城大学
		山东航空学院（原滨州学院）
		德州学院
		临沂大学
		泰山学院
		济宁学院
		菏泽学院
		枣庄学院
		青岛大学
		潍坊学院
		齐鲁师范学院
		鲁东大学
辽宁	本科提前批	辽宁师范大学
		沈阳师范大学
		鞍山师范学院
浙江	本科提前批	杭州师范大学
		湖州师范学院
		台州学院
		温州大学

续表

省（区、市）	批次	省属公费师范学校名
浙江		衢州学院
		丽水学院
湖北	本科一批	湖北师范大学
		湖北第二师范学院
		黄冈师范学院
		武汉城市职业学院
河南	本科提前批	郑州师范学院
		洛阳师范学院
		南阳师范学院
		安阳师范学院
		周口师范学院
		商丘师范学院
山西	普通提前批	山西师范大学
		太原师范学院
		忻州师范学院
吉林	本科提前批	延边大学
		北华大学
		吉林师范大学
		长春师范大学
		通化师范学院
		吉林工程技术师范学院
		白城师范学院
黑龙江	本科提前批	哈尔滨师范大学
		齐齐哈尔大学
		牡丹江师范学院
		大庆师范学院
		黑河学院
		绥化学院
江苏	本科提前批	南京晓庄学院
		江苏第二师范学院
		南京特殊教育师范学院
		江苏师范大学
		南通大学

续表

省（区、市）	批次	省属公费师范学校名
江苏		淮阴师范学院
		盐城师范学院
		扬州大学
		南京信息工程大学
江西	本科提前批	江西师范大学
		赣南师范大学
		江西科技师范大学
湖南	本科提前批	湖南师范大学
		湖南科技大学
		湖南工业大学
		衡阳师范学院
		湖南理工学院
		湖南文理学院
		湖南城市学院
		邵阳学院
		怀化学院
		湖南人文科技学院
		长沙师范学院
		湖南第一师范学院
		湖南农业大学
海南	本科提前批	海南师范大学
四川	本科普通批	四川师范大学
		西华师范大学
		绵阳师范学院
		内江师范学院
		成都师范学院
		西昌学院
		四川文理学院
		阿坝师范学院
		乐山师范学院
		四川民族学院
贵州	本科提前批	贵州师范大学

续表

省（区、市）	批次	省属公费师范学校名
云南	本科提前批	云南师范大学
		楚雄师范学院
		昆明学院
	专科批	昆明幼儿师范高等专科学校
甘肃	本科提前批A段	西北师范大学
		兰州城市学院
		陇东学院
		天水师范学院
		河西学院
		甘肃民族师范学院
宁夏	本科一批	宁夏师范学院
广西	本科提前批	广西师范大学
		南宁师范大学
		广西民族大学
		北部湾大学
		玉林师范学院
		河池学院
		百色学院
		贺州学院
		广西民族师范学院
		广西科技师范学院
		梧州学院
	专科批	广西幼儿师范高等专科学校
		桂林师范高等专科学校
新疆	本科提前批	新疆师范大学
内蒙古	本科提前批A段	内蒙古民族大学
		内蒙古师范大学
安徽	本科提前批	安徽师范大学
		安庆师范大学
		淮北师范大学
		阜阳师范大学
		合肥师范学院
		淮南师范学院

续表

省（区、市）	批次	省属公费师范学校名
福建	本科提前批	福建师范大学
		闽南师范大学
		三明学院
	专科批	闽江师范高等专科学校
广东	本科提前批	韶关学院
		惠州学院
		韩山师范学院
		岭南师范学院
		肇庆学院
		嘉应学院
		广东技术师范大学
		广州大学
		广东第二师范学院
		华南师范大学
陕西	本科提前批	陕西师范大学
		延安大学
		陕西理工大学
		宝鸡文理学院
		陕西学前师范学院
		渭南师范学院
		咸阳师范学院
		安康学院
		商洛学院
		榆林学院

附录3：
中外合作办学大学项目汇总（含内地与港澳台地区合作办学机构和内地与港澳台地区合作办学项目）

省（市、区）	机构/项目	名称
北京	合作办学机构	北京航空航天大学中法工程师学院、北京工业大学北京－都柏林国际学院、中国传媒大学国际传媒教育学院、北京化工大学巴黎居里工程师学院、北京联合大学俄交大联合交通学院、北京理工大学北理鲍曼联合学院、北京邮电大学玛丽女王学院
	合作办学项目	北京邮电大学世纪学院与日本京都计算机学院合作举办软件工程专业本科教育项目； 北京交通大学与澳大利亚伍伦贡大学合作举办机械电子工程专业本科教育项目； 北京理工大学与英国雷丁大学合作举办会计学专业本科教育项目； 北京理工大学与英国中央兰开夏大学合作举办电子工程专业本科学位教育项目； 北京外国语大学与韩国又松大学合作举办国际经济与贸易专业本科教育项目； 北京化工大学与美国底特律大学合作举办机械设计制造及其自动化专业本科教育项目； 中国传媒大学与美国密苏里哥伦比亚大学合作举办传播学专业本科教育项目； 北京化工大学与美国纽约州立大学环境科学与林业学院合作举办生物工程专业本科教育项目； 北京化工大学与意大利热那亚大学合作举办工业设计专业本科教育项目； 北京交通大学与荷兰代尔夫特理工大学合作举办交通运输专业本科教育项目； 北京外国语大学与英国基尔大学合作举办外交学专业本科教育项目； 中央民族大学与爱尔兰国立科克大学合作举办环境科学专业本科教育项目； 中国农业大学与美国康奈尔大学合作举办食品科学与工程专业本科教育项目； 中国农业大学与美国康奈尔大学合作举办食品质量与安全专业本科教育项目

续表

省（市、区）	机构/项目	名称
上海	合作办学机构	同济大学中德工程学院、上海大学中欧工程技术学院、上海交通大学交大密西根联合学院、上海大学悉尼工商学院、上海纽约大学、上海交通大学巴黎卓越工程师学院、东华大学上海国际时尚创意学院、华东理工大学国际卓越工程师学院
	合作办学项目	上海财经大学与美国韦伯斯特大学合作举办工商管理专业本科教育项目； 上海财经大学与英国南安普顿大学合作举办金融学专业本科教育项目； 同济大学与意大利米兰理工大学、意大利都灵理工大学合作举办电子信息工程专业本科教育项目； 同济大学与意大利米兰理工大学、意大利都灵理工大学合作举办机械设计制造及其自动化专业本科教育项目； 上海财经大学与英国南安普顿大学合作举办经济学专业本科教育项目； 华东理工大学与德国克劳斯塔尔工业大学合作举办化学工程与工艺专业本科教育项目； 同济大学与意大利博洛尼亚大学合作举办自动化专业本科教育项目； 上海外国语大学与西班牙阿尔卡拉大学合作举办西班牙语专业本科教育项目； 上海交通大学与加拿大渥太华大学合作举办临床医学专业本科教育项目； 上海外国语大学与德国拜罗伊特大学合作举办德语专业本科教育项目； 华东理工大学与奥地利莱奥本大学合作举办高分子材料与工程专业本科教育项目； 华东理工大学与德国勃兰登堡工业大学合作举办生物工程专业本科教育项目
天津	合作办学项目	南开大学与加拿大注册会计师协会合作举办国际会计专业本科教育项目； 天津大学与法国波尔多国立高等建筑景观学院合作举办建筑学（风景园林）专业本科教育项目； 南开大学与法国诺欧商学院合作举办电子商务专业本科教育项目
重庆	合作办学机构	西南大学西塔学院

续表

省（市、区）	机构/项目	名称
重庆	合作办学项目	西南大学与澳大利亚迪肯大学合作举办软件工程专业本科教育项目； 重庆大学与美国辛辛那提大学合作举办机械设计制造及其自动化专业本科教育项目； 西南大学与澳大利亚西澳大学合作举办自动化专业本科教育项目； 重庆大学与美国辛辛那提大学合作举办电气工程及其自动化专业本科教育项目； 西南大学与澳大利亚国立大学合作举办心理学专业本科教育项目； 西南大学与新西兰奥克兰大学合作举办计算机科学与技术专业本科教育项目； 西南大学与美国密苏里州立大学合作举办植物科学与技术专业本科教育项目； 西南大学与澳大利亚詹姆斯库克大学合作举办动物科学专业本科教育项目
江苏	合作办学机构	西交利物浦大学、江南大学北美学院、中国人民大学中法学院、昆山杜克大学、南京理工大学中法工程师学院、南京农业大学密西根学院、河海大学河海里尔学院、南京大学南京赫尔辛基大气与地球系统科学学院、苏州大学国际创新药学院
	合作办学项目	南京师范大学与英国诺森比亚大学合作举办电气工程及其自动化专业本科教育项目； 南京航空航天大学与英国伦敦城市大学合作举办自动化专业本科教育项目； 苏州大学与加拿大维多利亚大学合作举办金融学专业本科教育项目； 中国矿业大学与澳大利亚格里菲斯大学合作举办土木工程专业本科教育项目； 江南大学与澳大利亚蒙纳士大学合作举办工商管理专业本科教育项目； 南京理工大学与英国考文垂大学合作举办工业设计专业本科教育项目； 南京航空航天大学与澳大利亚皇家墨尔本理工大学合作举办交通运输专业本科教育项目； 中国矿业大学与澳大利亚皇家墨尔本理工大学合作举办建筑环境与能源应用工程专业本科教育项目；

续表

省（市、区）	机构／项目	名称
江苏	合作办学项目	苏州大学与英国曼彻斯特大学合作举办纺织工程专业本科教育项目； 河海大学与英国阿伯瑞斯特维斯大学合作举办环境科学专业本科教育项目； 苏州大学与美国阿肯色大学合作举办物流管理专业本科教育项目； 中国药科大学与英国斯特拉斯克莱德大学合作举办药学专业本科教育项目； 苏州大学与加拿大维多利亚大学合作举办新能源材料与器件专业本科教育项目； 江南大学与新西兰梅西大学合作举办食品科学与工程专业本科教育项目； 中国药科大学与英国曼彻斯特大学合作举办临床药学专业本科教育项目
浙江	合作办学机构	宁波诺丁汉大学、温州肯恩大学、浙江大学爱丁堡大学联合学院、浙江大学伊利诺伊大学厄巴纳香槟校区联合学院、北京航空航天大学中法航空学院
广东	合作办学机构	北京师范大学－香港浸会大学联合国际学院、中山大学中法核工程与技术学院、中山大学－卡内基梅隆大学联合工程学院、香港中文大学（深圳）、暨南大学伯明翰大学联合学院、深圳北理莫斯科大学、广东以色列理工学院、哈尔滨工业大学深圳国际设计学院、华南师范大学阿伯丁数据科学与人工智能学院、香港科技大学（广州）
	合作办学项目	北京师范大学珠海分校与加拿大圣玛丽大学合作举办金融学专业本科教育项目； 华南师范大学与英国阿伯丁大学合作举办金融学专业本科教育项目； 北京师范大学珠海分校与德国品牌应用科学大学合作举办视觉传达设计专业本科教育项目； 北京师范大学珠海分校与德国柏林斯泰恩拜斯大学合作举办数字媒体技术专业本科教育项目； 华南理工大学与日本千叶大学合作举办工业设计专业本科教育项目
海南	合作办学机构	海南大学亚利桑那州立大学联合国际旅游学院、北京邮电大学玛丽女王海南学院、中国传媒大学考文垂学院、电子科技大学格拉斯哥海南学院、北京体育大学阿尔伯塔国际休闲体育与旅游学院、中央民族大学密德萨斯学院

续表

省（市、区）	机构／项目	名称
海南	合作办学项目	海南大学与爱尔兰都柏林理工大学合作举办会展经济与管理专业本科教育项目； 海南大学与美国旧金山艺术大学合作举办视觉传达设计专业本科教育项目； 中央民族大学与澳门城市大学合作举办数据科学与大数据技术专业本科教育项目； 中国传媒大学与英国阿伯泰大学合作举办数字媒体技术专业本科教育项目； 海南大学与新西兰怀卡托大学合作举办智能科学与技术专业本科教育项目
福建	合作办学机构	福州大学梅努斯国际工程学院、厦门大学创意与创新学院
福建	合作办学项目	厦门大学与爱尔兰都柏林商学院合作举办会计学专业本科教育项目； 厦门大学与爱尔兰都柏林商学院合作举办金融学专业本科教育项目； 福州大学与加拿大曼尼托巴大学合作举办土木工程本科教育项目
山东	合作办学机构	北京交通大学兰卡斯特大学学院、山东大学澳国立联合理学院、中国海洋大学海德学院
山东	合作办学项目	山东大学与澳大利亚皇家墨尔本理工大学合作举办机械设计制造及其自动化专业本科教育项目； 山东大学与澳大利亚国立大学合作举办计算机科学与技术专业本科教育项目； 中国海洋大学与澳大利亚塔斯马尼亚大学合作举办海洋科学专业本科教育项目； 山东大学与澳大利亚西澳大学合作举办金融学专业本科教育项目； 北京交通大学与美国罗切斯特理工学院合作举办信息管理与信息系统专业本科教育项目； 中国海洋大学与美国亚利桑那大学合作举办法学专业本科教育项目； 哈尔滨工业大学与英国思克莱德大学合作举办船舶与海洋工程专业本科教育项目； 中国海洋大学与英国赫瑞－瓦特大学合作举办计算机科学与技术专业本科教育项目
江西	合作办学项目	南昌大学与英国伦敦玛丽女王大学合作举办临床医学专业本科教育项目

续表

省（市、区）	机构/项目	名称
四川	合作办学机构	四川大学－匹兹堡学院、西南交通大学－利兹学院、西南财经大学特拉华数据科学学院
	合作办学项目	四川农业大学与美国密西根州立大学合作举办草业科学专业本科教育项目； 电子科技大学与英国格拉斯哥大学合作举办电子信息工程专业本科教育项目； 西南交通大学与美国乔治亚州立大学合作举办生物工程专业本科教育项目； 西南财经大学与美国纽约城市大学巴鲁学院合作举办会计学专业本科教育项目； 西南财经大学与法国南特高等商学院合作举办市场营销专业本科教育项目； 西南交通大学与美国俄克拉荷马州立大学合作举办安全工程专业本科教育项目； 西南财经大学与英国伦敦大学伯贝克学院合作举办国际商务专业本科教育项目； 四川大学与德国克劳斯塔尔工业大学合作举办电气工程及其自动化专业本科教育项目； 西南交通大学与美国俄克拉荷马州立大学合作举办环境工程专业本科教育项目
安徽	合作办学机构	安徽大学纽约石溪学院
	合作办学项目	合肥工业大学与美国克拉克大学合作举办国际经济与贸易专业本科教育项目
河北	合作办学机构	河北工业大学亚利桑那工业学院、东北大学悉尼智能科技学院
	合作办学项目	河北工业大学与法国巴黎高等计算机学院合作举办计算机科学与技术专业本科教育项目； 河北工业大学与德国北豪森应用技术大学合作举办环境工程专业本科教育项目； 河北工业大学与新西兰梅西大学合作举办物联网工程专业本科教育项目； 河北工业大学与美国佛罗里达国际大学合作举办电气工程及其自动化专业本科教育项目； 东北大学与新西兰奥克兰大学合作举办数学与应用数学专业本科教育项目
河南	合作办学机构	郑州西亚斯学院堪萨斯国际学院、郑州大学惠灵顿学院

续表

省（市、区）	机构/项目	名称
河南	合作办学项目	郑州大学与日本长冈技术科学大学合作举办材料科学与工程专业本科教育项目； 郑州大学与白俄罗斯国立音乐学院合作举办音乐表演专业本科教育项目； 郑州大学与波兰罗兹大学合作举办经济学专业本科教育项目； 郑州大学与美国威斯康星大学斯托特分校合作举办机械工程专业本科教育项目； 郑州大学与澳大利亚伍伦贡大学合作举办计算机科学与技术专业本科教育项目； 郑州大学与澳大利亚伍伦贡大学合作举办通信工程专业本科教育项目； 郑州大学与澳大利亚伍伦贡大学合作举办电子信息工程专业本科教育项目； 郑州大学与美国威斯康星大学普拉特维尔分校合作举办土木工程专业本科教育项目
湖北	合作办学机构	武汉理工大学艾克斯马赛学院
湖北	合作办学项目	武汉理工大学与英国威尔士三一圣大卫大学合作举办艺术设计学士学位教育项目； 中南财经政法大学与韩国东西大学合作举办动画专业本科教育项目； 华中师范大学与澳大利亚格里菲斯大学合作举办社会工作专业本科教育项目； 华中师范大学与澳大利亚皇家墨尔本理工大学合作举办学前教育专业本科教育项目； 中南财经政法大学与韩国东西大学合作举办电影学专业本科教育项目； 武汉理工大学与澳大利亚纽卡斯尔大学合作举办金融学专业本科教育项目； 武汉理工大学与英国威尔士三一圣大卫大学合作举办车辆工程专业本科教育项目； 武汉大学与英国邓迪大学合作举办建筑学专业本科教育项目； 华中农业大学与英国哈泊·亚当斯大学合作举办市场营销专业本科教育项目； 中国地质大学（武汉）与加拿大滑铁卢大学合作举办地下水科学与工程专业本科教育项目；

续表

省（市、区）	机构／项目	名称
湖北		中国地质大学（武汉）与美国伊利诺伊理工大学合作举办计算机科学与技术专业本科教育项目； 华中科技大学与法国巴黎萨克雷大学合作举办生物科学专业本科教育项目
湖南	合作办学机构	中南大学邓迪国际学院
	合作办学项目	湘潭大学与西班牙莱昂大学合作举办机械设计制造及其自动化专业本科教育项目； 中南大学与澳大利亚蒙纳士大学合作举办材料科学与工程专业本科教育项目； 中南大学与澳大利亚蒙纳士大学合作举办土木工程专业本科教育项目； 湖南师范大学与俄罗斯下诺夫哥罗德国立格林卡音乐学院合作举办音乐表演专业本科教育项目； 湖南师范大学与英国中央兰开夏大学合作举办体育教育专业本科教育项目； 湖南师范大学与德国柏林媒体设计学院合作举办艺术设计学专业本科教育项目
陕西	合作办学机构	西安交通大学西安交大－香港科大可持续发展学院、西北工业大学伦敦玛丽女王大学工程学院、长安大学长安都柏林国际交通学院、西北大学萨兰托文化遗产与艺术学院、西安交通大学米兰理工联合设计与创新学院
	合作办学项目	西安交通大学与香港理工大学合作举办酒店及餐饮管理学士学位教育项目； 西安电子科技大学与法国南特大学综合理工学院合作举办电子信息工程专业本科教育项目； 西安电子科技大学与英国赫瑞瓦特大学合作举办通信工程专业本科教育项目； 西北大学与英国埃塞克斯大学合作举办电子信息科学与技术专业本科教育项目； 西北农林科技大学与美国亚利桑那大学合作举办环境科学专业本科教育项目； 西安电子科技大学与美国弗吉尼亚理工大学合作举办大数据管理与应用专业本科教育项目； 西北农林科技大学与美国内布拉斯加林肯大学合作举办植物保护专业本科教育项目； 长安大学与法国高等信息工程师学院合作举办人工智能专业本科教育项目

续表

省（市、区）	机构／项目	名称
山西	合作办学项目	太原理工大学与澳大利亚伍伦贡大学合作举办机械设计制造及其自动化专业本科教育项目
黑龙江	合作办学机构	东北林业大学奥林学院、哈尔滨工程大学南安普顿海洋工程联合学院
黑龙江	合作办学项目	东北农业大学与俄罗斯远东国立技术水产大学合作举办工商管理专业本科教育项目； 东北农业大学与俄罗斯远东国立技术水产大学合作举办金融学专业本科教育项目； 东北农业大学与俄罗斯太平洋国立大学合作举办国际经济与贸易专业本科教育项目； 哈尔滨工业大学与澳大利亚悉尼大学合作举办电气工程及其自动化专业本科教育项目； 哈尔滨工程大学与英国斯旺西大学合作举办材料物理专业本科教育项目； 哈尔滨工程大学与英国斯旺西大学合作举办机械设计制造及其自动化专业本科教育项目； 东北林业大学与英国阿斯顿大学合作举办工程管理专业本科教育项目； 哈尔滨工程大学与英国阿伯丁大学合作举办土木工程专业本科教育项目； 哈尔滨工业大学与俄罗斯莫斯科鲍曼国立技术大学合作举办环境生态工程专业本科教育项目； 哈尔滨工业大学与俄罗斯圣彼得堡国立大学合作举办化学专业本科教育项目； 哈尔滨工业大学与俄罗斯圣彼得堡国立大学合作举办数学与应用数学专业本科教育项目； 哈尔滨工业大学与俄罗斯圣彼得堡国立大学合作举办应用物理学专业本科教育项目； 哈尔滨工业大学与法国里昂商学院合作举办大数据管理与应用专业本科教育项目
辽宁	合作办学机构	东北大学中荷生物医学与信息工程学院、辽宁大学亚澳商学院、辽宁大学新华国际商学院、大连理工大学－立命馆大学国际信息与软件学院、大连理工大学白俄罗斯国立大学联合学院、大连理工大学莱斯特国际学院、大连海事大学休斯顿国际学院
辽宁	合作办学项目	东北大学与法国图卢兹第三大学合作举办材料科学与工程专业本科教育项目；

续表

省（市、区）	机构/项目	名称
辽宁	合作办学项目	大连理工大学与美国加州大学欧文分校合作举办机械设计制造及其自动化专业本科教育项目； 东北大学与英国邓迪大学合作举办生物医学工程专业本科教育项目
吉林	合作办学机构	吉林大学莱姆顿学院、东北师范大学罗格斯大学纽瓦克学院
	合作办学项目	东北师范大学与美国肯尼索州立大学合作举办计算机科学与技术专业本科教育项目； 东北师范大学与美国肯尼索州立大学合作举办英语专业本科教育项目； 吉林大学与俄罗斯托姆斯克理工大学合作举办物理学专业本科教育项目； 东北师范大学与美国南伊利诺伊大学合作举办会计学专业本科教育项目； 东北师范大学与美国罗格斯－新泽西州立大学合作举办金融学专业本科教育项目（已并入东北师范大学罗格斯大学纽瓦克学院）； 延边大学与韩国湖西大学合作举办通信工程专业本科教育项目； 延边大学与韩国崇实大学合作举办经济学专业本科教育项目； 延边大学与韩国全北大学合作举办食品科学与工程专业本科教育项目
广西	合作办学项目	广西大学与美国东密歇根大学合作举办信息安全专业本科教育项目
云南	合作办学项目	云南大学与泰国清迈大学合作举办物流管理专业本科教育项目； 云南大学与美国密歇根理工大学合作举办视觉传达设计专业本科教育项目； 云南大学与加拿大维多利亚大学合作举办环境设计专业本科教育项目； 云南大学与英国思克莱德大学合作举办土木工程专业本科教育项目
贵州	合作办学机构	贵州大学北阿拉巴马国际工程技术学院
	合作办学项目	贵州大学与英国林肯大学合作举办旅游管理专业本科教育项目； 贵州大学与美国西卡罗莱纳大学合作举办信息管理与信息系统专业本科教育项目

续表

省（市、区）	机构/项目	名称
甘肃	合作办学机构	兰州大学威尔士学院
	合作办学项目	兰州大学与美国德雷塞尔大学合作举办计算机科学与技术专业本科教育项目
宁夏	合作办学项目	宁夏大学与马来西亚彭亨大学合作举办机械工程专业本科教育项目； 宁夏大学与新西兰尼尔森马尔伯勒理工学院合作举办葡萄与葡萄酒工程专业本科教育项目

附录 4：
2024 年 QS 世界大学排名前 300 的院校名单

排名	大学名称
1	麻省理工学院
2	剑桥大学
3	牛津大学
4	哈佛大学
5	斯坦福大学
6	帝国理工学院
7	苏黎世联邦理工学院
8	新加坡国立大学
9	伦敦大学学院
10	加州大学伯克利分校
11	芝加哥大学
12	宾夕法尼亚大学
13	康奈尔大学
14	墨尔本大学
15	加州理工大学
16	耶鲁大学
=17	北京大学
=17	普林斯顿大学
=19	新南威尔士大学
=19	悉尼大学
21	多伦多大学
22	爱丁堡大学
23	哥伦比亚大学
24	巴黎科学艺术人文大学
25	清华大学
=26	南洋理工大学
=26	香港大学
=28	约翰霍普金斯大学
29	东京大学
30	加州大学洛杉矶分校
31	麦吉尔大学
32	曼彻斯特大学
33	密歇根大学
=34	澳大利亚国立大学

续表

排名	大学名称
=34	不列颠哥伦比亚大学
36	洛桑联邦理工学院
37	慕尼黑工业大学
=38	巴黎理工学院
=38	纽约大学
40	伦敦国王学院
41	首尔国立大学
42	蒙纳士大学
43	昆士兰大学
44	浙江大学
45	伦敦经济政治学院
46	京都大学
=47	代尔夫特理工大学
=47	西北大学
=47	香港中文大学
50	复旦大学
51	上海交通大学
52	卡内基梅隆大学
53	阿姆斯特丹大学
54	路德维希－马克西米利安－慕尼黑大学
55	布里斯托大学
56	韩国科学技术研究所
57	杜克大学
58	得克萨斯大学奥斯汀分校
59	索邦大学
60	香港科技大学
61	鲁汶大学
62	加州大学圣地亚哥分校
63	华盛顿大学
64	伊利诺伊大学香槟分校
=65	香港理工大学
=65	马来亚大学
67	华威大学
68	奥克兰大学
69	台湾大学
70	香港城市大学
71	巴黎萨克雷大学
72	西澳大学
=73	布朗大学

续表

排名	大学名称
=73	皇家理工学院
75	利兹大学
=76	格拉斯哥大学
=76	延世大学
78	杜伦大学
79	高丽大学
80	大阪大学
=81	都柏林圣三一学院
=81	南安普敦大学
83	宾夕法尼亚州立大学
84	伯明翰大学
=85	隆德大学
=85	圣保罗大学
=87	罗蒙诺索夫莫斯科国立大学
=87	鲁普莱希特－卡尔斯－海德堡大学
89	阿德莱德大学
90	悉尼科技大学
=91	东京工业大学
=91	苏黎世大学
=93	波士顿大学
=93	墨西哥国立自治大学
=95	布宜诺斯艾利斯大学
=95	圣安德鲁斯大学
97	佐治亚理工学院
98	柏林自由大学
99	普渡大学
=100	浦项科技大学
=100	诺丁汉大学
102	威斯康星大学麦迪逊分校
103	智利天主教大学
104	设菲尔德大学
105	乌普萨拉大学
106	亚琛工业大学
=107	哥本哈根大学
=107	乌得勒支大学
109	阿尔托大学
110	纽卡斯尔大学
111	阿尔伯塔大学
112	滑铁卢大学

续表

排名	大学名称
113	东北大学（日本）
114	韦仕敦大学
115	赫尔辛基大学
116	南加州大学
117	奥斯陆大学
118	斯德哥尔摩大学
119	加州大学戴维斯分校
120	卡尔斯鲁厄理工学院
121	柏林洪堡大学
122	丹麦技术大学
123	兰卡斯特大学
124	米兰理工大学
=125	埃因霍芬理工大学
=125	巴塞尔大学
=127	莱顿大学
=127	伯尔尼大学
129	日内瓦大学
130	查尔姆斯理工大学
=131	麦考瑞大学
=131	维也纳大学
133	北卡罗来纳大学教堂山分校
=134	萨皮恩扎－罗马大学
=134	得州农工大学
136	密歇根州立大学
=137	马来西亚理科大学
=137	中国科学技术大学
139	格罗宁根大学
140	皇家墨尔本理工大学
=141	南京大学
=141	蒙特利尔大学
=143	奥胡斯大学
=143	阿卜杜勒·阿齐兹国王大学
=145	伦敦玛丽女王大学
=145	赖斯大学
=145	成均馆大学
148	巴斯大学
=149	印度理工学院孟买分校
=149	巴塞罗那自治大学
=151	俄亥俄州立大学

续表

排名	大学名称
=151	瓦赫宁根大学
153	埃克塞特大学
=154	博洛尼亚大学
=154	加的夫大学
=154	柏林工业大学
=154	华盛顿大学圣路易斯分校
158	马来西亚博特拉大学
=159	根特大学
=159	智利大学
=159	马来西亚国民大学
162	伍伦贡大学
163	加州大学圣芭芭拉分校
=164	汉阳大学
=164	九州大学
=164	巴塞罗那大学
167	埃默里大学
168	约克大学
169	佛罗里达大学
=170	马里兰大学学院公园分校
=170	雷丁大学
=172	马德里康普顿斯大学
=172	都柏林大学
=174	卡塔尔大学
=174	纽卡斯尔大学
=174	开普敦大学
=177	鹿特丹伊拉斯谟大学
=177	名古屋大学
=177	利物浦大学
180	亚利桑那州立大学
=181	法赫德法国石油和矿物大学
=181	法语天主教鲁汶大学
183	卡尔加里大学
184	科廷大学
=185	维也纳技术大学
=185	蒙特雷科技大学
=185	里昂高等师范学院
188	哥德堡大学
189	马来西亚工艺大学
=190	麦克马斯特大学

续表

排名	大学名称
=190	昆士兰科技大学
=190	布鲁塞尔自由大学
=193	弗莱堡大学
=193	国立路桥学校
195	武汉大学
196	明尼苏达大学
197	北海道大学
198	印度理工学院德里分校
199	洛斯安第斯哥伦比亚大学
=200	马德里自治大学
=200	早稻田大学
202	贝尔法斯特女王大学
=203	沙特国王大学
=203	渥太华大学
205	汉堡大学
206	奥塔哥大学
207	阿姆斯特丹自由大学
208	阿伯丁大学
209	女王大学
210	特温特大学
211	朱拉隆功大学
212	拉夫堡大学
213	蒂宾根大学
214	庆应义塾大学
215	特拉维夫大学
216	同济大学
217	台湾阳明交通大学
218	苏塞克斯大学
219	帕多瓦大学
=220	金边大学
=220	洛桑大学
=222	雷德布德大学奈梅亨
=222	匹兹堡大学
224	罗切斯特大学
225	印度科学研究所班加罗尔
=226	贝鲁特美国大学
=226	哥伦比亚国立大学
228	台湾成功大学
229	埃尔兰根－纽伦堡大学

续表

排名	大学名称
=230	哈拉克国立大学
=230	哈利法大学
232	乔治奥古斯特哥廷根大学
=233	迪肯大学
=233	台湾清华大学
235	赫里瓦特大学
236	巴黎大学
=237	达特茅斯学院
=237	印度尼西亚大学
=239	梅西大学
=239	波恩大学
241	惠灵顿维多利亚大学
242	乐卓博大学
243	格里菲斯大学
244	萨里大学
245	马萨诸塞大学阿默斯特分校
=246	达姆施塔特技术大学
=246	德累斯顿工业大学
=248	布拉格查理大学
=248	安特卫普大学
250	怀卡托大学
251	希伯来大学
252	都灵理工大学
253	波尔图大学
254	澳门大学
255	凯斯西储大学
=256	哈尔滨工业大学
=256	马斯特里赫特大学
=256	坎特伯雷大学
259	布鲁塞尔大学
260	弗吉尼亚大学
261	范德堡大学
262	华沙大学
263	加札马达大学
=264	科罗拉多大学博尔德分校
=264	威特沃特斯兰德大学
=266	蔚山科学技术院
=266	里斯本大学
=268	林雪平大学

续表

排名	大学名称
=268	加州大学欧文分校
=268	科隆大学
271	印度理工学院克勒格布尔分校
=272	北京师范大学
=272	莱斯特大学
274	北卡罗来纳州立大学
275	华中科技大学
=276	米兰大学
=276	思克莱德大学
=278	印度理工学院坎普尔分校
=278	迈阿密大学
280	纳瓦拉大学
=281	万隆理工学院
=281	卑尔根大学
283	斯泰伦博斯大学
284	泰莱大学
=285	印度理工学院马德拉斯分校
=285	斯温本科技大学
=285	亚利桑那大学
=285	天津大学
289	爱尔兰国立高威大学
290	阿联酋大学
291	西安交通大学
=292	挪威科技大学
=292	考克大学
294	格勒诺布尔阿尔卑斯大学
=295	香港浸会大学
=295	东英吉利大学
297	乔治城大学
298	戴尔豪斯大学
299	罗格斯大学－新泽西州立大学新不伦瑞克分校
300	UCSI大学

附录 5：
2024 年招收香港中学文凭考试学生内地高校名单

省市	院校
北京	北京大学、清华大学、中国人民大学、北京师范大学、北京外国语大学、北京语言大学、北京邮电大学、中国传媒大学、中央财经大学、中国政法大学、中央音乐学院、中央戏剧学院、中央美术学院、北京中医药大学、对外经济贸易大学、北京理工大学、北京体育大学、北京电影学院、北京服装学院、首都师范大学、北京交通大学、北京科技大学
天津	南开大学、天津大学、天津师范大学、天津中医药大学、天津工业大学、天津外国语大学、中国民航大学
辽宁	东北大学、大连理工大学、辽宁中医药大学、东北财经大学
吉林	吉林大学、东北师范大学
上海	复旦大学、上海交通大学、同济大学、华东理工大学、东华大学、华东师范大学、上海外国语大学、上海财经大学、华东政法大学、上海大学、上海师范大学、上海中医药大学、上海纽约大学
江苏	南京大学、东南大学、南京师范大学、南京中医药大学
浙江	浙江大学、宁波大学、浙江中医药大学、浙江理工大学、浙江师范大学、温州医科大学、温州肯恩大学、浙江传媒学院、浙江工业大学、绍兴文理学院
安徽	中国科学技术大学
福建	厦门大学、华侨大学、福州大学、福建中医药大学、福建师范大学、集美大学、福建医科大学
江西	南昌大学、江西中医药大学
山东	山东大学、中国海洋大学、中国石油大学（华东）、山东中医药大学
河南	郑州大学
湖北	武汉大学、华中科技大学、中国地质大学（武汉）、武汉理工大学、华中师范大学、中南财经政法大学、三峡大学、湖北大学
湖南	湖南大学、中南大学、湖南师范大学、湖南工业大学、湘潭大学

续表

省市	院校
广东	中山大学、华南理工大学、华南农业大学、暨南大学、华南师范大学、广州中医药大学、广东外语外贸大学、南方医科大学、汕头大学、广州美术学院、星海音乐学院、广州大学、深圳大学、广东财经大学、韶关学院、广东工业大学、肇庆学院、广东药科大学、广东金融学院、广东医科大学、广州医科大学、广东海洋大学、香港科技大学（广州）
广西壮族自治区	广西大学、广西师范大学、广西医科大学、广西中医药大学
海南	海南大学、海南师范大学
重庆	重庆大学、西南大学、西南政法大学
四川	四川大学、西南财经大学、西南交通大学、电子科技大学、成都中医药大学、四川师范大学
云南	云南大学、云南师范大学
陕西	西安交通大学、陕西师范大学、西安电子科技大学、长安大学、西北工业大学、西北大学、西安工程大学
甘肃	兰州大学

附录6：
符合高校保送录取优秀运动员的竞赛项目及赛事名录（2024版）

序号	项目	小项	全国体育比赛（前三）		亚洲体育比赛（前六）		世界体育比赛（前八）	
			名称	组别	名称	组别	名称	组别
1	速度滑冰	男子：500米、1000米、1500米、5000米、10000米、团体追逐、集体出发；女子：500米、1000米、1500米、3000米、5000米、团体追逐、集体出发	全国冬运会	最高组别	亚洲冬运会	最高组别	冬奥会	最高组别
			全国锦标赛	最高组别	亚锦赛	最高组别	世锦赛	最高组别
			全国冠军赛	最高组别			世界杯总排名	最高组别
2	短道速滑	男子：500米、1000米、1500米、5000米接力；女子：500米、1000米、1500米、3000米接力；男女混合2000米接力	全国冬运会	最高组别	亚洲冬运会	最高组别	冬奥会	最高组别
			全国锦标赛	最高组别	亚锦赛	最高组别	世锦赛	最高组别
			全国冠军赛	最高组别			世界杯总积分	最高组别
3	花样滑冰	男子单人滑、女子单人滑、双人滑、冰上舞蹈、团体赛	全国冬运会		亚洲冬运会	成年组	奥运会	
			全国锦标赛	成年组	亚洲花样滑冰公开赛（原亚锦赛）	成年组	世锦赛	
			全国冠军赛	成年组			世界花样滑冰大奖赛总决赛	成年组

续表

序号	项目	小项	全国体育比赛（前三）		亚洲体育比赛（前六）		世界体育比赛（前八）	
			名称	组别	名称	组别	名称	组别
4	冰球	男子冰球 女子冰球	全国冬运会	最高组别	亚洲冬运会	最高组别	冬奥会	最高组别
			全国锦标赛	最高组别	亚洲挑战赛	最高组别	世锦赛	最高组别
			全国冰球联赛	最高组别				
5	冰壶	男子冰壶 女子冰壶 混合双人冰壶	全国冬运会	最高组别	泛大陆冰壶锦标赛（原亚太冰壶锦标赛）	最高组别	冬奥会	最高组别
			全国锦标赛	最高组别	亚洲冬运会	最高组别	世锦赛	最高组别
			全国冠军赛	最高组别			世界杯总决赛	最高组别
6	越野滑雪	男子：双追逐、个人短距离、团体短距离、4×7.5公里接力、4×10公里接力、10公里、15公里、50公里集体出发；女子：双追逐、个人短距离、团体短距离、4×5公里接力、4×7.5公里接力、10公里、30公里集体出发、50公里集体出发	全国冬运会	最高组别	亚洲冬运会	最高组别	冬奥会	最高组别
			全国锦标赛	最高组别	亚锦赛	最高组别	世锦赛	最高组别
			全国冠军赛	最高组别			世界杯总决赛	最高组别
7	高山滑雪	男子：回转、大回转、超级大回转、滑降、全能、团体全能；女子：回转、大回转、超级大回转、滑降、全能、女子团体全能；团体赛	全国冬运会	最高组别	亚洲冬运会	最高组别	冬奥会	最高组别
			全国锦标赛	最高组别	亚锦赛	最高组别	世锦赛	最高组别
			全国冠军赛	最高组别			世界杯总决赛	最高组别

405

续表

序号	项目	小项	全国体育比赛（前三）		亚洲体育比赛（前六）		世界体育比赛（前八）	
			名称	组别	名称	组别	名称	组别
8	跳台滑雪	男子：个人标准台、个人大跳台、团体、超级团体；女子：个人标准台、个人大跳台；混合团体	全国冬运会	最高组别	亚洲冬运会	最高组别	冬奥会	最高组别
			全国锦标赛	最高组别	亚锦赛	最高组别	世锦赛	最高组别
			全国冠军赛	最高组别			世界杯总积分	最高组别
9	自由式滑雪	男子：空中技巧、雪上技巧、双人雪上技巧、障碍追逐、U型场技巧、坡面障碍技巧、大跳台；女子：空中技巧、雪上技巧、双人雪上技巧、障碍追逐、U型场技巧、坡面障碍技巧、大跳台；空中技巧混合团体	全国冬运会	最高组别	亚洲冬运会	最高组别	冬奥会	最高组别
			全国锦标赛	最高组别	亚锦赛	最高组别	世锦赛	最高组别
			全国冠军赛	最高组别	亚洲杯总积分	最高组别	世界杯总决赛（总排名）	最高组别
10	单板滑雪	男子：平行大回转、U型场地技巧、障碍追逐、坡面障碍技巧、大跳台；女子：平行大回转、U型场地技巧、障碍追逐、坡面障碍技巧、大跳台；障碍追逐混合团体	全国冬运会	最高组别	亚洲冬运会	最高组别	冬奥会	最高组别
			全国锦标赛	最高组别	亚洲杯总积分	最高组别	世锦赛	最高组别
			全国冠军赛	最高组别			世界杯总决赛	最高组别
11	北欧两项	男子：个人、团体 女子：个人、团体	全国冬运会	最高组别	亚洲冬运会	最高组别	冬奥会	最高组别
			全国锦标赛	最高组别	亚锦赛	最高组别	世锦赛	最高组别
			全国冠军赛	最高组别			世界杯总决赛	最高组别

续表

序号	项目	小项	全国体育比赛（前三）		亚洲体育比赛（前六）		世界体育比赛（前八）	
			名称	组别	名称	组别	名称	组别
12	冬季两项	男子：10公里短距离、20公里个人、12.5公里追逐、15公里集体出发、4×7.5公里接力；女子：7.5公里短距离、15公里个人、10公里追逐、12.5公里集体出发、4×6公里接力；混合接力：女子2×6公里+男子2×7.5公里（平昌冬奥会周期）、女子2×6公里+男子2×6公里（北京及米兰冬奥会周期）	全国冬运会	最高组别	亚洲冬运会	最高组别	冬奥会	最高组别
			全国锦标赛	最高组别	亚锦赛	最高组别	世锦赛	最高组别
			全国冠军赛	最高组别			世界杯总决赛	最高组别
13	雪车	男子：双人、四人 女子：单人、双人	全国冬运会	最高组别	亚洲冬运会	最高组别	冬奥会	最高组别
			全国锦标赛	最高组别	亚锦赛	最高组别	世锦赛	最高组别
			全国冠军赛	最高组别			世界杯总积分	最高组别
14	钢架雪车	男子单人 女子单人 混合接力	全国冬运会	最高组别	亚洲冬运会	最高组别	冬奥会	最高组别
			全国锦标赛	最高组别	亚锦赛	最高组别	世锦赛	最高组别
			全国冠军赛	最高组别			世界杯总积分	最高组别
15	雪橇	男子：单人、双人；女子：单人、双人；团体接力	全国冬运会	最高组别	亚洲冬运会	最高组别	冬奥会	最高组别
			全国锦标赛	最高组别	亚锦赛	最高组别	世锦赛	最高组别
			全国冠军赛	最高组别			世界杯总决赛	最高组别

续表

序号	项目	小项	全国体育比赛（前三）		亚洲体育比赛（前六）		世界体育比赛（前八）	
			名称	组别	名称	组别	名称	组别
16	滑雪登山	男子短距离 女子短距离 男女混合接力	全国冬运会		亚洲冬运会		冬奥会	
			全国锦标赛		亚锦赛		世锦赛	
			全国冠军赛				世界杯总积分	
17	射击	男子个人：50米步枪3种姿势、10米气步枪、25米手枪速射、10米气手枪、飞碟多向、飞碟双向；女子个人：50米步枪3种姿势、10米气步枪、25米手枪、10米气手枪、飞碟多向、飞碟双向；混合团体：10米气步枪混合团体、10米气手枪混合团体、飞碟多向混合团体（东京奥运会周期）、飞碟双向混合团体（巴黎奥运会周期）	全国冠军赛		亚洲气枪、飞碟锦标赛		主席杯赛（原世界杯总决赛）	
			全国锦标赛		亚锦赛		世锦赛	
			全运会		亚运会		奥运会	

续表

序号	项目	小项	全国体育比赛（前三）		亚洲体育比赛（前六）		世界体育比赛（前八）	
			名称	组别	名称	组别	名称	组别
18	射箭	男子：反曲弓个人淘汰赛、反曲弓团体淘汰赛； 女子：反曲弓个人淘汰赛、反曲弓团体淘汰赛； 反曲弓混合团体淘汰赛	全运会	个人、团体赛	亚运会	反曲弓组	奥运会	反曲弓组
			全国锦标赛（室外）	反曲弓组	亚锦赛	反曲弓组	世锦赛	反曲弓组
			全国冠军赛	反曲弓组			世界杯总决赛	反曲弓组
19	自行车	一、场地 男子：争先赛、全能赛、凯琳赛、团体竞速赛、团体追逐赛、麦迪逊赛； 女子：争先赛、全能赛、凯琳赛、团体竞速赛、团体追逐赛、麦迪逊赛； 二、公路 男子：个人赛、个人计时赛； 女子：个人赛、个人计时赛 三、山地 男子奥林匹克越野赛、女子奥林匹克越野赛 四、小轮车竞速 男子竞速赛、女子竞速赛 五、小轮车自由式 男子公园式个人赛、女子公园式个人赛	全运会		亚运会		奥运会	
			全国锦标赛	成年组	亚锦赛	成年组	世锦赛	成年组
			中国自行车联赛总决赛	成年组			世界杯（国家杯）年度积分前6名	成年组

续表

序号	项目	小项	全国体育比赛（前三）		亚洲体育比赛（前六）		世界体育比赛（前八）	
			名称	组别	名称	组别	名称	组别
20	击剑	男子：花剑个人、花剑团体、重剑个人、重剑团体、佩剑个人、佩剑团体；女子：花剑个人、花剑团体、重剑个人、重剑团体、佩剑个人、佩剑团体	全运会		亚运会		奥运会	成年组
			全国锦标赛	成年组	亚锦赛		世锦赛	
			全国冠军赛总决赛	成年组			国际剑联赛季总积分排名（每年世锦赛结束后的积分排名）	
21	现代五项	男子个人 女子个人	全运会		亚运会		奥运会	
			全国锦标赛		亚锦赛		世锦赛	
			全国冠军赛总决赛				世界杯总决赛	
22	铁人三项	男子个人 女子个人 混合接力	全运会		亚运会		奥运会	优秀组
			全国锦标赛	优秀组	亚锦赛	优秀组	世锦赛总决赛	
			全国冠军杯系列赛总决赛	优秀组			混合接力世锦赛	

续表

序号	项目	小项	全国体育比赛（前三）		亚洲体育比赛（前六）		世界体育比赛（前八）	
			名称	组别	名称	组别	名称	组别
23	马术	场地障碍盛装舞步三项赛	全运会		亚运会		奥运会	
			全国锦标赛		亚锦赛		世锦赛（世界马术运动会）	
			中国冠军杯赛年终总排名（2022年及以前按照全国冠军赛总决赛执行）	最高级别组个人赛	国际马联各分项最高星级比赛	个人赛	世界杯总决赛	个人赛
24	帆船	男子：帆板RS:X级、水翼帆板级、470级、激光级（ILCA 7）、芬兰人级、49er级、风筝水翼板级；女子：帆板RS:X级、水翼帆板级、470级、激光雷迪尔级（ILCA 6）、49erFX级、风筝水翼板级；男女混合：诺卡拉17级、470级（注：男子帆板RS:X级、男子芬兰人级、男子470级、女子帆板RS:X级、女子470级5个级别为东京奥运会小项，其余均为巴黎奥运会小项）	全运会		亚运会		奥运会	
			全国锦标赛		亚锦赛		世锦赛	
			全国冠军赛				世界杯总决赛	

续表

序号	项目	小项	全国体育比赛（前三）		亚洲体育比赛（前六）		世界体育比赛（前八）	
			名称	组别	名称	组别	名称	组别
25	赛艇	男子：单人双桨、双人双桨、双人单桨无舵手、四人双桨、四人单桨无舵手、八人单桨有舵手、轻量级双人双桨；女子：单人双桨、双人双桨、双人单桨无舵手、四人单桨无舵手、八人单桨有舵手、轻量级双人双桨	全运会		亚运会		奥运会	
			全国锦标赛	甲组	亚锦赛	甲组	世锦赛	甲组
			全国冠军赛	甲组	亚洲杯赛	甲组	世界杯总决赛	甲组
26	皮划艇（静水、激流回旋）	一、静水项目 男子：单人皮艇200米、单人皮艇1000米、双人皮艇1000米、四人皮艇500米、单人划艇1000米、双人划艇1000米、双人皮艇500米、双人划艇500米；女子：单人皮艇200米、单人皮艇500米、双人皮艇500米、四人皮艇500米、单人划艇200米、双人划艇500米 二、激流回旋项目（6项）男子：单人皮艇、单人划艇、极限皮艇；女子：单人皮艇、单人划艇、极限皮艇	全运会		亚运会		奥运会	
			全国锦标赛		亚锦赛		世锦赛	
			全国冠军赛（春季）		亚洲杯		世界杯	

续表

序号	项目	小项	全国体育比赛（前三）		亚洲体育比赛（前六）		世界体育比赛（前八）	
			名称	组别	名称	组别	名称	组别
27	冲浪	男子短板 女子短板	全运会		亚运会		奥运会	
			全国冲浪锦标赛	公开组	亚锦赛	公开组	世锦赛	公开组
			全国冲浪冠军赛（原全国冠军巡回赛）	公开组	亚洲杯	公开组	世界职业赛	公开组
28	举重	一、里约奥运会周期 男子：56 kg、62 kg、69 kg、77 kg、85 kg、94 kg、-105 kg、+105 kg； 女子：48 kg、53 kg、58 kg、63 kg、69 kg、75 kg、+75 kg 二、东京奥运会周期 男子：61 kg、67 kg、73 kg、81 kg、96 kg、109 kg、+109 kg； 女子：49 kg、55 kg、59 kg、64 kg、76 kg、87 kg、+87 kg 三、巴黎奥运会周期 男子：61 kg、73 kg、89 kg、102 kg、+102 kg（-109 kg、+109 kg）； 女子：49 kg、59 kg、71 kg、81 kg、+81 kg（-87 kg、+87 kg）	全运会	均为总成绩（注：对于巴黎奥运会周期男子和女子最大公斤级合并排名后取前三名获得申请保送资格）	亚运会	均为总成绩（注：对于巴黎奥运会周期男子及女子最大公斤级拆分）	奥运会	均为总成绩（注：对于巴黎奥运会周期男子及女子最大公斤级拆分）
			全国举重锦标赛		亚锦赛		世锦赛	
			全国举重冠军赛		亚洲杯		世界杯	

续表

序号	项目	小项	全国体育比赛（前三）		亚洲体育比赛（前六）		世界体育比赛（前八）	
			名称	组别	名称	组别	名称	组别
29	摔跤	男子自由式摔跤：57 kg级、65 kg级、74 kg级、86 kg级、97 kg级、125 kg级；女子自由式摔跤：50 kg级、53 kg级、57 kg级、62 kg级、68 kg级、76 kg级；古典式摔跤：60 kg级、67 kg级、77 kg级、87 kg级、97 kg级、130 kg级	全运会		亚运会		奥运会	
			全国摔跤锦标赛	成年组	亚洲摔跤锦标赛	成年组	世界摔跤锦标赛	成年组
			全国摔跤冠军赛	成年组			世界杯赛	成年组
30	柔道	男子：-60 kg级、-66 kg级、-73 kg级、-81 kg级、-90 kg级、-100 kg级、+100 kg级；女子：-48 kg级、-52 kg级、-57 kg级、-63 kg级、-70 kg级、-78 kg级、+78 kg级；男女混合团体赛	全运会		亚运会		奥运会	
			全国柔道锦标赛	奥运组别	亚洲柔道锦标赛	奥运组别	世界柔道锦标赛	奥运组别
			全国柔道冠军赛	奥运组别			世界柔道大师赛	奥运组别

续表

序号	项目	小项	全国体育比赛（前三）		亚洲体育比赛（前六）		世界体育比赛（前八）	
			名称	组别	名称	组别	名称	组别
31	拳击	一、里约奥运会周期 男子：49 kg、52 kg、56 kg、60 kg、64 kg、69 kg、75 kg、81 kg、91 kg、91 kg+； 女子：51 kg、60 kg、75 kg	全运会		亚运会		奥运会	
		二、东京奥运会周期 男子：52 kg、57 kg、63 kg、69 kg、75 kg、81 kg、91 kg、91 kg+； 女子：51 kg、57 kg、60 kg、69 kg、75 kg	全国锦标赛	奥运组别	亚锦赛	奥运组别	世锦赛	奥运组别
		三、巴黎奥运会周期 男子：51 kg、57 kg、63.5 kg、71 kg、80 kg、92 kg、92 kg+； 女子：50 kg、54 kg、57 kg、60 kg、66 kg、75 kg	全国冠军赛	奥运组别				
32	跆拳道	男子：-58 kg、-68 kg、-80 kg、+80 kg（-87 kg、+87 kg）； 女子：-49 kg、-57 kg、-67 kg、+67 kg（-73 kg、+73 kg）	全运会		亚运会	奥运级别（最大级别拆分）	奥运会	
			全国锦标系列赛（总成绩）（2018年以前为全国锦标赛）	奥运级别	亚锦赛	奥运级别（最大级别拆分）	世锦赛	奥运级别（最大级别拆分）
			全国冠军赛	奥运级别			世界杯	竞技团体

续表

序号	项目	小项	全国体育比赛（前三）		亚洲体育比赛（前六）		世界体育比赛（前八）	
			名称	组别	名称	组别	名称	组别
33	空手道	男子： 组手：−67 kg、−75 kg、+75 kg（−84 kg、+84 kg） 型：个人型 女子： 组手：−55 kg、−61 kg、+61 kg（−68 kg、+68 kg） 型：个人型	全运会		亚运会	奥运级别（最大级别拆分）	奥运会	
			全国锦标系列赛（总成绩）（2018年之前为全国锦标赛）	奥运级别	亚锦赛	奥运级别（最大级别拆分）	世锦赛	奥运级别（最大级别拆分）
			全国冠军总决赛（原全国冠军赛）	奥运级别				
34	田径	男、女：100米、200米、400米、800米、1500米、3000米障碍、5000米、10000米、400米栏、马拉松、跳远、跳高、撑竿跳高、三级跳远、铅球、铁饼、链球、标枪、4×100米接力、4×400米接力、20公里竞走；男子110米栏、女子100米栏、男女4×400米混合接力、男子十项全能、女子七项全能、男子50公里竞走（2021年之前）、男女35公里竞走个人（2022年以后）、男女35公里竞走混合团体（2022年以后）	全运会	成年组	亚运会		奥运会	成年组
			全国田径（竞走、马拉松）锦标赛	成年组	亚洲田径（竞走、马拉松）锦标赛	成年组	世界田径锦标赛	成年组
			全国田径（竞走、马拉松）冠军赛				世界杯赛（洲际杯，竞走、马拉松）	

续表

序号	项目	小项	全国体育比赛（前三）		亚洲体育比赛（前六）		世界体育比赛（前八）	
			名称	组别	名称	组别	名称	组别
35	游泳	男、女：50米自由泳、100米自由泳、200米自由泳、400米自由泳、800米自由泳、1500米自由泳、100米蝶泳、200米蝶泳、100米仰泳、200米仰泳、100米蛙泳、200米蛙泳、200米混合泳、400米混合泳、4×100米自由泳接力、4×200米自由泳接力、4×100米混合泳接力、马拉松游泳10公里；4×100米男女混合泳接力	全运会		亚运会		奥运会	
			全国游泳锦标赛（全国马拉松游泳锦标赛）		亚洲游泳锦标赛		世界游泳锦标赛	
			全国游泳冠军赛（全国马拉松游泳冠军赛）					
36	跳水	男子：3米跳板、10米跳台、双人3米跳板、双人10米跳台；女子：3米跳板、10米跳台、双人3米跳板、双人10米跳台	全运会		亚运会		奥运会	
			全国冠军赛		亚锦赛		世锦赛	
			全国锦标赛		亚洲杯		世界杯总决赛（2023年之前为世界杯）	
37	水球	男子水球 女子水球	全运会		亚运会		奥运会	
			全国锦标赛		亚锦赛		世界游泳锦标赛	
			全国冠军赛		亚洲杯水球赛		世界杯	

续表

序号	项目	小项	全国体育比赛（前三）		亚洲体育比赛（前六）		世界体育比赛（前八）	
			名称	组别	名称	组别	名称	组别
38	花样游泳	集体（集体技术自选、集体自由自选、技巧自选）；双人（双人技术自选、双人自由自选）	全运会		亚运会		奥运会	
			全国冠军赛	成年组	亚洲游泳锦标赛	成年组	世界游泳锦标赛	成年组
			全国锦标赛	成年组			世界泳联花样游泳世界杯总决赛（2022年及以前为世界系列赛）	成年组
39	体操	男子：团体、个人全能、自由体操、鞍马、吊环、跳马、双杠、单杠；女子：团体、个人全能、跳马、高低杠、平衡木、自由体操	全运会		亚运会		奥运会	
			全国锦标赛	成年组	亚锦赛	成年组	世锦赛	成年组
			全国冠军赛	成年组			世界杯年度总积分排名	成年组
40	艺术体操	个人全能 集体全能	全运会		亚运会		奥运会	
			全国锦标赛	成年组	亚锦赛	成年组	世锦赛	成年组
			全国冠军赛	成年组			世界杯年度总积分排名	成年组
41	蹦床	网上男子个人 网上女子个人	全运会		亚运会		奥运会	
			全国锦标赛	成年组	亚锦赛	成年组	世锦赛	成年组
			全国冠军赛	成年组			世界杯年度总积分排名	成年组

续表

序号	项目	小项	全国体育比赛（前三）		亚洲体育比赛（前六）		世界体育比赛（前八）	
			名称	组别	名称	组别	名称	组别
42	手球	男子手球 女子手球	全运会		亚运会		奥运会	
			全国锦标赛		亚锦赛		世锦赛	
			全国冠军杯赛		亚洲俱乐部锦标赛		世界俱乐部锦标赛	
43	曲棍球	男子曲棍球 女子曲棍球	全运会		亚运会		奥运会	
			全国锦标赛		亚洲杯		世界杯	
			全国冠军杯赛		亚洲冠军杯赛		世界超级联赛（2018年及以前为世界联赛总决赛）	
44	棒球	男子棒球	全运会		亚运会		奥运会	
			全国锦标赛		亚锦赛		世界经典赛	
			中国棒球联赛					
45	垒球	女子垒球	全运会		亚运会		奥运会	
			全国锦标赛		女子垒球亚洲杯		女子垒球世界杯	
			中国垒球联赛（2022年及以前为全国冠军杯赛）					

419

续表

序号	项目	小项	全国体育比赛（前三）		亚洲体育比赛（前六）		世界体育比赛（前八）	
			名称	组别	名称	组别	名称	组别
46	三人篮球	男子组 女子组	全运会		亚运会		奥运会	
			全国三人篮球锦标赛		亚沙会		世界杯	
			中国三人篮球联赛总决赛		亚洲杯		国际篮联三人篮球世界巡回赛总决赛（男子）国际篮联三人篮球女子系列赛总决赛	
47	沙滩排球	男子沙滩排球 女子沙滩排球	全运会		亚运会		奥运会	
			全国沙滩排球锦标赛		亚洲沙滩排球锦标赛		世界沙滩排球锦标赛	
			全国沙滩排球年度积分排名		亚洲沙滩运动会		国际排联沙滩排球年度积分排名	
48	乒乓球	混双、男团、女团、男单、女单	全运会		亚运会		奥运会	
			全国锦标赛		亚锦赛		世锦赛	
			中国乒乓球俱乐部超级联赛		亚洲杯		WTT杯总决赛（国际乒联世界杯）	

续表

序号	项目	小项	全国体育比赛（前三）		亚洲体育比赛（前六）		世界体育比赛（前八）	
			名称	组别	名称	组别	名称	组别
49	羽毛球	男子：单打、双打 女子：单打、双打 混合双打	全运会		亚运会		奥运会	
			全国锦标赛		亚锦赛		世锦赛	
			全国冠军赛				世界羽联积分排名	
50	网球	男子：单打、双打 女子：单打、双打 混合双打	全运会		亚运会		奥运会	
			全国单项锦标赛（总决赛）		比利·简·金杯亚大区Ⅰ组（晋级世界组附加赛）	亚大区	四大满贯赛事	
			国家积分排名		ATP/WTA亚洲排名（截至每年法网结束后首周）		戴维斯杯及比利·简·金杯	总决赛
51	橄榄球（7人制）	男子橄榄球 女子橄榄球	全运会		亚运会		奥运会	
			全国锦标赛		亚洲系列赛		世界杯	
			全国冠军赛		亚洲杯		世界系列赛（原世界巡回赛）	

续表

序号	项目	小项	全国体育比赛（前三）		亚洲体育比赛（前六）		世界体育比赛（前八）	
			名称	组别	名称	组别	名称	组别
52	高尔夫球	男子个人 女子个人	全运会		亚运会		奥运会	
			全国锦标赛		亚太业余锦标赛		世界职业高尔夫球大满贯赛事	
			中国职业年终排名		亚太业余团体锦标赛（原野村杯和皇后杯）		世界业余团体锦标赛（原世界业余队际锦标赛）	
53	围棋	男子：个人、团体 女子：个人、团体	全国围棋锦标赛（个人、团体）	最高水平	亚运会		三星杯世界围棋大师赛	
			全国智力运动会	最高水平			LG杯世界围棋棋王战	
			全运会	最高水平			衢州烂柯杯世界围棋公开赛	

续表

序号	项目	小项	全国体育比赛（前三）		亚洲体育比赛（前六）		世界体育比赛（前八）	
			名称	组别	名称	组别	名称	组别
54	象棋	男子：个人、团体 女子：个人、团体	全国象棋锦标赛（个人、团体）		亚洲象棋锦标赛		世界象棋锦标赛	
			全运会（2020年及以前为全国甲级联赛，2021年起调整为全运会）	最高组别	亚洲象棋个人锦标赛		世界智力运动会	
			全国智力运动会	专业组	亚运会		国际智力运动联盟智力精英赛	
55	国际象棋	男子：个人、团体 女子：个人、团体	全国国际象棋锦标赛（个人、团体）	个人：甲组；团体：运动员出场率不低于50%，胜率不低于55%	亚洲国际象棋锦标赛（个人、团体）		世界国际象棋奥林匹克团体赛	
			全运会	最高组别	亚运会		世界国际象棋团体锦标赛	
			全国智力运动会		亚洲室内运动会		世界杯国际象棋赛(原世界国际象棋个人锦标赛)	

续表

序号	项目	小项	全国体育比赛（前三）		亚洲体育比赛（前六）		世界体育比赛（前八）	
			名称	组别	名称	组别	名称	组别
56	武术套路	男、女：长拳、南拳、太极拳、混合双人太极拳、陈式太极拳、杨式太极拳、吴式太极拳、武式太极拳、孙式太极拳、形意拳、八卦掌、双剑、双刀、刀术、剑术、南刀、太极剑、棍术、枪术、南棍、二人对练、三人对练、个人全能；团体	全运会		亚运会		世锦赛	
			全国武术套路锦标赛	不含太极拳赛区	亚锦赛		世界杯	
			全国武术套路冠军赛	不含传统项目赛区				
57	武术散打	男子个人：48 kg、52 kg、56 kg、60 kg、65 kg、70 kg、75 kg、80 kg、85 kg、90 kg、100 kg、100 kg 以上级；女子个人：48 kg、52 kg、56 kg、60 kg、65 kg、70 kg、75 kg；男子团体：56 kg、65 kg、70 kg、80 kg；女子团体：52 kg、60 kg、70 kg	全运会		亚运会		世锦赛	
			全国锦标赛		亚锦赛		世界杯	
			全国冠军赛		亚洲杯			
58	攀岩	男子：全能、速度 女子：全能、速度	全运会		亚运会		奥运会	
			全国锦标赛		亚锦赛		世锦赛	
			中国攀岩联赛年度排名		亚洲杯年度排名		世界杯年度排名	

续表

序号	项目	小项	全国体育比赛（前三）		亚洲体育比赛（前六）		世界体育比赛（前八）	
			名称	组别	名称	组别	名称	组别
59	滑板	街式 碗池	全国锦标赛		亚运会		奥运会	
			全运会		亚锦赛原亚洲轮滑锦标赛		世锦赛	
			全国联赛（总决赛）原全国滑板俱乐部联赛（总决赛）		亚洲杯		世界杯原2019年前举办的（VANS SLS）赛事	

注：表中"全国、亚洲、世界体育比赛"未注明组别的项目，均为最高组别。

© 中南博集天卷文化传媒有限公司。本书版权受法律保护。未经权利人许可，任何人不得以任何方式使用本书包括正文、插图、封面、版式等任何部分内容，违者将受到法律制裁。

图书在版编目（CIP）数据

高中生多元升学规划 / 张雪峰 · 峰阅教研团队编著
. -- 长沙：湖南文艺出版社，2024.4（2024.11重印）
ISBN 978-7-5726-1723-2

Ⅰ. ①高… Ⅱ. ①张… Ⅲ. ①高等学校—招生—介绍—中国 Ⅳ. ①G647.32

中国国家版本馆CIP数据核字（2024）第071049号

上架建议：教育·高考

GAOZHONGSHENG DUOYUAN SHENGXUE GUIHUA
高中生多元升学规划

编　　著：	张雪峰·峰阅教研团队
出 版 人：	陈新文
责任编辑：	张子霏
监　　制：	张微微
策划编辑：	阿　梨
特约编辑：	紫　盈　张　雪
营销编辑：	胖　丁
封面设计：	苏　艾
版式设计：	飞鱼时光
出　　版：	湖南文艺出版社
	（长沙市雨花区东二环一段508号 邮编：410014）
网　　址：	www.hnwy.net
印　　刷：	三河市中晟雅豪印务有限公司
经　　销：	新华书店
开　　本：	700 mm × 980 mm　1/16
字　　数：	394千字
印　　张：	27.75
版　　次：	2024年4月第1版
印　　次：	2024年11月第4次印刷
书　　号：	ISBN 978-7-5726-1723-2
定　　价：	68.00元

若有质量问题，请致电质量监督电话：010-59096394
团购电话：010-59320018